영적 자기진단과 치료
Sidetracked In The Wilderness

Michael Wells 著 / 김 순기 譯

Sidetracked In The Wilderness

by
Michael Wells

All rights reserved. No part of this publication may be reproduced, stored in a retrieval system, or transmitted in any form or by any means.

Copyright © 1991 by Michael Wells
Published by the 'CHRISTIAN PUBLISHING'
Press Co. Seoul, Korea

추천의 말

어느 때 보다도 경건한 삶, 풍성한 삶, 승리하는 삶을 사는 신앙인들이 요구되는 시대에 이 땅의 성도들에게 매우 유익한 책자가 번역되어 나오게 됨을 감사하게 생각합니다.

본 서를 읽게되는 그리스도인들마다 순전하고 단순했던 처음 사랑, 처음 신앙을 되찾고 그리스도 예수 안에서 모든 실패와 문제들을 치유받고 풍성하고 풍요로운 참된 자유와 승리의 생애를 사는 계기를 맞이하시기를 기도합니다.

1993년 1월에

남서울교회 담임목사

저자 서문

왜 그리스도인의 삶이 죄와 고독과 좌절과 갈등과 우울을 벗어나지 못하는가? 왜 실패의 삶을 반복하는가? 수많은 처방과 이론과 교재들이 매일 쏟아져 나오는데 왜 문제들에 대한 확실한 해답, 권위있는 해답은 발견되지 못하는가? 실패하는 삶을 사는 많은 그리스도인들을 우리가 도울 수는 없는가? 이러한 상황들을 보면서 우리도 같이 실망하거나 체념할지 모른다. 그러나 담대해야 한다! "너희가 환난을 당하나 담대하라! 내가 세상을 이기었노라!" 주님의 음성은 확고하다. 가장 철저하게 실패한 사람들을 하나님은 찾으시고 은혜와 궁극적인 해결책을 주신다. 승리하는 삶 풍성한 삶이란 사람의 재능이나 지능이나 기능이나 사람의 능력에 있는 것이 아니다. 하나님께 우리의 목자이신 그리스도 안에 있다. 승리하는 그리스도인의 삶을 살기 원하는 사람은 그 옛날 처음 찾았다가 잃어버린 믿음—단순한 그 믿음(the simplicity lost)을 되찾아야 한다. 잃어버린 첫 사랑의 낙원을 회복해야 한다. 단순한 믿음의 낙원을 회복하고 새로운 믿음의 나라에서 새로운 삶을 살기 위해서는 주님이 친히 가르치시고 훈련하시는 새로운 학교에서 새로운 승리의 삶을 배워야 한다.

본 서의 메시지가 한국의 많은 그리스도인들에게 풍성한 신앙의 삶을 위한 하나님의 축복이 되고 사랑이 되기를 기도하며 특별히 번역과 출판을 위해 사랑을 바쳐주신 동역자 김순기 형제와 하영환 형제께 감사를 드립니다.

1992. 10.

Abiding Life Ministries Int'l
Michael Wells 드림

영적 자기 진단과 치료
Michael Wells 著 / 김순기 譯

■ 차 례 ■

저자 서문 ……………………………………………… 9
1. 그리스도인의 첫사랑 ……………………………… 13
2. 잃었네, 찾았네, 다시 잃었네 …………………… 25
3. 역사하지 못하는 것 ……………………………… 33
   • 늘 푸르게 자라는 나무
4. 신자라는 이름의 불신자들 ……………………… 65
   • 실패하는 불신앙
   • 불신앙의 우상숭배
   • 우상의 개발
   • 여러 가지 우상들
   • 실패하는 우상
   • 우리의 우상들을 버리려면
   • 당신의 하나님에 대한 상(像)은
   • 그러면 하나님은 어떤 분인가?
5. 믿음이란 ………………………………………… 111
   • 굳어진 부분
6. 자아-생명의 인식 ……………………………… 123
   • 자아-생명의 발전
   • 피할 수 없는 공허감
   • 온전한 삶을 찾아서
   • 우리를 지배하는 정체성
   • 자아중심 생명의 주형(鑄型)
   • 정체성을 만드는 정보들
   • 문제는 문제가 아니다

7. 자아중심 삶의 실패 ················ 161
  - 교환된 생명(삶)
  - 새로운 피조물
  - 죄책감으로부터의 자유
  - 당신은 자격이 있다
  - 나타내기 위해서인가 - 되기 위해서인가?
  - 계속되는 갈등인가?
  - 새로워지지 않는 마음
  - 열려진 문에 대한 사탄의 두려움
  - 닫힌 문에서 나오는 길
  - 세 종류의 자아
  - 유일한 자아에 대한 자세한 관찰
8. 순간 순간 살아가는 삶 ················ 209
  - 순간 순간 십자가를
  - 십자가의 실제적인 적용
  - 순간 순간 역사하는 그의 보혈
  - 거하는 삶을 살아가는 법
9. 실패할 수 있는 자유 ················ 271
10. 원수 사탄의 더 깊은 유혹 ················ 277
  - 사탄은 완전히 정복되지 않았는가?
  - 하나님께서 말씀하신 내가 되어야 한다
  - 소유하려면 경험해야 한다
  - 올바른 싸움은 어디에서
  - 전인적인 헌신은 고통과 손해를 가져올까?
  - 우리는 마침내 영적인 정착지를 찾았다
  - 거짓된 감정의 속임수
  - 그것은 역사하지 않는다
  - 우리가 일할 필요가 없다

1
그리스도인의 첫사랑
The Christian Experience

　나는 나의 생애에서 처음으로 그리스도를 영접하던 날을 잊을 수가 없다. 그 날은 정말로 감격과 기쁨의 날이었다! 정말로 놀람과 흥분의 날이었다! 그 분의 은총과 빛, 나는 말로 다 표현할 수 없는 즐거움과 흥분에 들떠 있었다. 내 안에 임재했던 그리스도-생명의 신비와 교제가 안겨주는 만족감, 가슴과 온 몸에 벅차오르는 기쁨-그 감정을 어찌 다 말로 할 수 있겠는가? 나는 너무 큰 기쁨에 어찌할 바를 몰라 잠자리에 들었고 다음날 아침까지도 얼굴에 웃음을 가득히 안고 눈을 뜨곤 하였다. 너무 큰 행복감과 만족감에 나의 안면이 이상을 느낄 정도였다. 얼굴빛과 용모가 변하였다. 다른 사람들도 곁에서 그것을 느끼는 것 같았다.
　성경의 말씀들이 꿀송이 같이 달았다. 마음 판에 단비 같이 흡수되었고 너무 쉽게 암송되었다. 말씀 자체가 기쁨과 즐거움이었고 살아있는 생명이고 떡이었다. 기도가 끊이지 않았으며 하나님께서 지으신 만물을 바라보며 경이감과 찬양이 터져 나왔다. 고민이나 좌절이나 두려움은 멀고 먼 옛 이야기 같이 들렸다. 기억에서 멀리 사라진듯 하였다. 읽게 되는 말씀 말씀, 구절 구절마다 나를 위한 하나님의 사랑을 느꼈고 은총의 빛을 감지할 수 있었다. 말씀과 나는 한 몸이 되어 있었다. 오! 놀랍고 놀라운 날이었다! 내가 하나님의 자녀로 태어났다는 것이 너무 영광스럽고 말로 다 표현할 수 없었다.

그러던 어느 봄날, 대학 3학년 때였다. 상쾌한 어느 아침 나는 캠퍼스 뜰을 걸어가고 있었다. 그 때 그리스도인인 한 친구 자매가 내게 다가와서 갑자기 묻는 것이었다. "마이클, 당신의 생애를 위한 하나님의 소명(calling)이 무엇이라고 생각하세요?"

그때까지 나는 한 번도 이런 질문에 대하여 생각을 하여 본 적이 없었다. 그런데 그때 나의 입에서 나도 모르게 대답이 튀어나왔다. 너무 놀라운 일이었다. "실패한 그리스도인들(defeated Christians)을 위한 소명입니다."

나는 그 순간을 통하여 나의 생애를 위한 하나님의 계획이 무엇인가를 알게 되었다. 당시에는 패배하는 그리스도인이란 말이 무엇을 의미하는지 몰랐다. 그 때는 별로 의문을 느끼지 못했다. 내 입에서 나온 말로 받아들였다. 당시에 내가 패배하는 그리스도인들을 위한 소명이 무엇을 의미하는지를 명확하게 이해하였다면 나는 주님을 붙잡고 그런 사역보다는 다른 사역을 할 수 있게 해달라고 부탁하였을 것이다. 또 나는 주님이 맡기신 그 사역을 잘 담당할 수 있기 위해서는 내가 먼저 실패자의 삶을 경험하게 되리라는 것도 전혀 생각해 보지 못했었다.

그후에 나는 9년동안 패배하는 그리스도인의 생활을 뼈저리게 맛보았다. 실패한 신자의 삶에서 기도한다는 것은 투쟁과 같이 힘들었다. 꿀보다 더 달았던 성경의 말씀이 모두 맛을 잃었다. 이길 수 없는 죄들이 가는 곳마다 나타났고 나를 조롱하였다. 하나님을 향한 감격과 기쁨의 가슴들이 시들어 사라졌고 메말라 버렸다. 좋다는 곳들을 다 찾아다니며 무엇인가 얻어보려고 몸부림치기 시작했다.

　여러 가지 좋다는 방법들을 실천해 보려고 온갖 노력을 해 보았다. 스스로를 돕기 위해서 좋은 방법들을 가르치는 많은 책들도 읽어 보았다. 그러나 거의가 일시적인 안정제이거나 일시적인 환각제였다. 내가 경험하고 있던 상황에 대하여 듣기 좋은 언어들을 사용하여 많은 내용과 방법들을 설명해 주었지만 그것들은 내 안에 능력(power)이 되지 못하였다. 그런 서적들을 읽으면 읽을수록 나의 삶에는 좌절감이 깊어 갔다. 그래서 더욱 화가 나기도 했다. 절망감만 깊어 갔다.

　많은 책의 저자들은 예수님의 훌륭한 삶의 모범과 예화들을 많이 가르치고 설명해 주었다. 그가 어떻게 기도하고 어떻게 금식하고 어떻게 사람들을 도와주고, 어떻게 예배하고 어떻게 주린 자들을 먹이시고 사랑하셨는가를 설명해 주었다. 그리고 나도 예수님과 같이 이것도 행하고 저것도 행하라고 촉구하였다. 그러나 그분들은 내가 예수님을 닮아 예수님 같이 살아보고 싶은 소원은 있지만 그렇게 행할 수 있는 능력이 내 안에 없다는 사실을 전혀 모르는 것 같았다. 하나님을 기쁘시게 하기를 원하지만 단순히 나는 입술에서 뿐이고 나는 그렇게 할 수 없고 살 수도 없었다. 그것을 모르고 있었다. 사실 우리가 예수님을 모방해서 우리 힘으로 그렇게 살 수 있다면 예수님이 하늘의 보좌를 버리시고 우리 가운데로 내려오셔서 죽으실 필요가 전혀 없으셨을 것이다. 이 사실을 사람들은 인식하지 못하고 있었는지 이것을 아무도 나에게 가르쳐 주지 않았다.

　그 후에 계속하여 나는 방황하고 방황하였다. 신학적인 지식에 어떤 열망을 느끼게 되었다. 신학이 어떤 해답을 나에게 주지 않을까 하는 기대와 함께 새로운 환경 속에 들어가게 되면 뒤에 있는 모든 것들을 잊게 되고 새출발의 계기를 주지 않을까 하는 생각으로 신학대학원에 등록하게 되었다. 그곳에서 나는 하나님에 대하여 많은 것을 새로운 과목으로 배우게 되었다. 그러나 신학이 강조하여 가르쳐 주고 교육하는 것은 지적인 학문뿐이었다. 나는 다시 실망했다. 세상의 학교들이 가르치는 학문을 신학이란 이름으로 가르칠 뿐이었다. 그곳에서도 성공은 높은 지성과 능력과 재능과 외모에서 나온다고 가르쳐 주고 있었다. 이런 것들이 세련되게 구비되어야 이 세상에 성공적인 사람이 될 수 있고 하나님과 사람들 앞에 환영을 받고 영광을 받을 수 있다고 가르쳤다.

당시엔 헬라어와 히브리어 원어로 성경을 가르치고 설교하는 교수나 학생들을 얼마나 부러워했고 질투했는지 모른다. 내가 설교를 잘 할 수 있는 재능이 있고, 좀더 명석한 음악적 두뇌를 가지고 있어 노래를 좀더 잘 부를 수 있고, 악기들을 잘 다룰 수 있었더라면 나는 매우 성공적이고 인기있는 목회자가 될텐데, 좀더 풍요로운 생활을 할 수 있을텐데 하고 생각하였다. 어떤 인기있는 강사들과 같이 여러 사람 앞에서 성경의 장, 절을 정확하게 인용, 암송하며 유창하게 설교를 하고 성경 전체의 내용이 무엇인지 술술 암기하고 즉석에서 주제를 잡아 사람들을 감동있게 가르칠 수 있게 된다면 더 바랄 것이 없겠다고 생각했다. 그것이 모든 것을 다 이룬 단계에 도달하는 것이 아닌가 라고 생각하였다. 그래서 열심히 노력해 보았지만 나는 만족에 도달할 수가 없었다.

물론 필요한 내용들이 많았다. 여러 가지 도움이 되는 프로그램들도 실시되고 가르쳐지고 있었다. 많은 저명한 강사들이 초청되어 와서 그들이 성공하고 승리하는 사람이 된 비결들을 간증하고 강의하여 주었다. 우리는 한마디라도 놓칠세라 노트에 적었었다. 꼭 필요한 내용들이었다. 그러나 나의 고민은 나에게는 그런 방법이나 좋은 원리들을 적용하고 따르며 계속해서 그렇게 살 수 있는 능력이 없다는 것이었다. 나 자신은 그러면서도 다른 사람들의 잘못은 잘도 비판하였다. 그들의 실패는 그들의 책임이라고 비난하고 다녔다. 실패하는 사람들은 자기의 게으름과 노력하지 않기 때문이라고 몰아부쳤다. 좀더 열정적이고 헌신적인 크리스챤이 되지 못했기 때문이라고 주장하고 가르쳤다. 그러면서 나는 가장 표준적인 그리스도인이라고 다른 사람 앞에 보이려고 노력하였다. 내가 늘 생각하고 추구하는 것들은 거의가 사람들 눈에 잘 보이고, 세상이 환영해 주고 인정해 주는 것들이었다. 올바른 믿음에서 나온 것이 아니었다. 그러면서 나 자신과 다른 사람들을 실패에서 성공을 주고 구원해 줄 수 있는 신통한 비법이 없을까 은밀히 찾고 있었다. 그 비법은 속히 나타나지 않았으며 방황은 계속되었다.

왜 내가 따르기로 한 기독교 신앙이 그리도 어려운 것이었을까? 왜 그리도 많은 그리스도인들이 영성(spirituality)이란 것을 찾기 위해 여러 가지 방법론과 프로그램과 기교들을 끝도 없이 찾고 추구해야만 하는가? 승리와 성공의 삶을 위한 뜨거운 열망들을 왜 마침내 좌절로 끝내고 모든 것을 체념하고 퇴보하는 삶으로 돌아가야만 하는가? 이렇게 반복되는 순환의 삶이 과연 주님께서 뜻하시는 풍성한 삶이란 말인가? 실패의 반복과 혼돈과 갈등과 싸움과 쾌락과 환상과 감정과 죄에서 벗어나지 못하고 사는 생활이 감히 주님의 이름을 부르는 하늘에 속한 성도들이 살아야 하는 삶이라 할 수 있는가? 예수님께서 우리를 찾아오신 목적이 우리 가정에 불화와 싸움을 가져오고 풀 수 없는 문제들 때문에 인본적인 상담자와 정신과 의사들을 찾아다니게 하고 절망과 좌절 속에 차라리 죽어 세상을 떠나고 싶다고 한탄하는 신자들이 되게 하려는 것이었을까?

많은 그리스도인들이 이런 생활에서 벗어나지 못하는 것은 올바른 구원의 복음을 바르게 듣지 못하고 배우지 못하였기 때문이었다. "오늘 예수를 믿으면 이 다음에 죽어서 지옥에 가지 않고 천국에 갈 수 있습니다. 죄사함을 받으려면 열심으로 철야하고 봉사하고 헌금하고 선을 행하여 공로를 많이 쌓아야 합니다." 이런 식으로 가르침을 받기 때문이다. 개혁교회 지도자들이라는 이름은 가졌지만 실제로는 중세의 교회 지도자들과 다른 점이 무엇인가? 이런 신앙을 가진 그리스도인들에게 절규와 한탄은 계속된다. 마침내 그들은 이렇게 체념한다. "오! 나는 안됩니다. 나는 주님을 기쁘게 할 수가 없습니다. 나는 내 삶을 바꿀 수가 없습니다. 이 절망과 어둠의 심연에서 나를 구해 주소서!"

그리스도 안에서 자유와 안식과 기쁨과 소망을 체험하며 사는 삶은 결코 필사적인 노력이 아니다. 그것은 단순한 믿음임을 속히 배워야 한다. 자기 공로를 쌓기 위해 열심히 교리를 배우고 교리를 지키려고 노력하고 싸우는 것은 진정한 기독교가 아니다. 그것은 세상의 종교이다. 그리스도인의 생명의 역사함이 자기 안에 없는 신자는 그리스도인이 아니다. 그는 종교인일 뿐이다. 기독교 신앙은 종교가 아니다. 그런데도 다른 종교와 다름없이 세계의 많은 기독교와 교회와 기관들이 힘써 추구하고 가르치는 주제 중의 하나는 "변화되라(change)"는 말이다. 그래서 우리 모두는 변화를 원하고 변화를 추구한다. 하나님께서 받아들일 수 있는 신자가 되기 위해 우리는 우리의 인격과 언행과 환경이 변화되기를 필사적으로 열망하고 노력한다. 그러나 여러 방법과 노력과 애씀과 기도와 훈련에도 불구하고 획기적인 "변화"는 우리에게 이루어지지 않고 있다. 남는 것은 우리 삶에 좌절감과 실패감과 허무감 뿐이다.

이런 모든 것들을 초월하여 "승리하는 삶"(the victorious life)을 살 수 있다면 그것은 이 시대에 가장 필요한 복음이 아니겠는가? 그에 대한 답은 없는 것인가? "있다!" 그것은 단순한 복음(simplicity of the gospel)이다. 이것을 우리는 너무 복잡한 우리의 프로그램과 방법과 계획들을 추구하느라 잃어버렸다. 단순한 믿음을 모두 잃어버렸다. 복잡한 논리들과 교리들과 방법들은 믿음이 아니다. 우리가 우리 욕심으로 지키고 행하는 것은 믿음이 아니다. 그것은 중요한 것이 아니다. 우리가 믿어야 하는 것이 중요하다. 주님의 해결책은 근본적으로 우리에게서 아무 것도 요구하지 않으신다. 우리의 어떤 노력이 요구되는 것도 아니다.

수많은 그리스도인들이 너무 오랫동안 이것을 알지 못한 채 살고 있다. 성공적인 그리스도인의 삶의 비결은 이미 주어진 것을 단순하게 인식하는 것이다. 우리가 처음 주님을 영접하고 우리의 생을 그분에게 의탁하던 날 이미 그것은 우리에게 주어졌고 이미 우리 안에 있었다. 문제는 이 생명을 삶 속에 자각하고 허심탄회하고 단순하게 받아들이지 못한 것이다! 이것은 결코 복잡한 것이 아니다. 너무 단순한 것이다. 단순한 삶—승리하는 생활은 임재하는 생명, 내재하는 생명을 통해서 경험되는 것이다.

풍성한 삶은 필사적인 노력이 결코 아니다. 능력이 되는 믿음을 소유한 그리스도인이므로 노력할 수 있고 일할 수 있고 행하는 것 뿐이다. 내가 하나님께 받아들여지고 영접된 것은 내가 행한 것 때문이 아니다. 그리스도 안에서 값없이 주어진 나의 신분 때문이다. 풍성한 승리의 삶은 내가 예수님을 모방하는 삶이 아니다. 그의 생명 속에 참여하는 삶이고 생명이다. 믿기 위해서 내가 어떤 일을 하는 것이 아니다. 내 안에 믿음이 있으므로 자연히 일하는 것 뿐이다. 우리는 명심해야 한다! 풍성한 그리스도인의 삶은 본래 나의 거대한 결단이나 의지나 지식이나 능력이나 선행이나 나의 공로에서 비롯되는 것이 결코 아니다. 그런 높은 전제조건이 꼭 필요하다면 우리는 거기에 도저히 도달할 수가 없다. 너무 나약하고 우둔하고 무능하고 내놓을 것이 없는 존재가 우리들이다. 우리 중 아무도 그 기준에 도달할 사람은 없다.

그러면, 우리가 소원하는 풍성한 승리의 삶은 우리가 누릴 수 없는 먼 꿈이란 말인가? 힘든 노력이나 학문적 지식이 없어도 그것이 나의 일상의 삶이 될 수는 없는가? 그 해답은 하나님만이 가지고 계시다. 그분의 해결책은 간단하다. 그것은 "거하는 삶(abiding life)"과 단순한 믿음이다.

그 해답은 믿어지지 않게 간단하다. 우리는 이 단순한 믿음을 단순하게 받아들여야 한다. 누구를 위해서나 준비된 이 하나님의 해답은 단순한 믿음으로 받을 때 자기의 것이 된다. 우리 모든 그리스도인들은 그런 믿음을 이미 가지고 있다. 그것을 다만 인지하고 인식하고 있지 못할 뿐이다. 단순한 믿음은 재능이나 힘이나 지성이 아니다. 재능이나 힘이나 지성과는 관계가 없다. 하나님은 본래 그의 평안과 안식과 기쁨을 우리로 누리게 하기 위해서 우리에게 어떤 무거운 짐을 지우시기를 원하시는 분이 결코 아니다. 다만 우리가 과민하여 잘못된 상식으로 우리 자신의 등에 큰 짐을 올려 놓았으며 하나님의 기준보다 더 높은 기준을 우리 스스로 혼자서 설정해 놓았다. 알 수 없는 기준을 세워놓고 조바심하고 걱정하고 근심하며 헛된 발버둥을 치고 있다. 스스로 너무 어렵게 살고 있다.

그러므로 단순한 믿음으로 주님의 안식의 삶에 들어가기 원하는 사람은 자기의 정욕과 실력으로 "변화"를 만들어 보겠다는 무익한 모든 노력을 빨리 포기해야 한다. 물론 자신의 노력이나 투쟁을 통해 모든 것을 다 시도하여 본 뒤 깊은 절망과 고뇌와 실패를 먼저 체험하는 일은 필요할지 모른다. 우리는 우리의 자원과 힘을 완전히 소진한 뒤에야 자신의 모든 것을 포기할 수 있게 되기 때문이다. 우리의 자원에 종말을 고한 뒤에야 두 손을 들고 하나님의 명료한 해답을 찾아 돌아올 수 있기 때문이다.

하나님의 해답은 단순하고 명료하다. 그러나 우리가 그의 해답을 받아들일 준비가 될 때까지 하나님은 우리의 길을 지도하시고 준비된 과정을 통과하도록 섭리하신다. 그러므로 속히 우리는 우리의 자원을 다 소진하여야 한다. 속히 자기 자신과 다른 사람에 대하여 절망을 느껴야 한다. 그 시점에 이르러서야 우리의 마음은 믿음 안에 하나님의 하시는 말씀이 무엇이든 그대로 듣고 순종할 마음의 준비가 될 수 있다. 자신을 의지하는 삶이 어리석음을 알고 하나님만을 의지할 유일한 분임을 알 수 있게 된다. 그러므로 그리스도인이 경험하는 많은 실패와 좌절은 자신을 포기할 수 있게 하고 주님만을 의지하고 바라보게 하는데 유익하다. 실패의 삶을 반복하고 있다는 것은 지금 내가 주님께 나아가는 바람직한 과정 중에 있다는 징조이다. 그러므로 우리는 용기를 가져야 한다. 인내가 필요하다.

내가 처음 그리스도인의 생활을 시작했을 때 나는 단순하고 어린아이 같은 믿음을 가지고 있었다. 십자가 아래 어린아이 같이 단순하고 진실하게 무릎을 꿇고 새출발의 삶을 시작했다. 그런데 언제부터인가 순전하고 단순한 그 믿음을 잃어버렸다. 그리고 복잡하고 다른 나의 능력과 방법들을 끌어내어 그것으로 살기 시작하였다. 자신의 지혜와 힘만 의지하며 사는 불신자의 생활로 돌아갔다. 기나긴 광야의 여행에서 방황하던 이스라엘 백성같이 십자가를 멀리 떠난채 방황하였다. 십자가에서 멀리 떠나면 떠날수록 나의 방황은 깊어갔다. 나의 가진 것을 다 소진한 뒤에야 지치고 지친 몸으로 나는 돌아가야 할 그의 백성임을 알았다.

마침내 나는 새 삶을 시작했던 처음의 시점으로 다시 돌아가기로 결심했다. 어린아이 같은 마음으로 믿음의 고향에 돌아왔을 때 내가 잃었던 단순한 믿음을 나는 다시 찾을 수 있었다. 담대하기 바란다. 결코 하나님은 우리를 저버리지 않으신다. 하나님의 놀라운 계획과 섭리는 자기의 모든 백성을 참 평안과 기쁨의 삶으로 인도하기를 참으로 원하신다. "그런즉 이 일에 우리가 무슨 말하리요. 만일 하나님이 우리를 위하시면 누가 우리를 대적하리요"(롬 8:31).

나는 세계의 여러 나라들을 여행하면서 많은 경건한 그리스도인들을 만나 보았다. 그들은 여러 가지로 아름답고 본이 되는 삶을 살고 있었다. 나는 여러 나라에서 많은 경건한 그리스도인들을 만나서 질문해 보았다. "당신은 어떻게 하여 그렇게 경건한 영적인 삶을 살게 되셨습니까?" 그들의 답은 하나같이 동일했다. "나는 정말 알 수 없습니다. 다만 하나님께서 나를 이곳까지 인도하여 주셨습니다." 한 사람도 어떤 특정 교파에 속해 있거나 어떤 특정 교리를 신봉하고 있기 때문이라고 대답하지 않았다. 한 목소리로 그들이 한 대답은 다만 하나님께서 알 수 없는 은혜로 그들을 그렇게 인도해 주셨고 섭리하여 주셨다고 입을 모아 대답하였다.

당신도 이 말에 위로를 받고 힘을 내기 바란다! 담대하기 바란다(take heart)! 하나님은 그들을 사랑하셨듯이 당신도 똑같이 사랑하시고 당신의 길을 인도하고 계신다. 믿으시기 바란다. 하나님은 누구를 편애하시는 분이 결코 아니시다.

다음에서 내가 당신과 나누고 싶은 내용들은 어떤 방법이나 공식이 아니다. 자기 사업을 위한 승리나 성공을 보증하는 방법들이 아니다. 꼭 해야하는 과제나 과업을 주려는 것도 아니다. 다만 하나님의 순수한 자녀로 단순한 본래의 믿음을 기꺼이 마음 속에 받아들이게 하고 단순한 믿음으로 살아가는 삶을 다시 시작하기까지 나의 걸음을 우리의 아버지 하나님께서 어떻게 도우시고 그 걸음을 인도하셨는가를 나누려는 것이다. 나를 진실로 사랑하시기 때문에 하나님께서는 의지할 대상이 못되는 나의 자아(self)를 끝내게 하셨다. 그리고 그분만이 내가 유일하게 의지할 수 있는 주인이시고 목자임을 알게 하셨다. 마침내 나는 그분만을 신뢰하고 의지하게 되었다. 이렇게 하여 잃었던 낙원, 단순한 믿음을 도로 찾게 되었다. 나는 마침내 다시 회복되었다. 나는 그리스도 안에서 나를 위한 영원한 분깃을 다시 받게 되었다.

이스라엘 백성을 인도하시던 그 하나님이 당신을 사랑하기 때문에 당신에게 많은 실패와 눈물의 골짜기를 지나게 하셔도 당신의 길을 계속 섭리하고 계심을 깊이 잊지말기 바란다. 이제 하나님께서 그의 사랑 가운데 그의 계획하시는 걸음을 잘 인도해 주실 것을 기도하기 바란다! 그분이 그의 등에 당신을 업고 당신의 길을 인도하시도록 모든 것을 그분께 맡기기를 바란다. 당신에게 견디기 어려운 고통이 있는가? 하나님의 크고 넓으신 어떤 뜻이 있을 것이다. 당신이 지금 하나님의 손 안에 들어와 거하고 있다면 지금은 그의 손을 잘 볼 수 없을지도 모른다. 그러나 곧 그의 사랑의 손을 볼 수 있을 날이 찾아올 것이다! 그가 인도하실 그 곳에 도착하면 당신은 틀림없이 찬양하며 감사하게 될 것이다.

"바람의 길이 어떠함과 아이 밴 자의 태에서 뼈가 어떻게 자라는 것을 알지 못함 같이 만사를 성취하시는 하나님의 일을 네가 알지 못하느니라"(전 11 : 5)

같이 기도하기 바란다.

"아버지 하나님, 당신을 바라봅니다. 어린아이 같이 단순하게 우리가 당신을 의지하게 하옵소서. 아브라함이 지녔던 단순한 믿음을 기뻐하시던 하나님, 단순한 믿음으로 한 생애를 사신 독생자 아들에게 말로 표현할 수 없는 기쁨과 평안과 풍성한 생애를 주셨던 하나님! 저에게도 그 믿음을 주옵소서! 예수님의 이름으로 기도드립니다. —아멘—"

2
잃었네, 찾았네, 다시 잃었네
Lost, Found and Lost again

"수고하고 무거운 짐진 자들아 다 내게로 오라. 내가 너희를 쉬게 하리라"(마 11 : 28). 주님께서는 모든 사람이 안식하는 삶을 원하고 있음을 알고 계셨다. 주님은 가시는 곳마다 많은 사람들이 수고하고 무거운 짐을 지고 살고 있음을 보았다.

우리도 주위에서 무거운 인생의 짐들을 지고 힘들게 살아가고 있는 수많은 사람들을 볼 수 있다. 매일 아침부터 저녁까지 여러 종류의 무겁고 복잡한 짐들을 묶어서는 지고 다닌다. 보이지 않는 무거운 짐들도 있다. 무엇인가를 매일 등에 지고 가슴에 안고 살아야 한다—남편이라는 짐, 아내라는 짐, 직업이라는 짐, 돈이라는 짐 등 너무도 많다. 무거운 짐에 지치고 피곤을 느끼게 되는 삶이 반드시 잘못된 일은 아닐 것이다. 왜냐하면 우리에게 너무 강한 힘이 남아 있으면 우리에게 정말로 필요한 안식(rest)의 삶을 찾아가기 위해서 주님께로 돌아가는 시간이 늦어질 수 있기 때문이다. 그러므로 지치고 힘이 쇠약해져 감은 전화위복의 좋은 징조이다. 만약 집을 나간 탕자가 자기의 가진 모든 돈을 다 소진하기 전에 그의 아버지가 그를 미리 찾아가서 필요한 돈을 더 주었더라면 그가 아버지의 집으로 돌아오는 데는 더 많은 시간이 걸렸을 것이다. 더 많은 시간과 돈이 낭비되었을 것이다.

사람들로 하여금 하나님께서 그런 곤고함들을 모두 경험하게 하시는 것은 무슨 뜻이겠는가? 우리는 매일의 삶에서 접하는 여러 외적인 문제들과 내적인 갈등과 좌절 그리고 가정의 여러 생활 문제들로 지쳐 있다. 그러므로 안식의 시간을 찾고 싶고 무거운 삶의 수렁에서 어떤 위로자와 구원자를 만나고 싶어한다. 그래서 부모님과 친구들을 바라본다. 남편이나 아내 또는 자녀들을 바라본다. 그렇지만 그들도 똑같은 눈빛으로 어떤 도움을 기대하며 우리를 바라보고 있다. 실제로 우리가 안심하고 도움을 청할 수 있는 사람들은 어디에도 없다. 우리와 똑같은 한계와 문제를 가지고 사는 사람들에게 궁극적인 기대를 건다는 것은 불가능한 일이다. 우리가 필요한 분은 초능력적인 힘과 자원을 소유한 분이어야 한다. 그분은 하늘과 땅의 모든 권세를 가지신 주님이시다. 그분만이 초능력적인 힘과 자원을 소유한 분이시다. 그분만이 초능력적인 구세주가 될 수 있다. 그분만이 우리를 구원하실 수가 있다.

성령(holy spirit)께서 우리로 죄를 깨닫게 하시기 전까지는 우리의 모든 필요들을 채워주실 수 있는 초능력의 구세주가 필요함을 깨닫지 못할 것이다. 자기 죄에 구주가 필요함을 깨닫지 못할 것이다. 자기 죄에 대하여 자각하는 일(conviction of sin)은 온갖 자기의 방법과 결단과 노력들을 다하여 본 뒤에야 찾아올 것이다. 절규의 몸부림을 지나서야 마침내 우리는 우리가 우리 자신을 도저히 구원할 수 없는 존재임을 깨닫게 될 것이다. 마침내 스스로의 힘으로는 어떤 일도 할 수 없음을 고백하고 자신에 대한 기대를 포기할 것이다. 완전히 신뢰할 수 없는 자신을 발견하고 세상에서 어떤 기대도 걸 수 없는 인간이 자신임을 깊이 확인하게 될 것이다.

이스라엘 민족에게도 이런 비슷한 절망과 포기의 정점이 있었다. 예수님께서도 이런 포기와 빈마음으로 금식하며 광야의 시간을 가지신 후에 그의 사역을 시작하셨다. 유월절에 예루살렘에는 수많은 번제물들이 제물로 바쳐졌다. 희생 제물의 피가 온 성전에 흘러 내렸다고 했다. 해마다 열심있는 백성들은 예루살렘을 방문했다. 아무리 힘든 일이라 해도 매년 그들은 점점 많은 짐승들을 잡아 희생제물(sacrifices)로 드렸었다. 그것은 모든 기대와 희망을 포기한 채 처절한 자신을 발견하고 자신을 쪼개어 십자가 앞에 드리는 회개의 제물의 예표였다. 죄로 인한 심판을 스스로 의식하고 절망 중에 엎드리는 회개는 중요하다.

세례 요한이 죄를 용서받기 위해 회개(repentance)하고 세례(침례)를 받으라고 촉구했을 때 "온 유대 지방과 예루살렘 사람이 다 나아가 자기 죄를 자복하고 요단강에서 그에게 세례를 받더라"(막 1:15)고 했다. 놀라운 일이지만 요한의 세례는 사람들로 절망을 체험하게 하는 절망의 세례(a baptism of despair)였다. 비참한 죄의 노예가 되어 살고있던 사람들이 요한에게 세례를 받음으로 죄를 용서받고 노예가 자유인이 될 수 있다는 것은 놀라운 소식이었다. 우리도 그때 거기 있었다면 우리도 요단강으로 뛰어가 요한의 세례를 받아야 했을 것이다. 아마 수많은 사람들이 요단강으로 몰려갔을 것이다.

그렇지만 요한에게서 받은 첫 세례의 기쁨은 그리 오래 지속되지 못하였다. 우리가 죄라는 짐을 잠시 벗어버렸지만 우리에게 죄를 이길 능력(power)은 없었기 때문이다. 그래서 우리는 다시 자신도 모르게 죄의 노예로 매어져 가는 것을 보았다. 다시 죄를 범했다. 다시 우리에게는 용서와 속죄가 필요하다. 다시 기대나 희망이 모두 사라진 절망의 정점에 다시 한번 우리는 성령의 인도하심과 깨닫게 하심으로 우리의 구원을 위한 우리의 힘의 무능함을 보게 되어야 한다. 다시 우리는 그리스도만이 우리를 구원해 주실 수 있는 분임을 느끼게 되어야 한다.

우리의 자아는 처리되어야 한다. 우리는 준비되고 마음문을 활짝 열어야 된다. 그분이 없이는 도저히 살 수 없는 존재임을 우리는 확인해야 한다. 단순한 믿음을 고백함으로 이제 우리는 그의 것이 되어야 한다. 우리가 참으로 필요한 분은 예수 그리스도이시다. 그것을 성령께서 확실하게 알려 주시고자 온전히 섭리하시고 이제까지 인도하셨다. 이것은 얼마나 영광스런 생명의 발견인가! 새롭게 다시 자신의 무능과 무익한 죄인으로의 모습을 발견하는 일은 놀라운 은총이다. 죄를 고백하고 용서받을 수 있는 길을 안다는 것은 얼마나 귀중한 위로와 기쁨과 축복이 되는지 모른다.

우리가 확실하게 아는 것은 예수님께서 우리의 죄와 실패와 약함을 모두 용서해 주실 수 있는 분이라면 또한 그분은 무엇이나 우리를 위하여 행하시고 주실 수 있는 분이라는 사실이다. 주님은 우리의 모든 것들을 다 책임지시고 돌보시는 분이시다. 그는 우리 가정의 문제들이 무엇이라 해도 다 돌보아 주실 것이다. 우리의 생활 속에서 만나게 되는 크고 작은 모든 문제들을 책임져 주시고 해결해 주실 것이다. 다만 우리는 단순한 믿음으로 그분께 나아가 우리의 문제나 걱정을 맡기기만 하면 된다.

처음 믿음을 가졌을 때 우리는 생동하는 믿음을 가지고 있었다. 처음 주님을 만나 거듭난 사람은 믿음이 충만했다. 하나님이 무슨 일이나 행하실 수 있는 전능하신 분으로 믿어졌다. 또한 실제로 하나님께서는 새로 태어난 자를 위해서 놀라운 많은 일들을 행하시고 보여 주신다. 그런 초신자의 삶은 결혼에서 마치 신혼여행 시절과 같다. 그가 관심하는 모든 일은 그의 구세주이신 신랑을 기쁘게 하는 일이었다. 억지로 힘들여 어떤 일을 행하고 노력하는 것이 아니었다. 다만 하나님이 부탁하신 것이라면 무엇이나 어떤 특별한 의도적인 노력이나 결단이 없지만 자발적으로 사랑이 솟아나오고 마음 중심에서 순종하는 행위가 자연스럽게 흘러나왔다.

처음 거듭나서 첫사랑을 사는 초신자에게 하나님은 전 생명이 되시고 전 삶이 되신다. 그는 주님의 다시 오심을 의심없이 믿고 대망한다. 마음 속에 발견한 생명의 기쁨을 다른 사람과 나누고 싶어 견디지 못한다. 잃은 양같은 이웃들을 향하여 깊은 사랑이 가슴에 참을 수 없어 기꺼이 그들을 찾아 나선다. 그의 모습과 얼굴빛에서 무엇인가 다른 것이 발견된다. 그를 만나는 다른 사람들도 그에게 관심을 갖고 그가 가진 것을 알고 싶어한다. 모두 관심을 보인다. 그의 말을 경청한다. 어떤 사람에게는 거부도 받지만 그러나 그에게 그것은 별로 상관이 없다. 복음에 대하여 관심이 없는 사람도 있고 특별한 거부감을 표현하는 사람도 있다.

그러나 그에게 복음을 증거하고 말씀을 배우고 하나님께 어린이 같이 기도하고 이웃을 섬기는 생활은 매일의 매우 큰 기쁨이고 보람이 된다. 그런 그리스도인에게 가장 아름다운 모습은 그 모든 것이 누구의 명령때문에서가 아니라 진실한 감사와 기쁨에서 자발적으로 행하는 것이며 또 그것을 마땅히 행할 일로 아는 겸손한 태도이다. 이런 모습은 모든 사람에게 향기가 되고 감동이 된다. 깊은 메시지를 준다.

그런데 이런 첫사랑의 믿음이 거의 자기도 모르게 자취를 감추고 사라져버리며 메마른 광야를 사는 때가 찾아온다. 그토록 생생하던 첫사랑의 감격들이 다 자취를 감추고 사라져버렸다. 어인 일인지 주님에게서 우리의 마음이 까마득하고 멀리 느껴진다. 어떤 종류의 지식만 머리에 남아 율법이 되고 그것을 어떻게 행할 것인가에만 관심을 쏟는다. 기도하고 구하는 내용이 점점 자기 중심의 성취에만 집중된다. 자기도 알지 못하는 사이에 자기의 이기적인 자아(self)가 가장 중요한 삶의 주인이 되어 버린다.

불가능해 보이고 어려운 목표들을 향해 완전한 것을 성취해 보려고 자기 열정과 욕심을 다해 열심히 싸우고 노력하면서 예수님을 주인으로 바라보고 따르는 삶은 점점 적어진다. 외적으로 성공하고 인기있는 사람들이 제일 부러워지는 대상이고 관심의 대상이 된다. 그런 성공적인 이름을 가진 사람들이 성공적으로 되기 위해서 어떤 명문 학교에서 어떤 학위를 받고 어떻게 교육을 받았는가에 심취한다. 어떤 업적을 성취했는가에 관심을 집중한다. 어떻게 특별한 체험을 맛보고, 성공하고, 놀라운 기도 응답을 받고, 어떤 신비 체험을 하였는가 등에 특별한 관심을 집중한다. 그런 것이 있다면 돈으로라도 살 수 있으면 사보려고 한다. 선망의 대상이 되는 분들과 자신을 동일시해보기도 한다. 수없이 듣고 뛰고 소리지르고 흔들고 방법을 다해 보았지만 끝나면 허무하다. 처음 사랑과 믿음은 되찾을 수가 없다. 역부족이다. 계속해서 싸워보고 씨름해 보지만 처음 사랑의 눈물과 감격과 기쁨은 돌아오질 않는다. 다시는 되찾을 수 없을 것 같다는 생각이 들기도 한다 (이렇게 캄캄한 터널의 때가 나에게도 있었다).

안드류 머레이(Andrew Marray)는 이렇게 말했다.

"자기가 주인이 되어 자기 만족을 위해 이상적인 신앙에 도달하려고 노력하는 사람은 노력하면 할수록 그는 자신이 아무것도 할 수 없는 존재임을 발견하고 확인하게 될 것이다."

공허한 몸부림 속에 이제 나는 구원될 수 없고 하나님께 버림받은 사람이 되지 않았나 하는 생각도 들 것이다. 예수 그리스도가 해답이라고 머리로는 알고 있지만 그렇지가 않다. 그를 기쁘게 해보려고 소원하지만 되지 않는다. 아무것도 할 수 없다고 느낀다. 그러므로 여러 면에서 불신자 때보다 훨씬 더 비참한 생활이 된다.

언젠가 한 주정뱅이에게 예수님을 믿으라고 전도를 했더니 의식이 몽롱한 눈으로 술병 뚜껑을 열면서 그는 대답하였다. "감사합니다만 나는 안 믿겠습니다. 지금 내가 가지고 있는 문제도 많은데 예수로 또 문제를 만들라 이말입니까? 이것으로도 나는 충분합니다."

포기할 수도 없고 나아갈 수도 없다. 절망과 갈등을 마음에 안고 다시 무엇을 더 찾아보려고 다른 종류의 집회에 열심히 참석해 본다. 성경도 읽어보고 금식도 해보고 여러 종류의 결단의식도 가져본다. 이런 반복과 열정의 소용돌이 과정 속에서 어떤 약속된 목적지에 도달할 수 있게 되지 않을까 하는 어렴풋한 기대와 갈증으로 늘 서성인다. 잡으려 잡으려 해도 잡혀지지 않는 믿음은 바람을 넣으면 곧 빠지는 구멍난 자동차 바퀴와도 같다. 매일 아침마다 열심히 바람을 넣지만 안타깝게도 저녁 때쯤 되면 바람이 빠지고 주저 앉는다. "나의 이 구멍을 막아줄 사람은 없는가?" 계속 부르고 찾지만 만족스런 답이 확실하게 가슴에 다가오지 않는다(당신이 이런 여정 중에 있지는 않은가?).

잃어버린 믿음을 다시 찾기까지의 여행길은 결코 길 필요가 없다. 이스라엘 백성을 기억하는가? 그들은 열흘이면 갈 수 있는 길을 사십년이란 시간을 낭비하였다. 처음에 그들은 하나님을 향한 꿈과 생생한 믿음만을 가슴에 담고 애굽땅(Egypt)을 떠났다. 그러나 약속의 땅(The Promised Land)을 향하여 가까이 가고 있으면서 하나님이 주신 꿈과 믿음을 잃어버렸다. 그리고 자신들이 만든 우상에 몰두하기 시작했다. 그들은 무엇을 더 먹고 더 소유하고 차지할 수 있을까만을 생각하였다. 결국 그들은 광야에서 사십년을 보냈다. 그제서야 하나님만이 그들의 유일한 꿈과 소망임을 알았다. 그들은 그만을 믿고 의지해야 할 백성임을 배웠다.

광야의 시간을 보내지 않고 믿음을 배우는 그리스도인들은 별로 없는 것 같다. 오히려 그 모든 것으로 선을 이루게 하시는 하나님께 감사와 찬양을 드린다. 이 책은 광야의 모든 여정을 끝내고 온전한 가나안의 삶을 누리고 있는 성도들을 위한 것은 아니다. 믿음의 광야에서 길을 잃은채 혼자 갈등하며 방황하고 있는 분들을 위해서 쓰여졌다. 이런 형제와 자매들이 본 내용에서 먼저 잘 배워야 할 사항은 우리의 삶에 힘이 되지 못하는 것이 무엇인지 바르게 먼저 아는 일이다. 빨리 버려야 할 부분이 무엇인지를 알아야 한다. 우리가 스스로 우리의 신앙과 삶에서 도움이 되지 못하는 것이 무엇인가를 빨리 알아내고, 그런 것들에서 속히 벗어나게 되어야 한다. 그렇게 될 때 우리는 보다 빠르게 단순한 믿음으로 살아가는 풍성한 삶—젖과 꿀이 흐르는 가나안에 들어갈 수 있게 될 것이다.

3
역사하지 못하는 것
What Doesn't Work

내가 처음 세계를 돌아보는 여행을 떠났을 때 많은 나라들과 많은 문화들과 많은 지역들을 너무 바쁘게 여행해야만 했다. 심신이 정말 피곤함을 느꼈다. 어떤 날은 하루에 3회씩 강의와 집회를 인도해야 하는 날도 있었다. 그렇지만 가는 곳마다 만나게 되는 고귀한 믿음의 형제 자매들을 통해 받은 주님의 사랑은 모든 피로들을 말끔히 잊게 해 주었다. 새로운 기쁨이 되었다. 한 가족같이 생각하여 가장 좋은 좌석을 배려해 주었고, 특별한 식사의 프로그램에 초청해 주었고, 가장 좋은 잠자리를 마련해 주려고 마음을 쓰던 형제들! 잊지 못할 그리스도의 형제와 자매들이었다. 다만 내가 그리스도인의 이름을 간직한 형제라는 이유 때문에 국적이 다르고 문화가 다른 형제들에게서 말로 다할 수 없는 사랑을 받게 되었다. 우리가 모두 하나님 나라의 한 가족이라는 말이 무엇을 의미하는 지를 나는 여행을 하면서 알게 되었다.

특별한 사랑을 받으며 나는 여러 나라 여러 지역에서 다른 여러 종류의 교파(denominations)와 문화와 신분에 속한 사람들에게 강의를 하기도 하고 교제도 나누는 기회를 가졌다. 그중에 어떤 교파는 내가 처음 들어보는 것도 있었다. 각 교파들은 자기들이 강조하는 교리들이 달랐다. 그러나 여러 계층 각종 교파의 여러 신자들을 가르치기도 하고 만나면서 공통적으로 발견하게 된 사실은 그들 그리스도인들이 거의 비슷하게 실패와 갈등의 삶을 가지고 있었다는 사실이었다. 내가 결론적으로 알게 된 것도 각 교파의 교리나 신조가 아무리 훌륭하다 할지라도 결코 그것들이 개인의 풍성한 삶에 그렇게 큰 도움을 주지 못한다는 사실이었다. 오히려 교리와 신조로 서로 불화하고 반목하며 교제를 단절하고 지내는 그리스도인들이 더 많음을 보았다. 다른 교파의 교리나 신조가 잘못된 이유를 찾아내고 비판하고 싸우기 때문에 개인의 삶은 더 메마르고 불신자들의 비판거리가 되고도 있었다. 나는 올바른 교리가 필요하고 올바른 교리를 잘 가르치는 일이 필요하다고 생각한다. 그러나 이해할 수 없는 것은 올바른 교리를 고수하며 교리 교육을 많이 받은 사람들이나 교리에 대하여 전혀 가르침을 받지 못한 사람들이나 실패하는 삶을 사는 정도는 비슷했다는 사실이었다. 그것은 무엇을 말하는가?(교리와 신학을 모르는 평신도가 더 풍성한 믿음의 삶을 사는 경우도 많았다)

쏟아져 나오는 제자훈련은 어떤가? 많은 제자훈련 프로그램들을 보면 여러 가지 종류의 상황들을 설정해 놓고 그런 경우 어떻게 행동해야 되는가에 대한 행동지침들을 나열하고 설명하는 경우가 많다. 그것은 바로 제자훈련을 받고 있는 사람들이 어떻게 행동할지를 모르고 있기 때문에 그들이 실패하게 된다고 미리 예견적인 전제로서 생각하고 있음을 말해준다. 그러나 특별한 제자훈련을 시킨다는 기관에서 가장 지도적인 위치의 사람들도 그들이 가르치고 강의하는 생활규범이나 행동지침을 제대로 다 지키기는 어렵다는 사실이다. 결국 그들도 실제적인 삶에서는 실패하는 생활을 살고 있기가 쉽다. 그들이 가르치고 주입하는 기준을 결코 살지 못한다. 머리로 배운 높은 지침은 제대로 실제적인 삶이 되지 못한다. 영적으로 풍요로운 삶을 살기 위해서 또는 신앙적으로 변화된 삶을 살기 위해서 어떻게 살아야만 하는가에 대한 지침이나 목록이 결코 풍요로운 삶을 살게 인도하지는 못한다. 이것을 잊지 말아야 한다.

사람들은 생생한 하나님의 의식을 잃어 버리게 될 때 그와 비례해서 많은 종류의 규율들(rules)을 만들어 낸다. 어떤 강령이나 지침들을 많이 만든다는 사실은 바로 그가 하나님과의 개인적인 교제의 삶을 제대로 알지 못하고 살지 못한다는 표현일 수 있다. 구약시대에는 하나님이 주신 율법들이 이스라엘 백성의 가장 중요한 생활 규범이고 행동강령이었다. 그러나 처음부터 그들에게 율법이 주어진 것이 아니다. 그들 가운데 항상 임재해 계시고 그들 속에 항상 내주해 계시는 하나님을 그들이 믿지 못하고 보지 못하고 따르지 못하기 때문에 하나님은 계명과 율법을 이스라엘에게 주셨다. 그러므로 율법을 주신 궁극적 목적은 그들이 참 하나님만을 항상 의지하고 바라보며 하나님과 하나됨을 회복하고 하나님과 같이 사는 백성이 되게 하기 위함이었다. 그러나 그들은 살아계시고 주인이신 하나님은 버리고 수단인 율법과 계명만을 붙잡고 숭배하는 제사장과 바리새인들로 전락하고 말았다. 살아계셔서 함께 하시는 하나님에 대한 내적 의식을 잃게 되면 잃게 될수록 사람들은 외적인 율법이나 의식이나 교리같은 것을 더 붙잡고 강조하며 위안을 받고자 한다. 그래서 그런 것들을 더욱 더 만들어내고 싶어한다.

나는 최근에 유태인들의 음식 규례에 대한 책을 읽어 본 적이 있다. 많은 내용 중에서 나는 하나님의 백성은 토끼고기와 낙타고기를 절대로 먹지 말아야 한다고 강조하는 내용을 보았다. 그때 나는 마음 속으로 가만히 생각해 보았다. "만약 내가 앞으로 토끼고기나 낙타고기를 절대로 먹지 않는다면 나와 아내 사이의 부부생활이 훨씬 더 좋아질 수 있을까? 우리집 아이들이 주님을 잘 배우고 키가 더 자랄 수 있을까? 내 안에 갈등과 실패하는 삶이 평강과 성공적인 삶으로 변할까?" 아무리 생각해도 전혀 관계가 없는 일이었다. 우리가 참으로 관심을 가져야 할 중요한 주제는 우리가 어떻게 하면 좀더 신앙적이고 사랑이 넘치는 풍성한 양질의 생명을 사느냐 하는 문제이다. 우리는 어떤 놀랄만한 새 이론이나 신비스런 가르침이나 세련되어 보이는 규례들이나 색다른 내용이나 원리들을 설명하는 책들을 "이것이 과연 우리의 삶에 실제적인 도움과 힘이 되는가?"하는 의문을 제기해보지 않고 받아들이기가 쉽다. 우리의 현재 상황이 비극적이기 때문에 빠른 처방이 될 수 있다면 무조건 받아들인다는 태도는 좋은 신앙이 결코 아니다.

어떤 사람들 중에는 훌륭한 신앙을 가진 그리스도인이 되려면 집안에서 TV와 라디오를 없애고, 발가락이 보이는 신발을 신지 말고, 값비싼 안경을 쓰지 말고, 찬란한 옷을 입지 말고, 교회가 너무 값비싼 파이프 오르간을 들여놓지 말아야 된다고 말한다.

그러나 그리스도인 신앙에 그런 것들이 그렇게 절대적인 중요성을 차지할 수는 없다. 그런 율법적인 완전주의자들 중에도 내적인 생활에서는 부도덕한 사람들의 예를 나는 많이 보았다. 생활의 금기와 규율을 실천하는 일은 좋은 일이나 그런 율법적인 금기의 실천이 반드시 실제적인 삶에서 풍성한 능력이 되는 것은 아니다.

과거 오랫동안 신자들 사이에서 논란이 되었던 것 중의 하나가 성령충만과 각종 방언을 말하는 문제이다. 내가 만난 사람들 중에는 이 문제에 대하여 서로 다른 신조를 가지고 있는 신자들이 있었다. 나의 생각은 방언은 유익한 은사지만 누가 방언을 경험했건 아니했건 그들이 죄의 종된 습성에서 벗어나 풍요로운 삶을 사는 데 있어서는 다른 점이 별로 없었다는 것이다. 실패를 벗어나는 궁극적인 해결책은 결코 방언이 아니다.

세례(baptism)에 대한 것도 마찬가지이다. "세례"라고 그 용어를 쓰는 신자나 "침례"라는 용어를 쓰는 신자나 적절한 이름이나 어떤 의식이 풍성한 삶을 보장해 주지는 못한다.

그것은 또한 영적인 권위나 교회의 직분이나 교회의 규모나 성경을 많이 암송하는 일이나 얼마나 기도와 Q.T를 행하는 가에 있는 것도 아니다. 얼마나 열정적으로 전도하고 유창하게 설교하는가에 있는 것도 아니다. 얼마나 세상에서 격리되어 사는가에 있는 것도 아니며 얼마나 긍정적이고 적극적인 태도를 가지는가도 아니며 어떤 판의 성경을 읽는가도 아니다. 모든 오락기구나 소유물을 다 버린 사람에게도, 많은 책을 읽고 많은 학위를 받은 사람 중에도 실패하는 그리스도인은 있는 법이다. 그래서 예수님께서는 말씀하셨다. "진리를 알찌니 진리가 너희를 자유케 하리라"(요 8 : 32). 우리가 언급했던 것들은 모두 좋은 것이지만 그런 것들이 결코 주님께서 말씀하신 풍성한 삶의 진리(the truth)는 아니다. 그것들이 그들을 참으로 자유케 하지는 못한다.

처절한 자신의 삶에서 어떻게 하면 위로를 받고 변화를 맛볼 것인가? 이런 방법을 찾기에 바쁜 신자들은 "만물의 모든 것이시고 구세주이신 예수 그리스도가 내 안에 계시는가?"에 대하여는 별로 질문이 없다. 사실 분석해 보면 그런 핵심에서 벗어난 노력과 추구는 점점 더 귀중한 주인이신 예수님의 이름은 희미하게 만들고 멀어지게 하며 눈에 보이는 사람의 것에 점점 더 귀를 기울이고 집착하게 만든다.

우리가 바른 그리스도인이라면 성공적인 삶을 위한 특별한 방법들을 누구에게 소개받을 때 우리는 그것이 "열성적인 불교신자나 힌두교 신자나 마호멧 신자라도 할 수 있는 방법이 아닌가?"라는 질문을 해 보아야 한다. 그것이 다른 이방 종교의 사람들도 할 수 있는 방법이라면 그 방법은 결코 초능력적인 하나님의 방법이 아니다. 그것은 다만 사람의 머리에서 나온 방법이고 가르침이다.

어떤 사람들은 그들의 불행한 문제들의 근원이 마귀 사탄에게서 나온 것이라고 배운다. 그리고 그 마귀(들)를 쫓아내기 위해서 많은 시간을 보낸다. 그렇지만 별 차도가 없다. 그리고 특정한 죄와 행동에 종이 되어 거기서 벗어나지 못한다. 노예의 삶을 벗어나지 못한채 특별하게 마귀를 쫓아내는 방법들(exorcism)을 반복해서 실시해 보지만 별 차도는 없다.

많은 지식과 학문도 풍성한 삶에 실제적인 힘이 되지는 못한다. "성경을 연구하라"는 책을 읽으면서 나는 이사야서의 저자에 대하여 여러 페이지를 할애하여 설명하는 내용을 보았다. 그 저자가 한명이냐 두명이냐 하는 것이었다. 히브리서 저자에 대한 것도 계속해서 설명하고 있었는데 그 저자가 바울(Paul)이냐 바나바(Barnabas)이냐 하는 것이었다.

신학에 대한 안내도 나와 있었는데 종말론(eschatology)

을 특별하게 설명하고 말세에 대한 다른 여러 가지 견해들에 대하여도 설명하고 있었다. 저자는 그것을 연구하기 위해 많은 시간을 소비하였을 것이다. 틀림없이 명석한 두뇌를 가진 많은 학자들이 많은 시간을 바쳐서 연구하고 그런 신학이론의 책들을 만들어냈을 것이다. 그런데 과연 그것의 이유가 무엇인가? 그것이 실패하는 삶의 굴레를 벗어나지 못한채 살고있는 신자들에게 무슨 관계가 있으며 무엇을 줄 수 있단 말인가? 그런 것들이 지금 이 시간도 핍박과 고통 속에 숨어 숨도 못쉬고 있는 중공 땅의 그리스도인과 네팔에서 복음을 전하다 감옥에 갇혀 신음하고 있는 형제들과 오늘 저녁도 먹을 양식이 없어서 눈물짓고 있는 인도의 자매들에게 무엇을 줄 수 있단 말인가? 그리고 지금 이 책을 읽고 있는 당신에게 그런 것들이 무슨 의미가 있단 말인가?

많은 교회들이 성경을 교리와 지식을 위한 교재로만 사용하고 가르치고 생명(life)을 전해주는 살아있는 말씀으로 전하여 주지 않고 있다. 인본주의 학자들이고, 자유주의자이고, 율법주의자, 무속 최면술사이고, 사회혁명주의자와 다름없는 목회자들이 많은 강단을 지배하고 있다. 어떤 목회자들은 설교를 계속 노트에 쓰라고 명령한다. 그러나 우리가 필요한 것은 노트에 가득 베껴 쓰는 강의 내용보다는 우리를 해방시키는 복음과 능력(power)이 선포되는 일이다. 풍성한 생명과 자원을 공급하는 일이다. 교회나 가정에서 성경을 공부하고 읽기는 하지만 머리의 지식만을 높이기 위한 활동이기 때문에 결혼생활은 변함없이 비극이고 자녀들은 다름없이 문제이고 매일의 삶은 항상 비참하다.

하나님은 결코 조직신학의 자료가 아니시고 학문을 위한

지식이 아니시다. 하나님을 단지 지식의 대상으로만 취급하는 신자라면 이방 종교인이지 살아있는 그리스도인은 아니다. 하나님은 우리가 순종하고 경배해야 할 인격이시지 단지 학문과 지식을 위한 수단이나 좋은 직업을 위한 대상이 결코 아니시다. 나는 자주 생각했었다. 유능하고 박식한 신학자들이 꼭 추가하셔야 할 한 가지 일은 이제 그들의 방대한 신학이론이나 책들은 그만 덮어두시고 좋은 망원경을 하나씩 준비하셔서 조용한 산속에 들어가 기도하시며 하늘의 별들을 한번 관찰해 보는 시간들을 가졌으면 좋겠다고. 아마 그분들은 틀림없이 욥과 같이 창조주 하나님 앞에 새로운 고백을 할 수 있을 것이다. "욥이 여호와께 대답하여 가로되 나는 미천하오니 무엇이라 주께 대답하리이까. 손으로 내 입을 가릴 뿐이로소이다"(욥 40 : 3 -4).

 지식이나 학문이 절대 무익하다는 말은 아니다. 그러나 그것이 생명을 대신할 수는 없다는 말이다. 그것이 "생명"을 대신하게 될 때 그것은 저주가 된다. 지식이 결코 신앙은 아니기 때문이다. 매우 총명하고 좋은 학위를 가지고 있고 명성도 누리고 있지만 영적인 삶은 지옥같은 삶을 사는 사람들이 얼마든지 있다. 풍성한 승리를 생명으로 사는 신앙은 박식한 사람이나 무지한 사람이나, 재능있는 사람이나 재능없는 사람이나, 부유한 사람이나 가난한 사람이나 똑같이 필요하고 중요하다. 누구에게나 그것은 조금도 차별이 없다.

 내가 말하려는 것은 다만 지식이 모두 예수님께서 말씀하신 진리는 아니라는 말이다. 우리를 생명으로 인도하는 지식은 중요하다. 그러나 다시 강조하고 싶은 것은 그것이 그리스도의 자리를 차지하고 그것이 우리의 매일의 생활에 유일한 해결책이고 주인이 된다면 그것은 저주스런 우상이라는 것이다. 모든 지식은 필요한 것일지 모르지만 그것이 우리의 삶에서 제일 높은 자리에 있어서는 안된다. 어느 친구의 말과 같이 우리의 머리에 있는 것들이 18인치 정도만 밑으로 내려와서 우리의 심장과 하나가 될 수 있다면 그것은 참으로 좋은 것이 될 것이다.

많은 경우 지식을 위해서 바쁘게 씨름하다 보면 기도하고 하나님 앞에 엎드리는 시간은 거의 갖지 못하는 것을 나는 자주 경험할 수 있었다. 사실 많은 그리스도인들이 기도로 그리스도를 찾는 생활보다는 전혀 기도없이 지식을 찾는 일에 더 분주한 경우를 너무 많이 볼 수 있다. 우리는 알아야 한다. 하나님께서는 의인들의 간구를 통하여 이 세상을 다스리시고 계시다는 사실을. 그런데도 세계 어느 신학교에서도 기도(prayer)라는 과목을 설치해서 가르치는 곳은 한군데도 찾아보지 못하였다. 과연 우리가 믿는 구원이란 다만 지식이란 말인가? 다시 한번 생각해 봐야 할 문제이다.

오늘날 교회 안에는 다양한 여러 생활 속에서 많은 상처를 안고 살아가고 있는 그리스도인들이 점점 증가하고 있다. 기독교적인 상담과 치료에 많은 관심이 일고 있고 확산되고 있다. 그러나 한탄스런 현상은 많은 그리스도인들이 인본주의적이고 무신론적 바탕에서 나온 심리학적 상담법만을 그들의 문제들을 도울 수 있는 가장 절대적인 방법이라고 믿고 있다는 사실이다. 또한 이름만은 기독교적 상담이라는 이름을 표방하지만 그 원리는 인본주의적 불신앙에 기초해서 만들어진 원리들만을 그대로 사용하고 있다. 그러므로 상담 과정에서도 그리스도인의 모든 삶에 주인이고 생명이신 예수 그리스도와 그의 성령의 초자연적인 역사는 조금도 인정하지 못한다. 심리학적 상담을 벗어나지 못하고 있다. 그러나 그리스도인을 위한 상담이나 치료가 불신자에게 주는 내용과 동일하다면 그것은 무엇인가 잘못된 신앙에서 나온 것이다.

진실한 그리스도인 상담자라면 내담자를 당연히 그리스도를 향하여 인도해야 한다. 근원적인 인생의 치료자이시고 상담자이신 그리스도를 궁극적으로 만날 수 있도록 인도해야 한다. 내담자의 불완전한 자아의 강화나 그리스도가 아닌 상담자 자신을 바라보게 하는 것은 결코 기독교 상담이라 부를 수 없는 것이다. 그리스도인 중에도 예수 그리스도가 우리의 모든 필요를 채워줄 수 있는 모든 문제의 해답이라는 말을 들으면 말할 수 없는 적대감을 표현하는 사람들이 있다. 그렇지만 성경 어디에도 우리의 염려와 모든 문제를 하나님께 맡기라고 하였지 심리학자나 정신과 의사에게 전적으로 맡기라고 하지 않았다.

"때에 내가 아하와 강가에서 금식을 선포하고 우리 하나님 앞에서 스스로 겸비하여 우리와 우리 어린 것과 모든 소유를 위하여 평탄한 길을 그에게 간구하였으니 이는 우리가 전에 왕에게 고하기를 우리 하나님의 손은 자기를 찾는 모든 자에게 선을 베푸시고 자기를 버리고 배반하는 모든 자에게는 진노를 베푸신다 하였으므로 길에서 적군을 막고 우리를 도울 보병과 마병을 (세상) 왕에게 구하기를 부끄러워하였음이라 그러므로 우리가 이를 위하여 금식하며 우리 하나님께 간구하였더니 그 응낙하심을 입었느니라"(스 8 : 21-23)

때로는 우리들도 우리의 정신적인 문제들을 해결하기 위해 자신도 모르게 세상으로 먼저 달려가는 경우가 너무도 많다. 전혀 부끄러움 없이 자연스럽게 나오는 이런 반응은 오랫동안 불신앙과 무신론적 세상 문화 속에서 교육을 받아온 결과이다.

그리스도의 생명을 간직한 성도들이 궁극적으로 역사하는 지혜와 능력이 되지 못하는 세상의 방법들에 매달리고 의지하고 있는 예들은 너무도 많다. 교회의 많은 프로그램들은 어떤가? 교인의 숫자만을 늘이기 위해서 수단과 방법을 가리지 않고 세속 단체나 세상 기업의 방법을 강요하는 경우는 얼마나 많은가? 오늘날 많은 교회들이 거룩한 하나님의 이름을 가지고 하나님보다는 교회 재산증식을 위하여 그리스도의 방법이 아닌 세상의 기업들이 사용하는 피라밋 판매조직, 피라밋식 경영법(the pyramid system) 같은 세상의 방법을 도입하여 수를 늘이기에만 전념하지는 않는가? 이런 양상으로 숫자만을 늘리는데 있게 되므로 하나님이 보내주신 새 신자나 기존 성도들을 잘 양육하고 섬기는 일에는 무관심하게 된다. 바른 양육이 못되므로 생명없는 율법적 종교인만 양산하는 결과를 가져온다.

이런 교회들은 창업자의 성공을 위해 조직되고 경영되고 확장되는 주식회사나 다름이 없다. 그리스도가 머리시고 왕이신 교회라기보다는 돈이나 어떤 사람이 머리가 되고 왕이 되는 기업이 되기가 쉽다. 그리고 교인들은 제국의 번창을 위해 하나님의 이름으로 충성을 다해야 하는 군대이고 노예이고 시녀가 되어야 한다(이런 식의 교회가 많아져 간다면 우리에게는 소망이 없다. 한국의 교회도 유럽의 교회와 아메리카 교회들의 전철을 면치 못할 것이다).

이러므로 많은 교회들은 영적인 환자들로 만원을 이룬다. 흡사 종합병원과 같다. 환자들은 계속 몰려오고 여기저기 신음소리는 나는데 좋은 의사들은 많지가 않다. 그런데도 좋은 의사들을 늘리고 치료시설을 확충하는 일보다는 더 큰 병원건물을 짓는 일이다. 이것은 정직하고 진실한 해결책이 못된다. 이렇게 한 세대가 지나가면 건물만 남고 성도들은 갈라지고 흩어져 버리게 될 것이다. 환자들은 치료를 제대로 못받아 죽어가는데 건물만 확장하는 이유가 무엇인가? 교회와 목회자들의 최고의 관심과 사랑은 영혼에 대한 것이어야 한다.

이제까지 살펴본 바와 같이 바른 길을 벗어난 현상들은 본래 어디서부터 시작되었을까? 그것은 순전했던 처음 사랑의 단순한 믿음을 잃어버린 신앙, 생명없는 규례들과 절기들만을 붙들고 사는 교회와 성도들에서 시작되고 비롯된 것이다(골 2 : 16).

이 모든 현상들의 뿌리는 마태복음 5장, 6장과 7장에서 잘 가르쳐 준다. 단순한 믿음으로 그리스도의 생명 안에 거하지 못하는 그리스도인들은 나름대로의 취향을 따라 자기들 수준의 기독교라는 종교를 만들어낸다. 그리고 다른 사람들을 강하게 비난하고 매도한다. 지적인 추구를 좋아하는 사람들은 자기들 기준에 맞추어 적당한 교리(doctrine)를 만들어낸다. 정치를 좋아하는 사람들은 경영원리와 치리하기 좋은 제도와 조직같은 것들을 만들어낸다. 한편 지적인 추구나 정치에 매력을 느끼지 못하는 사람들은 신비적이고 감정적인 체험을 선망하고 추구한다. 이런 신비한 체험을 찾는 사람들은 그들끼리 한 그룹을 이룬다. 그리고 자기들의 체험을 성경보다 더 큰 기준으로 간주한다. 그런 신비 체험이 없는 사람들을 영적이지 못한 사람들이라고 비판한다. 다 치우치고 바른 믿음에서 벗어난 현상들이다.

그리스도 안에 거함으로 순간 순간 넘치는 생명과 사랑

의 나눔이 없을 때 이런 실패는 반복된다. 이런 신자들은 무엇인가 채워지지 않은 갈증 속에 승리하는 삶, 깊은 삶, 하나님을 기쁘게 하는 삶을 찾아 방황하고 있는 것이다. 그렇지만 잘못된 곳에서 바른 것을 찾을 수는 없다. 바른 곳을 찾아가야 한다.

한 인디안 형제의 이야기가 생각난다. 한 사람이 집에 들어가려고 하는데 열쇠가 없어졌다. 그래서 그는 밝은 가로등 밑으로 가서 열쇠를 찾기 시작했다. 이것을 본 이웃사람들이 도와주어야 겠다고 생각하고 한 사람씩 나와서 같이 찾게 되었다. 한참을 찾다가 한 사람이 물었다. "당신이 열쇠를 잃어버린 곳이 정확히 어딘가요?" "저기 집 옆인데요." 이 말을 들은 이웃사람이 말했다. "집 옆에서 열쇠를 잃어버렸으면 거기서 찾아야지 왜 여기서 찾고 있습니까?" "그곳은 어두워서 잘 보이지가 않아요. 여기는 밝아서 잘 보이거든요." 웃지 않을 수 없는 사실이다.

우리는 이런 그리스도인들이 아닌가! 처음 누렸던 기쁨과 승리하는 삶을 잃어버렸으면 그것들을 잃어버린 장소에 돌아가서 찾아야 한다. 왜 다른 잘못된 장소에서 계속 찾고 있는가? 겉으로 잘 보이고 밝아 보이는 곳을 찾아 다니지만 결코 우리는 잃어버린 그것을 거기서 찾지 못한다. 불빛이 있다고 해서 풍성한 삶과 승리하는 삶의 집으로 우리를 들어가게 하지는 못한다. 무익한 노력을 우리는 이제 그만 끝내야 한다. 그리고 바른 장소, 바른 근원을 찾아가야 한다.

담대하라! 하나님은 당신을 사랑하신다. 우리는 그의 택함받은 백성이다. 하나님은 우리를 위해 젖과 꿀이 흐르는 약속의 땅, 가나안을 준비해 놓으셨다. 하나님은 당신을 인도해 줄 풍성한 빛(light)과 좋은 지도(map)와 확실한 안내자(guide)를 준비해 놓으셨다.

늘 푸르게 자라는 나무

우리의 문제들에 대한 근원적인 해답을 어디서 찾을 수 있겠는가? 우리는 그 해답을 에덴동산(the Garden)에서부터 찾아야 한다. "여호와 하나님이 그 땅에서 보기에 아름답고 먹기에 좋은 나무가 나게 하시니 동산 가운데에는 생명나무와 선악을 알게 하는 나무도 있더라"(창 2 : 9). 아담과 하와가 우리를 대표해서 처음 따 먹은 선악을 알게 하는 나무(the tree of the knowledge of good and evil), 그것을 그들은 먹지 말았어야 했다. 그러나 이 금단의 열매를 인류는 계속해서 먹고 있다. 그 나무에서 나온 이 열매가 어떤 위력을 가지고 모든 인류에게 영향을 끼쳐오고 있는지 당신은 알아야 한다.

첫째, 우리는 먼저 하나님께서 우리를 자녀로 받아들이시는 기준이 무엇인가를 이해해야 한다. 그 기준이 무엇이겠는가? 그가 인류를 판단하시는 합격과 불합격의 유일한 기준은 독생자 예수 그리스도이시다. 그러므로 우리가 그리스도 예수 안(in Christ)에 있으면 그 그리스도를 보시고 우리를 적합한 자로 인정하시고 받아 주신다. 그러나 우리가 그리스도 밖(outside of Christ)에 있으면 결코 하나님은 우리를 받아 들이지 않으신다. 이것은 너무나 평범하고 단순한 법칙이다. 그런데도 우리는 그리스도보다는 선악을 알게 하는 지식의 나무(the tree of knowledge)를 계속해서 더 구하고 그것을 따 먹기를 더 좋아하고 갈망한다. 그러나 선악을 알게 하는 지식의 나무를 우리가 선호하고 다시 먹게 될 때 하나님의 단순한 진리는 반드시 방해를 받게 되고 우리는 낙원을 상실하게 된다.
 선악을 알게 하는 지식의 나무는 둘로 나눠진다. 한쪽은 선(good)이고 한쪽은 악(evil)이다. 한 사람이 악이 있는 쪽을 택하여 먹고 악한 일을 범하면, 하나님께서 그에게 어떻게 하셔야 하겠는가? 대답은 명백하다. 그의 행실이 의롭지 못하고 하나님의 기준에 미치지 못한 자이므로 하나님은 그를 결코 용납지 않으시고 거절하신다(reject). 그러나 선과 악을 알게 하는 나무에서 선의 쪽을 택하여 먹은 사람은 많은 선행을 쌓을 것이다. 그런데 하나님께서는 선한 쪽을 먹고 선을 행하는 자도 똑같이 받아들이지 않으신다는 사실이다. 왜 그런가? 그것은 그의 판단하시는 기준이 선이 아니고 그리스도(Christ)이기 때문이다. 사람의 선(善)이 하나님의 기준이 결코 아니다.
 그리스도 안에 거하는 생명 외에 다른 것은 아무리 좋은 이름을 가졌어도 그것은 하나님 앞에 합당치 않다는 것이다. 그것은 사람이 스스로 옳다 하는 독선(self-righteousness)을 범하는 행위이다. 하나님은 우리에게 의(義)를 요구하시지만 우리가 스스로의 공로로 행하는 의를 요구하시는 분이 아니시다. 실제 우리가 행한 의의 행동이란 더러운 옷과 같다고 말씀하신다. 왜냐하면 선과 악은 동일한 나무에서 나왔기 때문이다. 그것들은 똑같은 나무에서 나온 열매들이다. 하나님이 먹으면 결단코 죽으리라고 경고했던 나무에서 나온 것들이므로 하나님 앞에는 다른 점이나 차이가 전혀 없다. 악(惡)과 마찬가지로 선(善)도 동일하게 하나님의 기준에서 벗어난 행위라는 말이다. 그래서 하나님은 우리 안에 있는 의로 행한 선도 거부하신다. "주에게는 흑암과 빛이 일반이라"(시 139 : 12).
 악을 행하고 죄를 범하는 일은 하나님의 살아계심과

그의 심판하시는 자를 믿지 않고 져버리는 행위이다. 그렇지만 그리스도 없이 자기의 의로 스스로의 선을 행하는 일도 하나님께서 세우신 영접의 기준을 믿지 않고 거부하는 행위에 지나지 않는다. 하나님께서 사람을 위해 세우신 영원한 기준은 그리스도 뿐이시다. 그리스도에게 초점이 맞추어지지 않은 것은 어떤 것도 치우치고 벗어난 것이다. 그리스도의 의가 없이 자신의 의를 의지하게 한다면 좋은 선행도 하나님의 은혜와 언약을 믿지 않는 행위인 것이다. 그리스도를 부인하고 하나님을 부인하는 행위이다. 기독교 신앙에서 잘못 생각하고 가장 속기 쉬운 오류 중의 하나가 바로 이것이다.

하나님은 우리가 선하고 의로운 삶의 역사를 이루기를 원하시지만 하나님께서 용납하시고 받으시는 선과 의는 생산되어 밖으로 나오고 보이는 열매가 아니라 그 열매를 나오게 한 근원이 되는 뿌리나 나무가 무엇이었느냐가 중요한 것이다. 우리가 행하는 의의 근원이 그리스도가 되어 그의 생명이 우리를 통하여 그리스도 자신을 나타내는 믿음(faith)에서 나온 열매들만이 영원한 생명이 있는 것이고 하나님이 기뻐 받으시는 열매들이 된다는 것이다. 데살로니가전서 1장 3절을 보라. 이 믿음에서 나온 선한 일과 선한 행위와 선한 삶만이 하나님께서 받으실만한 것이라고 말하고 있다. "너희의 믿음의 [에서 나온] 역사와 사랑의 수고와 우리 주 예수 그리스도에 대한 소망의 인내를 우리 하나님 아버지 앞에서 [좋은 것으로] 쉬지 않고 기억함이니."

그리스도를 의지하는 믿음을 떠난 모든 것은 그것이 비록 우리가 생각하기에는 아무리 선한 것이라 할지라도 하나님은 그것을 받지 않으신다는 것이다. 그것은 그 근원이 믿음에서 나온 것이 아니고 스스로 옳다 하는 자아의 행위에서 나온 것에 지나지 않기 때문이다. 복음서에 보면 예수님께서는 세리(tax collectors)와 같은 죄인들과 자주 자리를 같이 하시는 것을 볼 수 있다. 곧 악한 나무 열매를 먹고 사는 자들과 기꺼이 가까이 지내셨다. 그것은 그들이 선을 행한다고 하는 자들보다 훨씬 더 쉽게 회개에 이르도록 하실 수 있음을 아셨기 때문이다. 그들은 자신들이 잘못된 죄인 중의 죄인들임을 알고 있었다(그들은 그것을 알고 있었고 주위의 다른 사람들도 그렇게 인정하고 있었다). 그렇지만 스스로를 의롭다 하는 바리새인들과 율법의 선생들에 대하여는 스스로 회개에 이를 수 있는 준비가 되어 있지 않은 자들임을 알았다. 때문에 회개에 대한 기대를 하지 않으셨다. 그래서 세리와 같은 죄인들이 바리새인들보다 먼저 천국에 들어갈 것이라고 말씀하셨다.

선한 나무의 열매를 먹고 자칭 의롭다 하는 율법의 선생들은 다른 사람과 같이 자기들은 회개가 필요한 사람이라고 결코 생각하고 있지 않았기 때문이었다. 그러나 백성들은 그들 율법의 선생들의 선한 행위와 스스로 옳다 하는 태도가 실제로 얼마나 잘못된 것이고 하나님이 기뻐하지 않고 받으시지 않는 것임을 인식하지 못하였다. 겉으로 나타난 외모만을 보고 판단하여 그들은 바리새인과 율법의 선생들이 가장 의로운 사람들이라고 믿었다. 절대 먹어서는 안되는 선악을 알게 하는 열매를 먹었다는 사실이 근원적으로 이미 잘못된 것인데 선한 열매를 먹는다는 사람들은 이것을 깨닫지 못했다. 선을 행한다는 자들의 깊은 어둠이 바로 여기에 있다.

마태복음 23장에서 예수님은 하나님이 우리를 영접하시

는 은혜와 믿음이라는 절대적인 기준에 인간의 의를 더하려는 사람의 행위에 대하여 단호하게 말씀하셨다. "화있을진저 외식하는 서기관들과 바리새인들이여 너희는 천국문을 사람들 앞에서 닫고 너희도 들어가지 않고 들어가려 하는 자도 들어가지 못하게 하는도다"(13절). 이런 행위는 세상을 따르는 자기 욕망에 지나지 않으며 거짓된 속임수에 지나지 않다. 과부의 집을 다 삼키면서도 사람 앞에 외식하기 위해 "긴 기도를 드리는" 서기관들과 바래새인들에 대하여 주님은 준엄하게 말씀하셨다.""화 있을진저 외식하는 서기관들과 바리새인들이여 너희는 교인 하나를 얻기 위하여 다니다가 생기면 너희보다 배나 더 지옥 자식이 되게 하는도다"(15절).

전에는 악을 행함으로 악한 자들이었으나(bad / bad) 이제는 선을 행함으로 악한 자들이 되었다(good / bad). 자칭 의로운 자라고 생각하나 "우맹이요 소경들"(17절)이 되어 버렸다. 그러므로 의로운 행실을 위해 여러 가지 항목의 규례를 만들고 여러가지 방법들을 연구해 내지만 하나님의 더 중요한 "의와 인과 신"(23절)은 버렸다. 율법과 규례를 지키는 일에만 관심을 쏟았지 정말 중요한 것은 감추며 살고 있다. "소경된 인도자여 하루살이는 걸러내고 약대는 삼키는도다"(24절). "외식하는 서기관들과 바리새인들이여 잔과 대접의 겉은 깨끗이 하되 그 안에는 탐욕과 방탕으로 가득하게 하는도다"(25절). 또 어떤 사람들은 남을 판단함으로 의로운 자들이 되려 할 것이다. 그러나 그들의 실상은 "…… 회칠한 무덤 같으니 겉으로는 아름답게 보이나 그 안에는 죽은 사람의 뼈와 모든 더러운 것이 가득하도다"(27절).

이제까지의 말씀에서 살펴본 바와 같이 선악과의 선한

과일을 먹고 선한 행위를 함으로 속이는 행위는 악한 행위를 함으로 속이고 죄를 범하는 행위보다 더 사악한 것이 될 수 있다는 것이다.

요한복음 3장 16절의 말씀을 우리는 잘 알고 있다. "하나님이 세상을 이처럼 사랑하사 독생자를 주셨으니 이는 저를 믿는 자마다 멸망치 않고 영생을 얻게 하려 하심이니라." 이 복음의 말씀을 우리는 잘 인용하며 암송도 하고 노래도 한다. 우리는 기뻐하며 이 말씀을 받아들인다. 그러나 단순하게 받아들이고 의지하는 믿음보다 저주받은 나무에서 선행의 열매를 따 먹기를 즐기는 사람들은 하나님의 복음인 요한복음 3장 16절 말씀을 변형하고 왜곡시켜 "하나님이 세상을 이처럼 사랑하사 독생자를 주셨으니 누구든지 (죄를 범치 않고 정욕을 피하고 악한 생각을 버리고 성경통독을 많이 하고 교회에 봉사를 많이 하고 헌금을 많이 하고 아이들에게 소리지르지 않고 철야 금식을 많이 하고 성경을 많이 암기하고 TV를 보지 않고 오락을 금하고 전도를 많이 하고 방언을 잘하고 기적 체험을 하고 계속해서 선한 생활을 하면) 멸망치 않고 영생을 얻으리라"고 바꿔서 읽고 있다.

당신은 참된 복음이 무엇이며 참된 믿음이 무엇인지를 바르게 이해하고 알고 있어야 한다. 우리는 아담과 하와와 같고 유대 백성과 같은 습성을 가지고 있다. 이미 영접되었는 데도 하나님이 우리를 영접하고 받아들여 주기를 간청하며 끝없이 고행을 하고 노력을 쌓는다. 지켜야 할 목록들을 스스로 만들어 놓고 믿음이 아닌 믿음을 추구하고자 헛된 수고를 계속한다. 그리고 우리 자신도 짊어지고 갈 수 없는 무거운 짐들을 다른 사람에게 지우고서 참고 짊어지고 가야 한다고 가르친다.

선과 악의 열매를 따 먹은 행위는 그것이 선하든 악하든 다음과 같은 교훈을 당연하게 생각하고 가르치기가 쉽다. '너는 악을 범했다. 그러니 이제 선을 행하라.' 하지만 이것은 복음이 아니다. 이런 윤리는 유교(Confucianism)에도 있고, 불교(Buddhism)에도 있고, 힌두교(Hinduism), 몰몬교(Mormonism), 여호와의 증인(Johovah's Witnesses)에도 있다. 모든 세상의 종교들이 가르치고 추구하는 전형적인 것이 이런 윤리적 믿음이다.

마귀할멈은 악한 지식을 더 얻기 위해 선악과의 악한 쪽을 지혜를 다해 연구하고 가르친다. 율법적인 종교에 열성인 신학자들은 선한 지식을 더 얻기 위해 선악과의 선한 쪽을 지혜를 다해 연구하고 가르친다. 그런데 결과는 그 둘 사이에 다른 점이 없다. 일시적으로는 다른 점이 있을지 모르지만 궁극적으로는 전혀 차이가 없다.

명심하여 다시 우리가 진지하게 생각해야 할 사항은 많은 가르침과 지식들이 하나님의 기준(God's standard)에 다른 무엇을 더 붙이려는 것이거나 다른 종교인들과 다름없이 어떤 윤리적인 선행을 쌓으려고 노력하는 일은 우리의 생명이나 구원과는 전혀 관계가 없다는 사실이다. 즉 결론적으로 우리의 문제는 선악의 문제가 아니라 생명과 죽음의 문제라는 사실이다. 죽느냐 사느냐의 문제는 우리 속의 신앙이 선악을 알게 하는 '지식의 나무'에서 나온 것이냐 아니면 동산 중앙의 다른 나무 '생명의 나무'(the tree of life)에서 나온 것이냐에 달려 있다. 생명의 나무에서 나온 것이 아니면 결국은 다 저주를 가져오는 것이고 죽음일 뿐이다.

가정해 보자. 내가 그리스도의 생명 안에 거함으로 하나님의 인도하심이 있어 이번 주말을 집에서 아내와 함께 집안일을 도와주며 보내기로 했다. 그것은 명확한 하나님(성령)의 인도하신 일이다. 그것은 그렇게 큰 의미가 부여되는 선행은 아니다. 하지만 하나님의 나라에서는 값진 보상을 받게 될 것이다. 이유가 무엇인가? 일의 크기 때문이 아니라 그것이 아무리 작은 일이라 해도 내 안에 있는 그리스도의 생명에서 나온 것이기 때문이다.

이 세상에서 무엇을 하든 우리가 그의 생명을 따라서 산다면 염려할 일이란 없다. 우리의 눈에 어떤 일이 아무리 사소해 보일지라도 그것이 그리스도에게서 나온 것이라면 그것은 선하고 값진 영원한 것이 된다. 그렇지만 수만 명의 회중들을 모으고 아무리 유창한 설교를 하고 아무리 인기있는 지도자라 할지라도 그것이 자신의 이익과 명예와 영광을 위한 것이고 그리스도가 없는 교회라는 기업의 이익과 영광을 위한 수단이라면 그것은 무가치하고 무의미하다. 마지막 날에는 다 불타버릴 건초더미에 지나지 않을 것이다! 아무리 외관적으로는 엄청난 역사라 해도 그것이 그리스도의 생명에서 나온 것이 아니고 자아의 생명(self-life)에서 나온 열매라면 하나님 앞에서는 아무 가치가 없고 아무 의미가 없다는 것이다.

다시 강조하고 싶다. 선과 악의 열매를 먹고 사는 삶은 그것이 선이든 악이든 똑같이 우리의 눈을 그리스도의 생명으로부터 떠나게 하는 삶이다. 세상이 위대하게 생각하는 일들을 많은 사람들이 선망하고 힘써 추구하기 쉬운 세상이지만 마지막 날까지 남아서 증거하여 줄 수 있는 영원한 생명을 가진 믿음은 다른 것이다. 아마 우리는 마지막 날에 기대하고 의지했던 것들이 자취없이 사라지는 종말을 보고 놀라움을 금치 못할지도 모른다.

자신의 공적에 의해 의로운 목회자임을 늘 과시하고

다른 목회자들이나 성도들에 대하여는 거짓 선생이고 게으른 자라고 비난하기를 좋아하던 목사 한분이 생각난다. 이런 바리새적이고 율법적인 목사 남편이 떠버릴 때는 그의 아내였던 사모는 몸둘 바를 모르는 표정이었다. 그런데 후에 그 사모에게서 들은 소식은 충격적이었다. 그 교회의 모든 성도들이 심한 상처와 실망을 맛보고 흩어지게 되었는데 그것은 목사가 은밀하게 간음을 행하는 이중인격자임이 드러났기 때문이었다는 것이다.

대적자 사탄은 우리 그리스도인 성도들이 그리스도가 아닌 이런 선악의 지식나무 과일에 심취하고 즐기며 시간을 보내고 있는 것을 보면 쾌재를 부르며 좋아한다. 사람이 범하게 되는 악에도 여러 단계의 차이가 있듯이 선에도 그런 단계가 있다. 악(惡)이 그 정도에 있어서 1부터 10까지의 부정적(−)인 단계가 있고, 선(善)도 1부터 10까지의 긍정적(+)인 단계가 있다고 가정해 보자. 한 사람이 그리스도에게 자신의 삶을 맡기고 그리스도인이 되었다. 그 전까지 그의 생활을 윤리적인 눈금에서 볼 때 −5점의 삶을 살았다고 하여 보자. 이제 그가 그리스도인으로 그의 영적인 수준의 목표가 몇 점까지 올라가기를 원하겠는가? 그가 도달하고 싶은 단계가 +5점은 되리라고 생각된다. 그러나 문제는 선의 쪽으로 +5를 올라갔다는 것은 똑같이 악의 쪽으로도 −5까지는 떨어져 내려올 가능성이 언제나 기다리고 있다. 실제로 힘을 다해서 +5점 단계에까지 올라갔다고 생각했는데 곧 −5점으로 다시 내려와 있음을 우리는 자주 발견하게 될 것이다.

이런 원리의 예를 바리새인들의 생활에서 잘 볼 수가 있다. 그들이 철저하게 지키고 실천한 율법의 수준은 +10점의 단계는 될 것으로 보인다. 그러나 거꾸로 그들이 범한 악은 얼마나 엄청난 것이었는가? —10점 이상이었다. 그들은 하나님의 아들을 십자가에 못박아 죽게 만들었다. 이 원리는 종교적이고 율법적인 선과 의라는 윤리적 기준 아래서 무엇인가를 가르치고 있는 모든 사람들에게 적용된다. 하나님의 기준을 벗어난 선은 그것의 성취 목표가 높으면 높을수록 더 아래로 떨어져 악을 범하게 될 가능성이 늘 포함되어 있다. 그러므로 하나님의 기준에서 생명없는 선과 악의 사이에는 전혀 차이가 없다. 똑같이 벗어난 것들이다.

어떤 신자들은 외적인 핍박이 없는 나라에 가서 살게 되면 보다 더 경건하고 그리스도를 위해 더 이상적인 삶을 살 수 있으리라고 생각한다. 또 어떤 신자들은 종교의 자유가 없고 핍박(persecution)이 심한 나라에 가서 살게 되면 보다 더 역동적인 신앙생활을 할 수 있을 것이라고 말한다. 그러나 하나님의 뜻은 치우침이 없다. 핍박이 심한 나라에서 사는 사람이나 핍박이 없이 평안한 나라에서 사는 사람이나 그들이 똑같이 싸워야 하는 대상이 있는데 그것은 자기 중심의 삶(self-life)이다. 요즈음 영성(spirituality)의 개발에 관심이 높은데 신앙적인 높은 영성을 개발하는데 지름길이란 있을 수 없다고 나는 생각한다. 영성은 생활이나 외적인 어떤 방해물이 문제가 되는 것이 아니다. 영성은 어떤 종류의 특별한 환경에서가 아니라 그리스도의 영(the spirit of Christ)에서 나오는 것이기 때문이다.

콘스탄틴대제의 스승은 4세기경 교회가 로마사회에서 공인받기 시작하는 것을 보고 교회의 적이 이제는 핍박과 증오가 아니라 세상에 대한 사랑(world's love)이 될 것이라는 예언을 했었다. 그것은 맞는 말이었다. 대적 마귀의 깊은 속임수(deceptions)는 어떤 환경 아래에서도 항상 있었다. 오늘도 사탄은 우리 마음의 약한 면을 잘 알고 있다. 그는 항상 우리의 눈과 마음이 잘못된 장소나 시간을 바라보게 유인한다. 영적인 성장이나 성숙을 위해 방해가 되는 일은 큰 문제가 아니다. 우리의 생각이 사탄의 말을 따르는 것이 문제이다. 어찌하여 우리가 그의 속이는 말을 따르게 되었는가? 그것은 보암직도 하고 먹음직도 하고 지혜롭게 할만큼 탐스럽기도 한 선악과 나무를 통해서였다.

많은 그리스도인들이 하나님이 창세 전부터 예비하신 구원의 길이 무엇이며 어떻게 사는 삶이 하나님의 기준에서 기뻐하시는 삶인지를 모른채 살기 때문에 원수 사탄은 그것을 이용하여 우리를 외적인 선과 악이라는 눈금의 기준에 몰두하게 만드는 것이다. 그래서 우리는 고저의 변화가 심한 신앙생활에서 벗어나지 못하고 사탄의 속이는 일은 매우 쉬운 일이 되었다.

이제까지 우리는 선악의 본질에 대하여 살펴 보았다. 선과 악의 정도를 나타내는 저울에서 하나님의 눈에 가장 바람직하고 이상적인 눈금은 제로점(0)이다. 그것은 사실이다. 하나님은 우리 모두가 0점의 마음을 가진 신자가 되기를 원한다. 우리가 0점에 살고 있을 때 우리는 성공적인 그리스도인이 되는 것이다!

여기에서 또 주의해야 할 문제는 제로(0)라는 기준이 어떤 사람이 우리를 보고 평가한 것이어서는 안된다는 것이다(하나님이 우리를 보실 때 제로(0)의 자리에 있어야 한다). 우리가 아침에 일어났을 때 우리의 감정상태가 -6도의 눈금이었다고 하자. 그래서 우리는 하나님께 간구한다. 우리의 느끼는 상태가 고조되어 +6도가 될 때까지 감정을 부풀린다. 이것은 우리의 원수 마귀나 또는 다른 사람이 우리의 감정상태가 +6도에 있어야 된다고 말하도록 허용하는 것이나 마찬가지이다. 그러면서 우리는 하나님께서 우리 방안에 나타나기를 간구한다. 우리는 죄를 고백하고 회개하기도 한다. 죄책감의 감정을 되풀어 몸부림치기도 한다. +6도의 감정과 느낌을 얻으려는 염원에서 갖가지 방법을 선회하며 반복하여 실시한다.

그런 흥분 속에 이상적인 제로(0)점의 자리를 지나가 버린다. 그러나 그곳이 하나님께서 우리 각 사람을 기다리시는 장소이다. 감정적으로 +6도까지 우리의 감정상태는 고조시켜지고 올라갈 수 있다. 그러나 곧 시간과 환경이 바뀌면 우리의 상태는 -6도로 다시 내려오게 된다. 세상 심리학에서는 이런 형상을 양극성 조울증(bipolar manic depression)이라고 설명한다. 그러나 이런 현상은 사탄에게 이끌려 먹음직도 하고 보암직도 한 선악을 알게 하는 나무를 먹은 아담과 하와의 행위를 따른 것에 지나지 않는다. 거창하게 학문적인 이름을 붙였을 뿐이다.

똑같은 현상이 인간의 마음 속에서 매일 일어난다. 어떤 생각을 하지 않으려고 우리는 결심한다. 그렇지만 우리의 마음은 계속 갈등을 경험한다. 우리의 감정은 높은 목표를 향하여 흥분되기 시작한다. 그렇기 때문에 우리가 절대 생각하지 않겠다고 다짐하면 할수록 자신도 모르게 강한 욕망(lust)과 회의(doubt)와 두려움(dread)은 우리 마음을 채우고 그렇게 느끼게 한다.

육적인 욕망에 대하여 우리는 결코 그것을 마음에 품지 않겠다고 수없이 다짐하고 결심한다. 그러나 놀라운 일은 똑같은 욕망이 눈 깜짝할 사이에 보는 것마다 우리의 눈을 채워버린다(알 수 없는 존재이다)!

우리의 마음과 감정이 제로(0)점에 있게 한다는 말은 무슨 말인가? 이런 면들에 대하여는 뒤에서 더 설명하게 될 것이다.

여기서 우리는 감정이 어떻게 하여 잘못되는가를 살펴보고자 한다. 우리는 삶에서 초자연적인 삶이 못되는 것이 무엇인지를 살펴 이해하고 있어야 한다. 초자연적인 삶(supernatural life)은 때때로 사소하고 세미한 생활 속에서 나타난다. 생활의 실제적인 작은 현장들 속에서 모든 일들이 잘못돼 가기도 하고 혼란과 무질서가 계속 일고 있지만 우리의 마음과 생명 속에는 평안함과 안식이 있어야 한다. 이런 때 우리는 문제를 다른 사람에게 전가시키지 않고 잘못을 남에게 돌리지 않을 수 있어야 한다.

모세가 행하였던 처음의 몇 가지 기적은 유사한 모양으로 바로의 마술사들에 의해서도 행하여졌다. 똑같은 방식으로 사탄도 그럴듯한 기사와 표적을 행할 수 있다. 사람의 눈으로 보기에는 엄청난 일을 이루어 놓는다. 많은 사람들은 그것도 영적인 역사라고 생각한다. 그것은 신자의 영성을 외적으로 나타나는 기사와 표적으로 판단하기 때문이다.

그러나 잊지 말고 우리가 생각해야 할 핵심은 하나님과의 바른 관계이다. 이것은 가장 중요하다. 많은 사람들은 하나님과의 관계를 극적인 체험을 계속해서 가지는데 있다고 생각한다. 그래서 어떤 극적인 체험만을 늘 찾아 다닌다. 그러나 경험하는 것은 여러 가지 종류의 자아 중심의 감정적 흥분에서 나오는 경우가 많다. 흥분이 끝나고 남는 것은 또 만족함이 없는 생활일 뿐이다. 하나님과의 바른 믿음의 관계없이 잘못된 신비주의를 추구하고 몰입하다가 악령에 잡혀 정신이상자가 되는 경우도 있고 이단에 빠지는 경우도 있다.
　하나님과 우리 사이의 관계는 부부사이의 관계와 유사하다. 나는 나의 아내와 부부라는 관계 속에 행복하게 살고 있다. 부부사이에는 여러 방면의 생활이 있다. 낭만적이고 극적인 생활관계도 있지만 담담하고 조용한 생활관계도 있기 마련이다. 조용하고 담담한 부부관계에도 깊은 즐거움은 있는 것이다. 중심에 있어서는 큰 차이가 없다. 어느 저녁엔 나 혼자서 산보도 하고 혼자 앉아서 책을 읽기도 한다. 혼자서 드라이브도 한다. 그렇지만 이런 때에라도 부부로서의 기쁨과 든든함을 우리는 느낀다. 나의 아내는 윗층에서 일을 하고 있지만 아랫층에 있는 나에게 전해지는 조용한 사랑의 확신(quiet confidence)은 조용한 만족을 마음에 전해준다. 멀리 떨어져 있을 때라도 전화로 아내의 목소리를 들으면 나의 마음은 기쁨을 느낀다. 아내의 얼굴은 보지 못한다 해도 내 가슴에 즐거움과 확신은 그가 나를 기다리고 있다는 사실을 내가 느끼게 하기 때문이다. 대부분의 결혼생활에서 아내와 나는 육체적으로 또는 감정적으로 항상 극적이고 환상적인 관계 속에 있을 수만은 없다. 하지만 변함없이 모든 생활에서 행복과 즐거움을 맛본다.
　그렇다고 하나님께서 우리의 마음이나 감정에 항상 만족만을 느끼게 하시는 분은 아니다. 오히려 다양하고 깊은 감정의 변화를 경험하지 못한 사람은 하나님과의 바른 관계 속에 안식하는 삶을 쉽게 배울 수가 없을지도 모른다. 하나님께서는 우리로 하여금 마음에 많은 슬픔과 아픔과 고통과 함께 위로와 기쁨과 환희를 경험케 하심으로 세상의 수단을 의지하지 않고 하나님만을 의지하게 하신다. 그렇지 않으면 우리는 인위적인 방법으로 우리의 감정을 조정하려는 습성을 배울지도 모르기 때문이다. 이런 감정에 의존하는 믿음의 습관들은 하나님이 행하시는 일을 찬란한 외적인 기사와 표적만을 강조하는 교회나 그런 극적인 설교만을 듣기 좋아하는 성도들에게서 많이 볼 수 있다. 이들 성도들은 하나님께 대한 신앙을 원형경기장에 모여 함성을 지르며 극적인 광경들을 즐기며 경험하는 일이라고 믿고 있다. 그러나 그런 분들은 창조주가 되시고 목자가 되시는 그리스도를 매일마다 순간마다 나누며 가지게 되는 깊은 교제의 삶은 쉽게 누리지 못할 것 같다.

이런 모습의 신앙은 하나님의 뜻(the will of God)을 분별해야 할 때 대개 혼란을 맞이하게 된다. 하나님의 뜻을 아는 일이 쉽지가 않다. 여러 해를 갈등 속에 보내기도 한다. 그런 그리스도인들은 하나님의 뜻은 어떤 환상이나 꿈이나 들리는 음성이 꼭 있어야 하고 감정에 관련된 특별한 확인이 꼭 있어야 된다고 생각한다. 그래서 마냥 기다리며 시간을 낭비한다. 그러나 하나님의 온전하신 뜻과 엄청난 비밀은 우리가 하나님의 온전한 뜻 안에 거하고 있을 때는 보통 아무 소리도 듣지 못하는 것이 보통이다. 특별한 느낌이 없어도 우리는 쉽게 하나님의 뜻을 알 수 있어야 한다.

우리집에서 우리의 자녀인 아들이나 딸도 아버지인 나의 뜻을 어기지 않고 스스로 가정에서나 학교에서 부모의 뜻을 알고 모든 생활을 잘 해나가고 있을 때는 특별한 소리를 듣지 않는 것이 보통이다. 그러나 아들이나 딸에게 차도에서는 자전거를 타지 말고 위험한 곳에는 혼자 가지 말라고 부탁하였는 데도 그들이 듣지 않고 차도에서 자전거를 타고 논다거나 위험한 곳에 가는 것을 보면 그들을 향하여 큰 소리를 쳐서 경고할 것이다. 그래도 듣지 않으면 뛰어나가 자전거를 빼앗아 끌어 오거나 할 것이다. 그렇지만 조용히 창문으로 내다보며 그들이 타이른 대로 차도를 피해서 자전거를 탈 장소에서 자전거를 타면서 안전하게 놀고 있으면 아무 소리도 그들은 듣지 않을 것이다.

하나님과의 관계에서도 마찬가지이다. 우리가 그의 뜻 가운데 모든 일을 잘 해나가고 있을 때는 아무 소리도 듣지 못하는 것이 정상이다. 그러면 어떻게 하나님의 뜻 안에서 잘 살아갈 수 있는가? 그것은 어렵고 복잡하지 않다. 단순하고 쉬운 일이다. 어떤 것이 주님의 뜻인지 알 수 없을 때에는 이렇게 기도하며 인도함을 받으면 좋다고 생각한다. "주님, 나의 뜻이 아니라 당신의 뜻을 따르고 싶습니다. 이러 이러한 곳으로 이사를 가려고 결정을 했습니다. 이것이 주님의 뜻이 아니라면 그 길을 막아 주시고 그렇지 않다면 이것이 주님의 뜻으로 알고 그대로 따르겠습니다."

내 친구 중 하나에게서 나는 매우 좋은 이야기를 하나 들었다. 어떤 결정을 하였을 때 그는 그것을 실행하기 전에 일주일 정도 기도하는 마음으로 기다린다고 한다. 하나님의 뜻이 아니라면 그 문을 닫아 주시기를 바라며 기다릴 때 좋은 인도하심을 반드시 받게 된다는 것이다. 우리는 항상 기억해야 한다. 하나님은 우리를 지으신 창조주(creator)시고 우리는 그의 지으신 피조물(creatures)이다. 우리는 하나님을 천지를 지으신 창조주로 믿지 못하므로 우리의 길을 바르게 인도함 받지 못하는 경우가 많다는 것이다.

많은 그리스도인들이 바르게 기도하고 그의 말씀을 듣는 법을 모르기 때문에 계속해서 답을 얻지 못하고 시간을 낭비하며 살고 있다. 어떤 사람들은 엎드려 하나님의 큰 음성을 듣겠다고 밤낮 기다린다. 한편 어떤 사람들은 좌절과 자포자기 속에 모든 것을 체념하고 산다. 모두 한쪽으로 치우친 기도의 자세들이라고 생각한다. 하나님께 드리는 기도란 단순해야 한다. 우리 마음이 제로(0)점을 경험할 수 있는 바른 마음상태에 있을 때 우리는 가장 쉬운 기도를 드릴 수 있게 된다. 마음이 가난한 자는 하나님께 많은 말로 무엇을 구하기보다는 하나님의 말씀을 더 많이 듣기를 좋아해야 한다. 하나님께 부탁드리고 알리고 싶은 사항이 있을 때 믿음의 자녀는 주저없이 말씀드리고 그분의 은혜를 구한다! 더 중요한 시간은 그의 임재 앞에 고요히 무릎을 꿇고 그의 말씀을 깊이 묵상하며 성령의 말씀하시는 소리를 들을 수 있도록 허용하는 시간이다. 하나님의 음성은 사람의 목소리와 같지 않고 육체의 귀로 들을 수 있는 큰 소리의 음성과 같지 않다. 감정을 사로잡고 격동시키는 선동이나 흥분이 없어도 된다. 오히려 그의 음성은 고요하고 잔잔한 경우가 더 많다. 그렇지만 그를 아는 양들은 그의 음성을 쉽게 들을 수가 있다.

영(0)점 체험을 산다는 것은 계속해서 고조되고 흥분되는 감정을 의미하지 않는다. 그렇다고 계속적으로 저하되는 감정도 또한 아니다. 또 많은 사람들은 하나님께서 주시는 확신을 체험할 때 자기들만이 하나님께 가까이 가 있다고 생각하기가 쉽다. 설교하거나 이야기할 때마다 하나님께서 어떻게 해서 자기에게만 특별한 은혜와 체험을 주셨는지를 자랑하기에 여념이 없는 사람들이 많다. 그러나 우리는 우리들의 죄악과 실패 위에 하나님께서 어떠한 은혜를 왜 베푸셨나를 더 기억해야만 한다. 이런 과대선전에 사로잡힌 설교자들의 이야기를 들으면 어떤 신자는 자기는 하나님의 자녀가 되지 못한 것이 아닌가 하고 고민하고 자학하게 될 지도 모른다.

엘리야(Elijah)는 우리가 하나님의 말씀을 들으려면 하나님께 나아가서 그가 어떻게 말씀하시는지 귀를 기울여 그의 세미한 음성을 경청해야 한다고 말한다.

"……너는 나가서 여호와의 앞에서 산에 섰으라 여호와께서 지나가시는데 여호와의 앞에 크고 강한 바람이 산을 가르고 바위를 부수니 바람 가운데 여호와께서 계시지 아니하며 바람 후에 지진이 있으나 지진 가운데도 여호와께서 계시지 아니하며 또 지진 후에 불이 있으나 불 가운데도 여호와께서 계시지 아니하더니 불 후에 세미한 소리가 있는지라 엘리야가 듣고 겉옷으로 얼굴을 가리우고 나가 굴 어귀에 서매 소리가 있어 저에게 임하여 가라사대 엘리야야 네가 어찌하여 여기 있느냐"(왕상 19 : 11-13)

앞서 제2장에서 우리는 우리의 죄악이 우리에게 어떤 불행과 불안과 실패들을 가져오게 되었는가를 배웠다. 3장에서 우리는 선을 행하려는 자신의 노력과 계략들이 똑같이 불행과 불안과 실패를 가져오게 된다는 것을 배웠다. 양쪽 모두는 가장 중요한 생명으로 살아있는 믿음을 버렸기 때문이었다. 당신이 이러한 중요한 핵심을 깨달았다면 다음 장을 위해 마음의 준비가 잘 되었다고 볼 수 있다.

4

신자라는 이름의 불신자들
Unbeliving Believers

"실패와 실망과 불안과 좌절과 범죄 등 우리의 모든 불행한 인생의 문제들이 불신앙(unbelief)이라는 뿌리에서 나왔다는 생각을 해 보셨습니까?" 세계 여러 나라 여러 문화 속에서 만나본 경건한 많은 사람들의 동일한 대답은 인생의 문제들의 근본적인 원인은 불신과 불신앙에서 나왔다고 대답했다.

인도를 여행하고 있을 때 한 작은 마을에서 한 부인이 나에게 단독 상담을 요청했다. 그녀는 손바닥만한 종이에 깨알같이 많은 제목들을 써 가지고 나에게 가지고 왔다. 그가 고통받고 상처받고 고민하고 있는 불행들은 너무나도 많았고 비극적이었다. 불신자인 남편의 문제부터 시작해서 그의 자녀 문제, 친척 문제, 그리고 자신의 신앙적인 문제 등 너무 너무 많았다. 그는 영어를 잘하지 못했다. 나는 또 힌두어에 전혀 문외한이었다. 어떤 목사님의 도움으로 이야기를 나눌 수 있었다. 한 가지 한 가지 문제에 대하여 성경말씀을 찾아 읽고 하나님께서 주시는 해결책을 믿음으로 수용하도록 권면하고 위로했다. 그리스도 중심의 상담을 통하여 순간 순간 모든 문제들을 하나님께 맡기고 살아가게 되면 모든 문제들이 해결되고 치료될 것이라고 가르쳐 주었다. 그런데 내 말이 끝날 때마다 즉각적으로 나오는 질문은 내 말을 믿지 못하겠다는 것이었다. 한 시간

이상 이야기를 나눴다. 그녀는 성경을 열심히 읽으며 하루에 4시간 이상씩 기도를 드린다고 했다. 그러나 실제로는 전혀 하나님에 대한 믿음을 가지고 있지 않았다. 그야말로 신자라는 이름만을 가진 불신자였다.

　신자라는 이름은 가졌지만 불신자인 크리스챤—확신할 수는 없지만 중생을 경험했고 죽으면 그 영혼이 천국에 들어갈 수 있을지는 모른다. 그러나 문제는 그리스도인이면서 그리스도를 생활 속에서 구주와 주님으로 생각지 않고 의지하지 않고 살고 있는 그리스도인들이 너무 많다는 사실이다. 머리로는 하나님의 은혜와 사랑과 돌보심에 대하여 잘 알고 있고 모든 것을 믿는다고 말한다—틀림없이 신앙인인 것 같다. 그럼에도 그는 자기 삶의 실제적인 문제 앞에서는 자기가 항상 유일한 주인이다. 그리스도와 하나님은 하인만큼도 신뢰하지 않는다. 자기 삶의 모든 일들을 오로지 자기의 주관과 생각대로 행한다. 그리고 다른 사람에 대하여 항상 그의 감정은 비판적이다. 그러므로 불신자보다 더 이중적이다. 늘 다른 사람은 잘못되었다고 느끼면서 하나님은 그의 문제에 개입해서는 안된다고 생각한다. 하나님의 도움은 필요없고 하나님은 오히려 그의 도움을 받아야 한다는 태도이다. 하나님을 잘 이용하기 위해서 그들은 많은 일과 공적을 쌓아야 한다. 하나님의 말씀은 항상 무거운 짐이고 율법이다. 그러므로 신앙생활이 바리새적이다. 율법적이고 항상 비판적이다. 머리는 신자인 것 같지만 가슴은 불신자들보다도 더 냉냉한 신자이다.

　이런 신자들이 오늘날 교회마다 얼마나 많은가? 마음은 하나님을 향하여 열심히 달리고 있는 것 같지만 삶 속에서 그들의 감정과 의지는 하나님에게서 너무나 멀다. 많은 시간과 노력을 바쳐 성경을 머리로는 열정적으로 배우지만 가슴은 정직하지 못하고 뜨겁지 못하다. 상한 가슴이 없고 눈물을 흘릴 줄 모른다. 그러나 하나님에 대한 뜨겁고 진실한 정적(emotional)인 헌신은 지적(intellectual)인 지식만큼 중요하다. 정적인 생활에 있어서도 똑같은 확신이 필요하다. 하나님에 대하여 올바르게 정서적인 인식과 믿음이 없으면 그리스도를 "길이요 진리요 생명"으로 삶 속에서 만날 수가 없고 누릴 수가 없을 것이다.

많은 그리스도인들은 하나님께서 그들의 모든 필요를 채워주시는 분이라 배워서 알고 있다. 그러나 실제적인 생활속에서는 주님을 그들의 도와주시는 하나님으로 믿지 못하고 느끼지 못한다. 자기의 힘과 지혜가 주인이고 하나님이다. 불신자로 살아간다. 이런 그리스도인의 삶에는 반드시 실패와 번민과 갈등이 찾아온다. 이웃 사람들에게 그리스도의 빛과 향기가 되지 못한다.

신자이면서 불신자와 다름없는 이런 성도들이 많은 교회를 담임하고 설교해야 하는 목회자들은 매주 맞이하는 예배와 교제가 은혜와 기쁨이 되지 못하고 좌절과 절망을 느끼는 시간이 된다. 설교자의 설교가 아무리 조직적이고 힘이 있다 해도 회중들의 굳은 마음을 파고들기가 매우 어렵다. 은혜와 사랑이 없으므로 성취되는 일이 없다. 목회자로 불신자나 다름없는 당회장이나 목사님을 모시고 믿음의 생활을 해야하는 교회의 성도들도 있다. 맛보게 되는 좌절과 실망은 마찬가지이다.

이런 믿음을 살고 있는 그리스도인은 성도나 목자나 모두가 불행이다. 우리 모두는 다시 배워야 한다. 이제 우리는 우리의 문제를 우리 자신의 욕심으로 어떤 환경이나 조건을 고치고 바꾸어야 한다고 생각하지 말고 이런 모든 문제들을 해결하기 위해서 근원적으로 모든 것을 성취하여 주신 그리스도! 믿음의 주요 온전케 하시는 예수를 바라볼 준비를 해야 한다.

믿음이 없는 불신앙은 모든 죄와 문제를 낳는 어머니이다. 세월이 갈수록 가정과 직장과 교회 생활이 무거운 짐이 되고 오랫동안 보이지 않았던 죄의 모습이 우리 속에 나타나고 그리스도 안에서 형제된 친구보다 세상 친구가 더 좋아지고 몸된 교회보다 세상으로 점점 가까이 당신은 가고 있지는 않은가? 그 원인이 무엇인가? 그 원인은 잃어버린 믿음이다. 모든 악한 것의 뿌리는 불신앙이다. 그래서 주님은 "……인자가 올 때에 세상에서 믿음을 보겠느냐?"(눅 18:8)고 한탄하셨다. 그래서 "믿음"이라는 말이 230번 이상이나 신약성경(the New Testament)에 나온다.

성경의 인물들도 마찬가지였다. 승리하는 단순한 생명을 살기 원하는 사람들의 중심 주제는 믿음이었다. 불신앙의 근원을 살펴보기 전에 우리는 먼저 신자들이 어떻게 하여 그런 상황이 되었는가를 먼저 알아야 한다. 그런 그리스도인들의 불신앙을 바르게 이해하고 있으면 날마다 부인되어야 하는 "자아"를 바르게 이해할 수 있다. 죄와 사탄과 세상이라는 악의 삼위일체가 구사하는 힘을 무력하게 하고 이길 수 있는 믿음의 삶(the life of faith)을 곧 이해하게 될 것이다.

실패하는 불신앙

매우 개인적인 질문을 하나 해보고 싶다. "당신은 구원 받았는가?(Are you saved?)" 성경에서 우리는 그리스도이신 주님께서 우리를 위해 세 가지를 이루어 주신 것을 배울 수가 있다. 첫째, 우리는 그리스도를 믿는 믿음(faith)으로 다시 태어난다. 둘째, 우리는 그의 피(blood)로 죄악을 용서받는다. 셋째, 우리는 그의 생명(life)으로 매일의 삶이 구원받는다(우리의 일생과 영원한 생명은 매일의 순간으로 이루어진다).

이 그리스도를 통하여 주시는 세 가지 선물 사이에는 어떤 다른 면이 있다. 첫째와 두번째의 태어남(중생)과 속죄(구속)는 동시에 하나로 소유될 수가 있다. 그렇지만 세번째의 매일 풍성하게 구원받는 생활은 참여하지 못하고 받지 못하는 사람이 많이 있다! 실제로 내가 믿기는 천국에 가보면 죄를 용서받고 거듭난 사람은 많겠지만 매일의 삶(daily lives)에서는 전혀 구원 받지 못했던 사람들이 많을 것으로 생각된다. 예수 그리스도를 매일의 삶으로 풍성하게 구원해 주시는 구주(daily savior)로 누리지 못하고 죄에게 지배되고 죄책감과 어둠에서 벗어나지 못한채 사탄을 따라 지옥을 살다가 겨우 천국에 들어온 사람들이 틀림없이 많이 있을 것이다!

"구원 받았다"(saved)는 말의 뜻을 이해하려면 구약성경부터 살펴보아야 한다. 구약에서 구원이란 용어는 대부분 현세적인 갈등과 환경과 대적들로부터 구원받는 일을 의미한다. 어려운 문제 앞에서 이스라엘 백성은 구원의 하나님을 찾았다. 그들이 부르짖는 때는 바로 그들에게 도움이 필요한 때였다. 그들이 부르짖어 구한 것은 죽음 후에 천국에 들어가서 필요한 것들을 구한 것이 아니었다. 그들이 살고있던 바로 그 시대 그 장소에서 만난 문제 앞에서 하나님의 구원을 부르짖었다. 틀림없이 하나님의 영으로 거듭나야 천국에 갈 수가 있다(요 3장). 그러나 우리에게 지금 유익하고 필요한 구원은 날마다 우리를 짓누르고 억압하는 문제들 앞에서 구원받는 일이다.

고린도전서 1 : 18에서 바울은 말한다. "십자가의 도가 멸망하는 자들에게는 미련한 것이요 구원을 얻는[얻고 있는] 우리에게는 하나님의 능력[이 되고 있다.]" 십자가의 도가 가르치는 교훈을 거부하게 되는 사람들은 바로 오늘의 삶에서 죽음을 맛보며 실패하는 삶을 살게 된다. 바울은 이것을 지적하고 있다. 여기서 바울은 현재 진행시제를 사용하고 있다. 똑같이 십자가의 도를 오늘 믿고 온전히 받아들이는 사람들은 오늘 (살아가는 삶에서) 십자가의 구원하는 능력을 체험하게 된다.

"구원을 얻고 있는 우리"(us who are being saved) 라는 말에 주의하라. "구원얻고 있는"이란 현재 일어나고 진행되고 있는 사건이다! 어째서 그런가? 우리가 죽어서 천국에 가는 것은 이미 보증받은 은총이다. 우리는 모든 죄를 용서받고 다시 태어났다. 이제 우리는 모든 것을 용서받고 다시 태어난 자녀같이 이 세상을 살고 있어야 한다. 이것은 못지않게 기쁜 복음이고 하나님의 뜻이다. 이것은 복잡한 것이 아니다. 너무나 간단하고 명확하다. 우리의 삶에서 그리스도의 십자가는 바로 오늘 우리를 무너뜨리고 죄에 빠지게 하는 모든 대적과 문제들로부터 구원하는 능력이고 승리가 되고 있어야 한다.

바울은 빌립보 교인들에 보낸 편지에서 이것을 다시 명확하게 말했다(1 : 28 ; 2 : 12 NIV). "아무 일에든지 대적하는 자를 인하여 두려워하지 아니하는 이 일을 듣고자 함이라. 이것이 저희에게는 멸망의 빙거요 너희에게는 구원의 빙거니 이는 하나님께로부터 난 것이니라." "그러므로 나의 사랑하는 자들아…… 두렵고 떨림으로 너희 구원을 (지금부터) 이루라." 우리의 구원은 바로 이곳에서 지금부터(here and now) 이루어져야 한다. 이루어지고 있어야 한다.

사형선고를 받은 한 사형수가 어느날 대통령의 특별사면으로 감옥에서 석방되고 자유의 몸이 되었다. 상상해 보라. 그의 감격과 기쁨이 어떠하겠는가! 그는 모든 것에서 해방된 자유와 승리의 인생이 된 것이다. 사형언도를 받고 죽을 죄인이 될 때까지 그를 묶고 끌고 온 것이 무엇이었는가? 억압하는 환경과 두렵게 하는 사건들과 파멸시키고 죽음에 이르게 하는 죄와 사탄이었다. 살았다 하나 실상은 죽음을 살고 있는 모든 인류의 모습이 바로 이것이 아닌가? 그러나 우리는 특별사면을 받은 자유인이 되었다. 그런데도 옛날과 같이 사형수로 사는 이유가 무엇인가? 이런 옛날의 품성과 환경이 만들어 놓은 사슬들에서 벗어나지 못하면 그가 죄용서를 받았다 해도 그 첫 생명의 기쁨은 오래 지속되지 못하게 될 것이다. 실패하는 생활을 반복하고 죄책감에 해방되지 못한 마음은 자신을 정죄하고 늘 죽음의 그늘을 벗어나지 못하는 삶을 살게 될 것이다. 이런 사람은 죄의 용서와 함께 사망아래 있던 모든 옛사람의 굴레를 완전히 벗어버리고 온전한 자유를 사는 삶을 되찾아야 한다.

우리의 구원이 죽은 후에 받는 것 뿐이라면 이 땅에서 우리가 받아야 하는 손실은 너무나 크지 않은가? 미래의 구원과 자유만 기대하며 현재의 삶에서는 매일 실패와 고통의 삶을 감수해야 된다면 그 믿음은 불행한 믿음이다. 하나님의 구원은 이 세상 모든 삶에서 구원받고 참된 자유를 누리는 것이다. 하나님은 이 땅에서도 우리의 육신이 끝나는 날까지 매일의 삶에서 순간 순간 구원과 자유가 되신다. 이런 하나님을 알고 믿고 볼 수 있다면 더 큰 승리와 기쁨이 우리에게 매일의 삶으로 찾아 올 것이다.

구원(salvation)의 바른 의미를 알고 이해한다면 마태복음 1장 21절에 나오는 천사들의 말이 우리에게 놀라운 은혜의 말씀이 될 것이다. "아들을 낳으리니 이름을 예수라 하라. 그가 자기 백성을 저희 죄에서 구원할 자이심이라." 구원은 매일의 삶에서 체험하는 초자연적인 삶이다. 또 우리는 구주이신 우리 주님께서 요한복음 15장 5절에 강조해서 주신 말씀을 단순하게 믿어야 한다. "……나를 떠나서는 너희가 아무것도 할 수 없느니라." 매일의 생활이 믿음없는 마음으로 가득 채워져 있는 사람은 이런 말씀이 마음의 생각으로는 축복이 될 것 같아 보이지만 마음의 감정으로는 해가 될 것 같아 보인다. 그리고 우리를 붙잡아 매고 있는 삶의 억압에서 벗어나기 위해서 그리스도보다는 다른 무엇을 구원자로 찾기 위해 분주하기 마련이다. 이런 믿음 아닌 믿음을 가지고 사는 사람들이 잘못된 실패의 길에 떨어지는 것은 당연한 일이다!

불신앙의 우상숭배

당신이 이 책을 읽으면서 얻기를 원하는 것 한 가지가 무엇인가? 지금 나에게 정말로 필요한 것이 무엇이라고 보는가? 내가 생각하기로는 다음과 같은 것이 아닐까 생각한다. 수용받고 사랑받는 것, 외로움이 채움받는 것, 안전한 즐거움, 변치않는 확실한 믿음, 이런 등등의 요구들이 있을 것이다. 그러나 가장 깊고 중요한 필요는 하나님이 채워주시고 하나님만이 채워주실 수 있는 영적인 것들이다. 그러나 당신이 머리뿐인 신자이기 때문에 당신의 가장 깊고 근원적인 필요를 채움받기 위해서 하나님을 바라보는 신앙인의 삶을 살지 못하고 세상만을 바라보며 죽은 자의 신앙을 살고 있지는 않은가!

당신은 이런 삶의 필요들을 해결하기 위해 어디를 바라보는가? 주위의 세상을 어떻게 이기며 살고 있는가? 쓰라린 실패의 심연 속에서 어떻게 행하였는가? 극심한 삶의 압박에서 누구 또는 무엇을 향해 눈을 돌렸는가? 어디서 삶의 위안을 찾았는가? 하나님은 이 다음에 죽어서 지옥에 가지 않게 해주시는 분으로만 믿지는 않았는가? 지금 이 세상 속에서는 어떻게 살아가고 있는가? 신자인 당신의 일거일동에 함정을 파놓고 주시하는 사탄이 지배하는 세상 속에서 어떻게 승리하며 살고 있는가?

이런 질문을 해보면서 삶의 문제들을 극복하기 위해 세상이 개발해 낸 대책과 수단 즉 방어기제라는 것 그것이 무엇인가를 먼저 살펴보기로 한다.

우상의 개발

문제 극복을 위한 기제(mechanism)라는 심리학 용어는 한마디로 현대인의 지식에서 나온 우상이다. 그리스도를 알지 못하는 학문이 생산한 우상이다. 우상(idol)이란 여러 가지 문제의 압력 아래에서 그리스도 외에 찾아가는 다른 모든 것이 우상이다. 우리가 상처를 받았을 때마다 그 상처를 이길 수 있는 어떤 것을 찾는다. 소외당하고 좌절당하고 상처를 받았을 때 달려가는 것이 바로 우리의 우상이다.

한번은 어느 교회에서 설교도 잘하시고 복음전도에도 열심이었던 한 목사님을 상담하고 '거하는 삶'의 프로그램을 같이 공부하는 기회가 있었다. 그 목사님을 만나게 된 것은 그의 아내를 통해서였다. 하루는 그의 아내인 사모가 저녁 늦게까지 교회에서 일을 하고 있는 그의 남편 목사를 미리 연락을 하지 않고 찾아가기로 하였다. 그의 남편을 깜짝 놀라게 해주는 방문을 하고 싶어서였다. 그를 위로하고 기쁘게 해주기 위해 맛있는 별식까지 준비하여 싸 가지고 갔다. 그런데 그의 사무실 문을 열고 들어갔을 때 놀란 것은 그의 아내였다. 그것은 그의 남편인 목사가 온 방안에 포르노 사진을 흩어 놓고 음란전화를 거느라 정신이 없었기 때문이었다.

이런 비정상적인 증세 때문에 내가 그 목사님을 만나게 되었다. 내가 먼저 시작한 것은 그가 회심(conversion)하기 전의 가정환경과 그의 자라온 배경을 아는 것이었다. 질문을 통해 알게 된 사실은 그가 12세였을 때 그의 아버지는 알콜중독자였다. 주말은 가장 비극적인 날이었다. 휴일인 토요일이 되면 그의 아버지는 나가지도 않고 집에 앉아 아침부터 술을 마셨다. 하루종일 술을 마시고 오후가 되면 그의 어머니와 싸우기 시작했다. 어떤 날은 아버지가 그의 어머니의 머리채를 잡아 끌어 벽에 밀쳐 온 얼굴이 피투성이가 된 날도 있었다.

이런 가정환경 속에 당신이 있었다면 어떻게 되겠는가? 이렇게 부모들이 매일 싸우는 가정에서 받게 된 마음에 상처와 고뇌와 슬픔은 위로받을 곳이 없었다. 그때 그는 그리스도를 모르는 소년이었다. 어느날 이 불행한 소년은 그런 무서운 싸움을 피해서 아버지가 쓰시는 방의 침대 밑에 숨게 되었다. 그가 그때 거기서 발견한 것이 무엇인지 아는가? 널려 있는 포르노 잡지들이었다! 그후 그는 기회만 있으면 침대 밑을 찾았다. 싸워대는 아버지, 어머니와 보내는 시간보다 책속의 나체의 여자들과 보내는 시간이 훨씬 재미있었다. 그 사진의 여자들은 전혀 그를 두렵고 무섭게 하지 않았다. 거부하지도 않았다. 그가 그 잡지들을 보고 있는 동안은 무서운 싸움소리도 더 이상 들리지 않았다. 점점 깊이 포르노 사진은 그의 안전한 우상이 되어갔다. 마침내 포르노 사진은 집에서 문제가 생길 때마다 그가 피하는 피난처가 되었다. 그것은 즐거움과 위안을 주었다. 그가 받던 고통에 편안한 진정제가 되었다.

16살이 되었을 때 그 소년은 그리스도를 만나 그리스도인이 되었다. 변화되어 사진을 보는 습성을 버리게 되었다. 오랫동안 그는 그 나쁜 습성을 잊어버리고 살았다. 그는 뜻을 가지고 신학을 했고 목사가 되었다. 그러나 10여년 후 목회생활을 하면서 여러 환경에서 스트레스를 받기 시작했다. 아이들은 순종하지 않고 말썽을 일으키기 시작했다. 교회의 일은 잘 풀려가지 않았다. 부부사이에도 문제가 많아졌다. 이런 때 늘 삼킬 자를 찾는 대적자 사탄은 그의 하는 일이 죽이고 도적질하고 멸망시키는 일인데 이렇게 정신적으로 심한 스트레스를 받고 있는 사람을 넘어뜨리기 위해서 어떻게 접근하여 가겠는가? 바로 포르노 사진이었다!

사탄은 우리의 개인적인 옛날의 배경과 역사를 잘 알고 있다. 그는 우리를 유혹할 때 우리에게 가장 매력있는 그런 유혹물을 사용한다. 이 목사님에게도 그것은 적용되었다. 포르노 사진이 그의 상처들을 위안하는데 과거에 효과를 발휘했었다. 그가 그곳으로 돌아가기는 너무도 쉽고 당연했다. 그렇지만 과거에 빠졌던 우상을 다시 사랑하게 되는 일은 한 가지 중요한 문제를 일으킨다. 하나님께서는 그리스도인이 자기의 어떤 필요를 위해서 악한 우상을 찾아가는 일을 용납지 않으시기 때문이다.

그런데 우리는 과거에 효과가 좋았다는 단순한 감정적 이유 때문에 우상을 버리지 못한다. 어리석게도 다시 찾아간다. 사탄은 우리의 등 뒤에서 계속 속삭인다. '옛날에는 그렇지 않았어. 네가 만족하지 못하는 것은 그것을 사용하지 않기 때문이야. 그것을 충분히 사용하지 않았기 때문이야. 더 강한 사진을 한번 보면 만족할거야. 더 강한 것을…….' 이렇게 그럴듯하고 달콤한 말로 계속 사탄은 속삭인다. 그래서 더 강렬한 사진을 구입한다. 그러나 하나님은 결코 문제를 극복할 수 있고 위안을 받을 수 있게 허락지 않으신다. 이때 스트레스는 더 커진다. 진정제는 찾을 수가 없고 우리는 더 광란적으로 된다. 문제를 극복하기 위해 우상을 사용하는 그리스도인들을 우리는 쉽게 알아볼 수가 있다. 그들의 생활과 표정에 항상 불안과 불안정과 낙담과 고뇌와 우울의 증상이 나타난다. 온전한 믿음으로 사는 그리스도인에게는 올 수 없는 증상들이다.

창세기 29장에 약속을 지키지 않고 속이는 삼촌 라반(Laban)에게서 야곱은 라헬(Rachel)을 기필코 아내로 얻는 이야기가 나온다. 야곱은 그가 사랑했던 라헬을 배우자로 얻기 위해 삼촌 라반의 집에서 7년을 일해 준다. 그러나 7년이 지난 뒤 라반은 야곱을 속이고 라헬 대신 큰딸 레아를 넣어준다. 야곱은 사랑하는 라헬과 꼭 결혼하기 위해서 7년을 더 일한다. 그런데 라반은 야곱이 6년을 더 일하게 한다. 그 기간동안에 하나님은 야곱을 축복하시고 번창케 하신다. 부자가 되게 해 주신다. 20년을 보낸 뒤에 야곱은 그의 아내들과 자녀들과 노비와 양떼와 약대와 나귀떼들을 이끌고 장인 라반의 집을 몰래 떠난다.

야곱의 아내인 라헬과 레아는 야곱과 20년을 같이 지냈다. 그들은 남편인 야곱을 통하여 하나님께서 부어주셨던 축복들을 보았다. 라반의 속임과 악행 속에서 야곱이 받았던 고통과 스트레스들을 하나님께서 합력하여 선을 이루게 하시고 기쁨으로 바꾸어 주시는 것을 보았다. 그의 가족들에게 베푸시는 여호와 하나님의 초자연적인 축복들을 잘 보았다. 당시 아내들이 그들의 남편이 섬기는 신을 섬기는 것은 일반적인 관습이었다. 그런데 그들이 아버지의 집을 벗어나 도망쳐 나올 때 그들은 자기 집에서 섬기던 우상 하나를 몰래 감추어 가지고 나오는 것을 볼 수 있다(창 31 : 19). 왜 그들은 그렇게 하는가? 하나님의 부르시고 인도하시는 여행 중에 우상을 훔쳐가지고 오는 이유가 무엇인가? 그것이 바로 불신앙이고 잘못된 신앙이다. 그들이 변명하는 이유는 "여행 중에 하나님이 돕지 않을 경우 필요할 때 우리를 도와줄 것이 있어야 하기 때문"이라는 것이다.

오늘의 그리스도인들도 똑같은 모습을 가지고 있다. 하나님은 우리를 택하시고 약속의 땅을 보여주셨다. 젖과 꿀이 흐르는 삶을 위해 이제까지의 길을 인도하셨다. 그러나 우리는 하나님이 돕지 않을 것이라는 생각으로 우리 자신의 계획과 방법을 따라 몰래 의지할 우상을 숨겨가지고 다닌다. 많은 그리스도인들이 평안과 안식과 승리의 삶을 위해 여행 중에도 버리지 않고 가방에 가득히 싸가지고 가는 것이 옛사람의 우상들이다. 그것들은 우리가 그리스도를 알기 전 그리스도 대신 의지했던 것들이다. 그런데도 새로운 여행길에 낡은 골동품들을 버리지 못한다. "무릇 거짓되고 헛된 것을 숭상하는 자는 자기에게 베푸신 은혜"(욘 2 : 8)를 버리는 자라고 성경은 경고한다.

세상에는 항상 네 가지 종류의 사람들(four types of

people)이 있다. 첫째는 "그리스도 아닌 내가"(I, not Christ)라는 생각으로 사는 사람들이다. 불교도, 힌두교도, 회의론자, 무신론자들이 여기에 속한다. 두번째는 "내가 그리고 그리스도"(I and Christ)라는 생각으로 사는 사람들이다. 이들은 그리스도를 지옥에 들어가지 않기 위해 보증보험 정도로만 생각한다. 모든 일은 자기 자신이 독점적으로 해나간다. 세번째는 "그리스도 그러나 내가"(Christ and I)라는 생각으로 사는 사람들이다. 가장 이상적인 것 같아 보이기도 하지만 가장 비극적인 그리스도인들이다. 그리스도가 주님이 되기를 원한다고 말은 하지만 그들이 원하는 그리스도는 앞세우는 간판이고 요술방망이에 지나지 않는다. 그러므로 주님이 그들의 계획에 따라 무엇을 해주지 않을때 그들은 곧 숨겨둔 우상을 꺼내 주문을 외운다. 네번째는 "내가 아닌 그리스도"(Christ, not I)라는 믿음을 가진 사람들이다. 그들은 모든 삶에 그리스도를 의지하고 그만을 신뢰한다. 자기는 매일 죽지만 풍성한 삶의 비밀을 배운 사람들이다. 그들은 어떤 문제가 있어도 조금도 동요 없이 하나님의 안식(God's rest)을 누리는 사람들이다.

여러 가지 우상들

좀더 일반적으로 보면 무엇이든지 우상이 될 수 있다. 우리가 어떤 종류의 스트레스나 고통을 받게 될 때 그리스도 외에 찾아가는 것은 모두 우상이다. 험한 세상을 살아가면서 우리가 어려운 문제와 불쾌한 일을 경험하는 일은 피할 수 없을 것이다. 그러나 가지게 되는 모든 상처와 좌절과 고통의 극복을 위해 그리스도인이 우상을 찾는다면 이것은 더 큰 비극이다.

　부모가 이혼을 한 결손가정(dysfunctional home)에서 성장한 한 사춘기 소녀가 있었다. 그는 학교를 다른 곳으로 옮겨가야 했다. 그녀의 어머니는 다른 남자와 결혼하여 살고 있다. 어머니를 따라 살아야 하는 이 소녀는 그의 계부에게 불필요한 부속물 취급을 받았다. 어떤 상처이든 보통 두 가지 요소가 결합되어 있다. 하나는 고통(pain)이고 하나는 거부(rejection)이다. 이 소녀도 그가 받은 고통과 거부를 덜어줄 무엇인가를 찾아야 했다. 교회에 열심히 나가 봉사함으로 치료받고자 했다. 그는 헌신적인 봉사로 많은 사람에게 안정받고 칭찬받게 되었다. 그렇지만 그가 느끼는 고통은 치료되지 않았다. 학교에서 좋은 성적을 받고 모범생이 되려고 노력하는 등 긍정적인 생활을 통해 가정에서 받던 거부감은 많이 상쇄되었다. 그러나 그의 마음에 남아있는 고통은 계속 사라지지 않았다. 그래서 그는 술을 마시고 마약(drugs)을 복용하기 시작했다. 잠시 고통에서 해방되는 듯했지만 지나면 더 큰 거부감을 맛보게 되고 정신적인 상처는 더욱 깊어갔다.

　사실 삶 속에서 받게 되는 여러 종류의 고통과 거부감을 일소하기 위해서 사람들에게 매우 인기있는 한 가지 방법이 있다. 그것은 매우 매력이 있어 보이고 마음을 끈다. 정상적인 경우라면 돈이 전혀 들지 않을 수도 있기 때문이다. 일반적으로 우리는 이것이 모든 상처로부터 우리의 모든 문제를 치료해 줄 수 있으리라 믿고 있다. 이것이 바로 성(sex)이다. 성을 즐기는 동안은 즐거움이 있을지 모른다. 고통도 잊을 수 있다. 비록 순간일지 모르지만 우리를 깊이 수용해 주고 잡아주는 듯도 하다. 우리의 마음에서 두려움과 거부감을 없애준다. 그러나 그것도 하루 뿐이다. 다음날이 되면 우리 안에 정신적 고통과 거부감은 다시 살아난다. 더 강화된다. 이런 마음의 상태는 각종 광고와 TV와 영화와 친구들—모든 세상이 우리에게 주는 메시지이다. 성을 중심으로 욕구충족을 선동하는 세뇌 자극은 온통 범람한다. 그러나 하나님의 사랑 안에 거하지 않는 성은 일시적인 마약보다 더 큰 절망과 고통으로 우리 안에 남기 마련이다.

대부분의 우상들은 매우 흉한 모습이고 혐오감을 일으킨다. 대개 나타나는 외관으로 정체를 쉽게 알아볼 수가 있다. 모두가 선악을 알게 하는 지식의 나무에서 나온 악한 과실들이다. 우리는 한눈에 그것이 우상이라는 것을 쉽게 볼 수가 있다. 그러나 그렇지 않은 것들도 있다. 겉으로 보기에는 그리 잘못돼 보이지 않는 우상들도 있다. 어떤 면에서 그것들은 금방 식별되는 악한 우상들보다 고차원적이다. 그래서 그런 우상들은 쉽게 변명되고 용납되고 수용된다. 그런 우상들은 하나님의 대용으로만 사용되지 않으면 유익하게도 보인다. 이런 우상들에는 먹는 음식, 사서 쓰는 물건, TV, 라디오, 옷, 둘러대는 말, 조작하고 지배하는 경영, 정치, 신앙적인 논쟁, 부정폭로, 독서, 취미, 사회활동, 정치활동, 환상, 야망 등 수없이 많다. 특별한 경우 어떤 것은 한 사람에게는 우상이 되지만 다른 사람에게는 우상이 되지 않는 경우도 있다. 그것은 그 때 그 사람에게 그의 내적인 문제에 대하여 계속적인 필요의 대상으로 우상화 되느냐 않느냐에 따라 좌우된다.

A학점(Grade A)이라는 우상도 있다. 교회 안에서도 많은 사람들이 최고 점수 받기에만 수단과 방법을 가리지 않는 경우가 많다. 그러나 우리는 가장 거룩한 성전에서 소와 양과 비둘기를 파는 자들의 상을 엎으시던 예수님의

분노를 기억해야 한다. 가장 무서운 우상들이 교회 안에 있을 수 있다. 교회 안에서의 봉사나 목회나 선교나 전도까지도 우상이 될 수가 있다. 즉 예를 들면 한 남자가 가정에서 남편으로서 인정을 받지 못하고 직장생활에서 환영받지 못하는 실패자가 되었다. 그래서 교회나 목회나 선교사업 등을 일종의 도피처로 삼고 인정받고 영광받기 위한 자기 만족과 이익의 도구로 삼게 될 때 그것들도 우상이 될 수도 있다는 것이다.

신학(theology)이 우상이 될 수도 있다. 신학이 살아있는 신앙이 되지 못하고 하나님을 수단으로 삼고 학자들의 학문적 자료로 바꾸어 하나님께서 그를 믿는 자들 속에 행하시는 능력과 기적과 동행하심을 전혀 믿지 않고 초자연적인 어떤 현상도 믿지 않을 때 그런 신학은 인본주의적인 지식이고 죽은 이론이다. 하나님은 도구에 불과하고 자기 생활과 인기의 호구지책인 경우 신학은 우상에 불과한 것이다.

또한 많은 사람들이 지위나 직업 또는 여행을 우상으로 삼고 있다. 많은 사람이 단순한 그리스도인으로 사는 삶에 만족하지 못한다. 때문에 대중적인 무리 속에 무엇을 해야 하고 군중 속에 움직이고 있어야 믿음의 생활을 하고 있다고 생각한다.

종교(religion)라는 우상도 있다. 어떤 교회의 그리스도인들은 자기들만이 하나님과 직통하는 사람들이라고 과시하고 다른 사람들은 배척하고 정죄한다.

우리들은 매일 수많은 우상들을 사기도 하고 팔기도 한다. 어떤 것은 흉칙하게 생겼고 어떤 것은 용납할만하며 어떤 것은 매우 아름답게 보이기도 한다. 우리가 생각해 본 몇 가지 예들 외에도 수도 없이 많은 우상들을 우리는 가지고 살고 있다.

신자이면서 불신앙을 사는 그리스도인들이 그들의 생활 속에서 스트레스를 받고 어려움을 당할 때 달려가는 곳이 어디인지를 살펴보면 우상에 대하여 더 잘 알게 될 것이다.

실패하는 우상

하나님께서는 결코 그의 자녀들이 우상을 경배하는 것을 용납지 않으신다. 우상을 섬기는 자들에게는 하나님 자신의 평안을 결코 허락지 않으신다.

이스라엘 백성은 출애굽할 때 한 분이신 하나님만을 바라봄으로 애굽의 지배에서 벗어나 출애굽할 수 있었다. 그런데 이스라엘이 가나안에 들어가기까지 왜 그렇게 긴 시간이 걸렸는가? 에스겔 선지자는 말했다. "그들이 내게 패역하여 내 말을 즐겨 듣지 아니하고 그 눈을 드는바 가증한 것을 각기 버리지 아니하며 애굽의 우상들을 떠나지 아니하므로 내가 말하기를 내가 애굽 땅에서 나의 분을 그들의 위에 쏟으며 노를 그들에게 이루리라"(겔 20 : 8). 이스라엘은 애굽의 종살이 생활 중에 섬겼던 애굽의 가증한 우상들을 버리고 떠나려 하지 않았다. 오늘날 우리도 마찬가지이다. 옛 세상의 우상들을 떠나지 못하고 버리지 못하고 있다. 하나님께서는 우리 주 예수 그리스도 안에서 은혜로 우리를 흑암에서 그의 빛 안으로 옮겨 주셨다. 그때 하나님께서는 우리가 섬기고 살았던 옛날의 우상들을 애굽에 모두 버리고 떠나와서 그리스도 안에 있는 가나안으로 들어가기를 원하셨다.

에스겔은 환상을 보았다. 성전 벽을 뚫고 들어가서 거기서 행하는 가증한 것을 보았다. "내가 들어가 보니 각양 곤충과 가증한 짐승과 이스라엘 족속의 모든 우상을 그 사면 벽에 그렸더라"(겔 8 : 10). 바로 하나님의 거룩한 성전 안에 이스라엘은 그들의 가증한 우상들을 몰래 숨겨 놓았다!

나는 신자들 중에 동성애로 갈등을 겪고 있는 사람들을 종종 상담하고 가르치는 기회가 있다. 한번은 특별한 동성애자가 있었다. 그는 나에게 찾아와 "당신에게 나의 마지막 희망을 걸고 왔소"라고 했다. 그러나 내가 발견한 것은 그 자신은 동성애를 버리고 건전한 생활을 해보겠다는 뜻이 별로 없으면서 내가 어떤 신묘한 비결을 가르쳐 주기를 바라는 것이었다. 상담을 하면서 동성애란 단지 우상에 지나지 않으며 그 뿌리는 성(sex)이 아니라 수용받고 싶은 마음임을 지적해 주었다.

이성간(heterosexual)의 성관계도 세상에서 이야기하듯이 육체적인 만족이 아니라 감정적인 만족과 더 많이 관계되어 있다고 본다. 성의 요구가 거부를 당했을 때 그것은 성행위에 대한 거부가 아니라 자신의 정체성인 자존심에 대한 거부이다. 그런 거부는 남자로 하여금 수용되지 못하는 사람, 무가치감, 분노, 우울, 후퇴, 도피를 느끼게 한다. 그래서 바울은 고린도전서 7장 5절에 부부들에게 서로 분방하지 말라고 명령했다.

특별한 사례의 이 사람은 그의 아버지가 누구인지도 모르고 태어남으로 미지의 아버지에게서 거부되고 버려짐을 당했다. 아버지의 어떤 사랑이나 수용을 받아보지 못했다. 아버지의 사랑에 너무 굶주린 소년시절을 보냈다. 16세 때 그의 굶주린 사랑을 대치하여 줄 사랑을 찾게 되었는데 그것이 바로 동성애였다. 처음에 그것은 쉽게 자신을 수용해 주었다. 그러나 그것은 잠시 뿐이었고 잘못된 성은 그에게 혼란을 가져다 주기 시작했다. 그래서 그는 고뇌 속에 갈등하고 고통받는 삶을 살고 있었다.

그에게 물었다. "여기 알약 하나가 있습니다. 이 약을 먹으면 당신의 문제는 깨끗하게 해결됩니다. 그렇지만 동시에 지구상에서 모든 동성애를 완전히 없애버리게 됩니다. 당신은 앞으로 어떤 동성애도 절대 즐길 수 없게 됩니다. 그래도 이 약을 먹겠습니까?" 그는 대답하기를 가슴이 뛰지만 그것을 먹어야 될 것 같다고 했다. 또 묻기를 "모든 일에 의욕이 없고 잘 되어 가지 않을 때 당신은 어떻게 합니까?" 그는 동성애 술집이나 동성애 공원에 간다고 대답했다. "당신의 아내와 한바탕 싸움을 하고 난 뒤 주로 무엇을 합니까?"하고 물었더니 그는 침대에 누워 공상에 빠진다고 했다. 그리고 또 묻기를 "당신이 동성애를 완전히 없애버리는 이 알약을 복용했다고 합시다. 그런데 모든 일이 잘 안되고 불만족하여 아내와 한바탕 싸움을 했습니다. 그 뒤에 당신은 어떻게 하겠습니까?"라고 물었다. 그랬더니 그는 마침내 그 알약을 먹고 싶지 않다고 했다.

우리들 중 많은 사람이 우상들로 인하여 비참한 생을 살고 있으면서도 그것들을 멀리하려고 하는 뜻이 별로 없다는 것을 확인해 볼 수 있다. 그들은 우상 안에서 어떤 종류의 위안을 나름대로 맛보는 것 때문에 그 우상들을 즉각적으로 단호하게 버리고 새 삶을 살고자 하는 마음으로 돌아가지 못한다. 우리의 게으르고 결단없는 마음은 "주여, 할 수 있으시면 이것들을 내게서 가져가 주소서!"라고만 부르짖으며 누워있을 뿐 단호하게 일어나지 못한다.

살아계신 하나님, 우리를 피로 값주고 사기 위해 자기의 독생자를 아낌없이 주신 하나님을 어떻게 그리도 쉽게 우리는 버리는지…. 우리를 파멸케 하고 우리를 종으로 삼았던 옛 우상을 버리지 못하고 다시 돌아간다는 일이 어떻게 있을 수 있단 말인가? "너희 열조가 내게서 무슨 불의함을 보았관대 나를 멀리하고 허탄한 것을 따라 헛되이 행하였느냐?"(렘 2 : 5). 이토록 생명을 줄 수 없는 것들을 우리가 계속 붙잡고 버리지 못하고 있는 이유가 무엇인가? "내 백성이 두 가지 악을 행하였으니 곧 생수의 근원되는 나를 버린 것과 스스로 웅덩이를 판 것인데 그것은 물을 저축치 못할 터진 웅덩이니라"(렘 2 : 13). 많은 사람들이 참된 생명을 주지 못할 터진 웅덩이와 같고 마침내는 그들에게 절망과 죽음을 안겨주고 떠나버릴 것들을 그들의 도움으로 맹신하고 버리기를 거부하고 있다. 스스로 만들어낸 우상들을 매우 좋아하고 의지해 왔기 때문에 혼자라고 생각될 때는 언제나 습성적으로 우상을 찾는다. 우상들을 단호하게 포기하지 못한다.

　어떤 급한 문제가 있을 때 하늘에 계신 하나님보다는 우상을 먼저 바라본다. 하나님을 신뢰하는 생활보다 어리석게도 창기와 놀기를 좋아한다. 그래서 하나님은 우리로 스스로 깨닫게 하기 위해 이스라엘 백성에게 허락했던 것과 똑같이 광야에서의 체험을 하게 허락하시고 연단을 받게 한다. 사람이 만든 우상을 섬기고 의지하는 인생이 얼마나 어리석고 악한 것인가를 몸으로 배우게 하신다. 우상들은 우리에게 계속 실패와 실망을 가져다 줄 것이다. 우리는 마침내 우상은 결코 의지할 것이 못되고 스스로 버려야 되겠다는 믿음을 배우게 될 것이다. 하나님만이 우리 삶의 참된 주인이 되시고 생명이 되셔야 할 분임을 깨닫게 해주실 것이다. 많은 실패와 좌절을 경험한 뒤에 우리는 모든 우상들을 다 버리고 마침내 하나님만을 우리 삶의 중심에 왕으로 모시고 축복된 삶을 되찾게 될 것이다.

귀중한 인생을 낭비하고 방황하는 광야는 어떤 하나님의 자녀에게도 결코 즐거운 경험이 아니다. 이런 반복적인 실패의 순환은 구약 사사기에도 잘 나타나 있다. 이스라엘 백성들은 그들이 좀 편안해지면 창조주 하나님을 잊어버리고 하나님 없는 이방 백성들이 섬기는 우상들을 섬기기 시작한다. 그러면서 이방 백성의 손아래 종이 되고 노예가 되어 끌려다니는 비참한 백성이 된다. 그런 깊은 비참을 맛보고서야 그들은 참 하나님이 누구인가를 깨닫게 되고 여호와의 구원을 부르짖는다. 이렇게 어리석은 죄를 반복해서 범할 때마다 하나님은 그의 백성을 이방에게 붙이시고 고통을 맛보게 함으로 하나님만이 그들의 전적인 신뢰의 대상이 되시는 분임을 알게 하셨다.

한번은 어떤 성도에게서 이런 질문을 받았다. "내가 만일 무서운 간음죄를 범했다 하면 하나님은 그래도 나를 사랑하실까요?" "물론입니다. 하나님은 변함없이 사랑하십니다. 다만 하나님은 당신을 사랑하시기 때문에 당신으로 하여금 어떤 종류의 시련과 고통의 용광로를 거치게 하시며 적절히 훈련을 받게 하실 것입니다."

나의 대답에 질문을 했던 분은 의아한 표정을 지으며 나를 쳐다보았다. 그래서 나는 물었다. "한 어머니가 길에서 달려오는 차에 치어 하마트면 죽을뻔한 자기 아들이나 딸을 가까스로 구해냈다고 합시다. 이때 구하여낸 다음 아들이나 딸에게 그 어머니는 어떻게 하시겠습니까?" 어머니는 그가 받았던 무서움과 충격으로 다시는 그런 일이 없도록 하기 위해서 어린 아들이나 딸에게 혼을 내주며 야단을 치고 매를 들어 때려주기라도 할 것이다.

  하나님께서도 마찬가지이다. 자기의 자녀가 옛날의 악한 우상들을 의지하고 섬길 때 그의 자녀를 사랑하기 때문에 그가 죄를 범치 않고 헛된 것에서부터 돌아서게 하려고 고통도 주시고 시련도 받게 하실 것이다. 재난은 하나님께서 만드신 것이 아니다. 결과적으로 재난은 우리가 만든 것이다. 우리가 붙잡고 있는 우상이 거짓된 것임을 알게 하고 하나님의 길로 우리를 인도하시며 우리의 믿음을 바르고 굳게 하시려고 하나님은 재난을 사용하실 뿐이다.

  어떤 사람이 자신의 능력의 부족을 다른 사람이나 사물이나 환경들을 잘 조종하고 조작하여 자신의 필요를 채우고 문제들을 극복하는 법을 배웠다고 해 보자. 이때 하나님은 그 사람의 상황이 어느 정도 나아지게 잠시 허용하실지 모른다. 그러나 우상이 그의 문제를 해결해 주도록 계속해서 허용하시지는 않는다. 오히려 그의 필요와 문제 해결을 위해 그가 속히 하나님께로 돌아올 수 있도록 절망과 실패를 맛보게 하실 것이다.

  매력과 아름다운 외모를 좋아하는 자매가 생각하기를 더 매혹적인 외모를 가지면 사람들에게 인기가 있고 남자들을 잘 지배할 수 있을 것이라고 믿는 우상을 가지고 있다고 해보자. 이런 자매를 위해서 하나님은 매력이나 외적인 용모가 아닌 다른 어떤 것이 더 중요하다는 것을 깨달을 수 있게 어떤 환경을 경험하게 하여 주실 것이다.

  매사에 자신의 지성이나 이성만을 의지하고 다른 사람들의 행위에도 결과나 실적만을 따지는 사람이 있다고 해보자. 그런 사람을 위해서는 그의 지성이나 이성이 우상이 되며 하나님 앞에 그것들이 가증한 것이고 아무 가치가 없다는 것을 알 수 있게 어떤 환경을 통하여 그를 가르치고 다시 훈련하실 것이다.

　이런 하나님의 훈련을 받고 있는 과정 중에 있는 사람들을 우리는 쉽게 만나 볼 수 있다. 그들의 특징은 그들이 의존했던 우상들이 그들로 계속 실패를 맛보게 함으로 자아에 대한 실망과 좌절을 깊이 경험하게 할 것이다. 그들은 계속되는 좌절 속에 오랜 세월동안 그의 우상들이 어떻게 하여 그에게 효과가 있었는지 의문을 가지게 될 것이다. 이해할 수 없었지만 갑자기 그것들이 얼마나 무익한가를 깨닫고 실망을 느끼게 될 것이다.

　상상해 보자. 옛날에 내가 원하는대로 살던 때에는 다른 사람들을 조종해서 나를 따라오게 할 수가 있었다. 어느날 내가 하고 싶은 일이 생겼다. 그런데 어떤 사람이 나를 따르기를 반대한다. 이때 나는 즉시 위협(intimidation)이라는 우상을 꺼내서 사용할 것이다. 그렇지만 아무도 관심을 기울이지 않는다. 그들이 모두 자기 입장을 확고하게 지키고 있다. 내가 원하는대로 그들이 따르게 할 수가 없게 되었다. 어떻게 하겠는가? 아마 다시 한번 더 협박을 사용해 볼 것이다. 효과가 없었다. 마침내 옛날과는 다른 상황인 것을 감지한다. 이제 협박이라는 우상은 효력이 없음을 안다. 다른 우상을 찾는다. 그럴 수 있느냐는 심한 서운함(sulking)을 표현해 보았다. 그토록 신실했던 옛날의 우상들이 실패로 끝나는 것을 경험하는 좌절감은 말로 다 할 수 없다. 심한 좌절은 공포감이 뒤따르기도 한다. 이럴 때 실패한 우상 대신 다른 우상을 다른 어떤 상담자를 통해 소개받을지도 모른다. 이때 다시 실패하게 되면 더 큰 좌절을 느끼게 된다. 보통 우리는 우상을 바꾸어 보면 다를 것이라고 기대해 보지만 그런 태도는 우리에게 비극을 연장시킬 뿐이다.

스트레스나 어떤 정신적인 압박을 받을 때 당신이 찾아가는 우상들은 무엇이 있는가? 다른 모든 우상이 실패로 돌아갈 때 당신이 사용하기 위해서 은밀하고 안전한 장소에 오랫동안 숨겨온 가장 값지게 생각하는 비밀의 우상은 없는가? 이런 베일 속의 우상을 많은 사람들이 오랫동안 간직한채 살아 오고 있다. 어떤 사람들은 또 그런 비밀스런 우상들을 몰래 가지고 사는 사람들을 정죄하고 비난하며 설교도 하고 가르치면서도 자신은 은밀히 그런 우상을 혼자서 즐기는 사람들도 있다. 성경에서 말하는 "기는 것과 짐승과 가증한 것들"이 이런 것들이 아니겠는가? 세상에서 거의 모든 사람들은 그런 우상들을 감추어 가지고 다니며 살아가고 있다. 다만 신자들은 이런 우상과 가증한 것들을 버리는 연습을 하며 살아가고 있는 사람들이다.

어떤 남편이 그의 아내와 이혼을 해야 되겠다고 결심을 하였다. 그의 아내는 그와 이혼을 하지 않고 살아보려고 여러 가지로 노력하였다. 용서하는 넓은 마음을 더 가져보려고 했고 더 열심히 집안일을 돌보며 일을 하였다. 좀더 남편 마음에 드는 아내가 되기 위해 외모를 가꾸는 데도 신경을 써보았다. 좋은 해답을 찾기 위해 책도 찾아 읽어보았고 상담도 받아보았다. 어떤 분노와 적대감 어떤 보복이나 위협이 있더라도 어린 아이들을 생각해서 그들이 이혼을 해서는 안된다고 설득해 보았다. 남편의 마음은 아직도 변화가 보이지 않았다. 그러나 그렇게 가까이 두고서도 그녀가 두드려 보지 않은 문이 있었다—그리스도 예수였다!

그녀가 수년에 걸쳐서 남편과 이혼하지 않기 위해 찾아보고 해보았던 모든 우상들이 끝이 나고야 말았다. 마침내 그녀는 주님께 무릎을 꿇었다. 그때 주님께서는 남편의 마음이 아내에게 돌아오게 되는 이적을 나타내 주셨다는 것이었다. 나중에야 그녀는 모든 상황에 감사를 드렸다. 하나님 외에 찾고 의지했던 모든 것들이 헛되고 부질없는 우상들이었음을 깨달았다. 당신은 어떤가? 거짓된 우상신들(false gods)을 지친 몸으로 계속 좇고 있지는 않은가? 예수 그리스도 외에 다른 모든 것들은 생명없는 우상에 불과한 것들이다. 우리 삶의 모든 문제들에 있어서 그리스도가 유일한 해답임을 우리는 확신을 가지고 살아야 한다. 예수 그리스도 주님 외에 아무것도 충분한 답이 되지 못함을 빨리 배울 때 우리는 풍성한 약속의 땅에 속히 들어갈 준비가 될 것이다. 그곳은 하나님의 주권이 모든 것의 모든 것이고 진정한 안식을 믿음으로 누릴 수 있는 나라가 될 것이다. 안식의 땅에 들어갈 때만 불신앙에서 나오는 좌절과 불안과 불신과 두려움과 고뇌와 우울증이 모두 끝나게 될 것이다. 당신이 이제까지 의지했던 우상들을 모두 버릴 준비가 되었다면 안식의 땅에 들어가기는 상상할 수 없이 간단하고 쉬운 일이다.

우리의 우상들을 버리려면

불행하게도 오늘날의 상황은 찾고 따라야 할 하나님의 힘보다는 속이는 사탄의 힘을 더 먼저 찾고 신앙하는 사람들이 더 많다는 사실이다. 하나님 안에 거하게 하는 그리스도의 능력보다 하나님에게서 멀어지게 하는 사탄의 계략을 더 의지한다. 그리스도 안에 있는 하나님의 능력은 비교가 될 수 없는 능력이고 힘이 된다. 하늘에 계신 우리의 아버지는 대적 사탄과는 비교도 될 수 없는 전능하신 하나님이 되신다. 이런 아버지의 가지고 계신 모든 것이 우리의 것이 되었다. 이것들을 사용하기 위해서 다만 우리는 단순한 믿음(simple faith)이라는 열쇠가 필요한 것이다. 단순한 믿음은 우리의 입술에서부터 시작된다.

믿음에 대하여 우리의 매우 흔한 문제는 우리가 구한 것에 대하여 어떤 즉각적인 체험이 뒤따르지 않으면 하나님께서 우리의 기도를 전혀 듣지 않았다고 믿는 태도이다. 그래서 많은 신자들은 더 큰 소리를 내어 기도한다. 그러나 우리가 진심으로 명심해야 하는 것은 기도의 능력은 기도하는 방법이나 기도하는 사람이 아니라는 사실이다. 기도의 능력은 전적으로 기도를 들으시는 주인이신 하나님께 달려있다. 어떤 문제든지 가지고 나와 그에게 구하라 하신 분은 하늘에 계신 우리의 아버지이시다. 그는 무엇이든지 들으시고 응답하시겠다고 말씀하셨다.

우리는 하나님께 기도하는 것을 너무 어렵게 생각하려는 경향이 있다. 땅에 엎드려서 하늘에 올라간 환상을 가지려고 몸부림치는 사람들도 있다. 기도의 확실한 응답을 보여주고 보장하라고 하나님을 협박하고 강요하는 신자들도 있다. 무엇을 해달라는 목록은 끝이 없다. 이런 식으로 기도하는 사람은 하나님이 살아계시고 우리의 기도를 단순하게 들으시고 응답하시는 하나님을 전혀 믿지 않는 사람들이다. 기도란 단순한 것이다. 기도는 우리가 원하는 것을 하나님께 말씀드리는 것이기 때문이다. 우리의 모습 그대로를 하나님께 꾸밈없이 알려드리는 것이다. 기도의 능력은 하나님이 친히 우리의 말을 들으시는 데 있다! 하나님께서 당신의 기도를 듣지 않을 것 같다는 느낌은 아무 의미가 없다. 우리가 흥분하며 큰 소리를 친다고 더 잘 들으시는 하나님이 결코 아니시다. 그는 우리의 중심을 보시는 인격적인 하나님이시다.

　당신과 내가 어떤 사무실 안에 같이 앉아 있다고 하자. 이때 내가 당신에게 내 볼펜을 주는 일은 그렇게 어려운 일이 아니다. 매우 간단한 일이다. 나는 단순하게 그것을 당신에게 건네준다. 당신이 그것을 손을 내밀어 받으면 그것은 당신의 것이 된다. 기도한다는 것은 이와 같은 것이다. 우리의 우상을 가져가 달라고 기도하는 사람도 이와 똑같다. 나는 내 주머니에 그 볼펜을 가지고 있다고 느끼기 때문에 주머니에 다시 손을 넣어 찾을지도 모른다. 그러나 사실은 당신이 내 펜을 받았다.

　당신의 우상들을 하나님께 넘겨드리는 일도 그처럼 단순해야 한다. 그 분에게 우리의 문제를 단순하게 넘겨 드리면 끝나는 것이다. 그런데 많은 사람들이 하나님께 어떤 것을 기도로 드리는 일을 공중에 볼펜 하나를 던지고는 다시 중력에 의해 밑으로 떨어져 자기 손에 들어오기를 기다리는 것과 같은 태도로 행하고 있다. 그런 식으로 생각하고 있기 때문에 펜이 공중에 올라가 있는 동안만 하나님이 그 펜을 가지고 계시다고 느끼는 것이다. 그러면서 곧 그것은 내 손에 돌아와야 한다고 생각한다. 기도하였지만 실제는 믿음이 없다는 것이다. 이런 기도를 나는 부머랭 기도(boomerang prayer)라고 부른다. 계속 되돌아 오는 기도만 반복하므로 응답이 올 수가 없다. 이렇게 하나님께 드려진 기도가 응답없이 계속 되돌아 올 때 우리는 얼마 못가서 지치게 되고 만다. 더 기도할 의욕을 잃어 버린다.

　당신이 모든 것을 포기하고 나에게 모든 소유를 양도하기로 계약서를 작성해서 도장을 찍었다고 하자. 그것은 내가 이제부터 당신의 모든 소유물의 주인이 되었다는 뜻이다. 그러나 나는 당신의 소유물을 위해서 이곳에 온 것이 아니었다. 그래서 나는 당신의 모든 소유물을 당장 내놓으라고 성급하게 요구하지 않는다. 그것들은 당신의 집에 그대로 있다. 그러나 이제 나의 소유물들이 되었다. 우리의 우상들도 마찬가지이다. 우리는 그것들을 하나님께 드렸다. 그것들이 우리 삶 속에 그대로 존재해 있을지도 모른다. 그러나 기억하기 바란다! 하나님께서 우리의 모든 우상들을 받으시고 그것들을 적절한 방법으로 적절한 때에 다 소멸해 주셨음을 단순하게 우리는 믿어야 하는 것이다.

　나는 내가 처음 남을 비방하는 우상을 회개하고 하나님께 드렸던 때를 잊지 못한다. 그러나 그 다음날 나는 다시 또 남을 비방하고 있었다. 다시 한번 나는 이 우상을 하나님께 드렸다. 그 후에도 다시 또 비방의 우상을 계속 섬기고 있는 나를 발견하면서 다시 또 하나님 앞에 우상을 바치고 버리는 기도를 드렸다. 그 때 주님께서는 나에게 말씀하셨다. "네가 그것을 나에게 처음 바치던 날 나는 그것을 이미 받았단다." 그 말씀을 들은 후부터 나는 다시 넘어질 때마다 "주님 감사합니다. 내가 처음 나의 우상을 주님께 맡겨드리며 기도하던 날 이것을 이미 주님께서 받아 처분해 주셨음을 감사합니다"라고 기도하게 되었다.

　한나 스미스(Hannah Smith)는 죄의 우상을 처리하는 방법을 이렇게 가르쳐 주었다. 하얀 종이에 생각나는 모든 우상들을 쓴 뒤 단번(once and for all)에 주님께 드림으로 모든 것을 잊어버리고 끝내라는 것이었다. 많은 사람들에게 나는 이 방법을 적용하도록 권한다. 조용히 묵상하며 종이에 우상의 목록들을 기록하도록 하라. 목록들을 양손으로 들고 진지한 기도로 그것들을 모두 주님 앞에 맡기고 드리라. 곧 작은 종이에 기록된 목록들은 너무 무거운 무게가 되어 우리를 짓누르고 주님의 고통을 우리는 체험케 될 것이다.

진실로 한 사람이 써놓은 죄와 우상의 목록들을 하나님을 향하여 두 손으로 내어 놓을 때 그는 전 지구를 들어 올리고 있는 듯한 무거움과 통곡의 마음을 깊이 깊이 느낄 것이다. 이런 통회의 골방을 경험한 사람들에게는 그의 필요들을 위해 늘 의지했던 우상들이 더 이상 어떤 힘과 도움이 되지 못할 것이다. 술이나 마약이나 즐기던 음식이나 자기 머리나 야망이나 자기 지위나 물질이 더 이상 그의 깊은 심령에 도움을 줄 수 없게 될 것이다. 우리는 깊이 인식해야 한다. 우리는 본래 모든 문제들을 짊어지고 살 수 있도록 창조된 피조물이 아니다. 이제까지 의지했던 그 무엇도 우리에게 도움을 주지 못하는 짐들이었음을 빨리 깨닫고 잊어버리는 연습을 하여야 한다.

마가복음 5장에 보면 예수님께서 거라사 지방의 무덤 사이에서 귀신들린 사람을 만났을 때 그 사람 안에 있는 군대 귀신들이 산비탈에서 먹고 있는 돼지 떼에게 들어가게 해달라고 간청하므로 그것을 허락하신다. 그 때 거의 이천 마리나 되는 돼지 떼가 바다를 향하여 비탈길로 내리달아 내려가 몰사한다. 이에 그 지방 사람들은 당황하고 놀란다. 그들은 예수께서 그 지경에서 떠나시기를 간구했다. 왜 그들은 예수님을 보고 그렇게 당황하고 놀랐는가? 그들은 어떤 일이 있어도 돼지들을 다시 소유할 수는 없었다 !

우리 중에 누가 또 이제까지 언급해 온 우상들 중 어느 하나라도 다시 소유할 권리가 있겠는가? 이미 돼지들은 끝나고 종료되었다. 동성애를 즐기고 유산을 하고 포르노 사진을 찾고 큰 저택에 좋은 차를 구하고 이혼을 즐기는 일이 특권인듯 누리기 위해 그렇게 열성적으로 일생을 싸워야 하고 온 정신을 바쳐 추구하고 있으나 정말 이런 것들이 그들에게 진정한 기쁨과 평안을 가져다 주었다고 말할 수 있겠는가? 그런 것들은 몰사할 돼지 떼들에 불과한 것임을 그리스도인들이여 잊지말라!

성경공부를 위해 찾아온 한 그리스도인 형제가 있었다. 그는 몸의 건강상태가 매우 좋지 않았고 불안이 가득 차 있었다. 상담을 하면서 나는 그에게 몇 가지 질문을 했다. 그가 좋아지기를 원하는 소원까지 하나님께 바쳤는지를 물어 보았다. 그는 처음에 내 질문을 잘 이해하지 못했다. 나는 다시 설명했다. 그가 하나님을 신뢰한다면 기꺼이 남은 생애동안 아무리 더 큰 불행과 더 심한 병으로 몸이 말할 수 없는 고통을 받는다 해도 진심으로 감사하며 살겠다는 마음을 가져야 한다고 설명해 주었다. 그러자 그 형제는 화가 나서 하나님이 어떻게 그럴 수 있느냐며 문을 박차고 나가 버렸던 것이다. 그는 하나님께 대한 사랑과 경배의 열정이 대단한 형제였다. 그러나 그의 병든 몸이 회복되게 해주지 않는 하나님에 대하여 표현하는 분노(indignation)와 원망도 그에 못지 않았다. 이런 우리의 자세가 우리의 헌신에 대한 보상을 늘 계산하고 있다는 것을 증명해 주는 것이다. 며칠이 지나서 그 형제는 밝은 얼굴로 나를 다시 찾아 왔다. 그는 몇 밤을 지샌 뒤 마침내 자신의 병든 몸에 대한 모든 소원을 포기하기로 결심하였다고 고백했다. 하나님 앞에 엎드려 몸이 회복되기를 원하는 자신의 권리까지를 하나님 앞에 모두 다 넘겨드렸을 때 그는 즉시 몸이 가벼워지고 마음에 평안이 찾아오는 것을 느꼈다는 것이었다.

당신의 하나님에 대한 상(像)은

 오늘날 교회나 그리스도인들이 가장 실수하기 쉬운 면 중의 하나는 한 불신자에게 예수 그리스도를 영접시키는데 그가 어떤 하나님 상(개념)을 가지고 있는지 파악하지 않고 하나님을 주입하는 일과 실패의 삶을 사는 그리스도인에게 예수 그리스도가 삶의 주인이 되는 삶을 가르치려고 할 때 그가 가지고 있는 하나님에 대한 잘못된 상에 대하여 주의를 기울이지 않는 일이다. 우리는 여러 선교단체와 교회의 복음적인 전도활동들과 여러 전도자들의 헌신을 통하여 하나님께서 주는 아름다운 열매들에 대하여 깊은 감사와 찬양을 드린다. 그렇지만 유감스러운 것은 수많은 사람들이 여러 전도집회에서 결신하고 그리스도를 영접했다고 앞으로 나오는데 계속 주님 안에 거하는 믿음을 지키는 신자는 많지 않다는 안타까운 현실이다. 이것은 집회하는 한 시간 동안에 생각(지성적 믿음)과 느낌(감정적 믿음)이 인격 안에서 하나가 되지 않은 상태에서 결단하기 때문이라고 생각한다. 처음에는 마음이 고무되어 회중 앞에 나와 결심하고 고백을 하지만 몇 주가 못되어 불신의 감정이 생각을 지배하게 된다. 많은 회심자들은 자기 중심의 만족에 집착해가기 쉬우며 하나님 중심의 삶에서 점점 멀어져가고 결심했던 것도 희미해져 간다. 올바른 하나님 상을 가지고 있지 못한 믿음이었기 때문이다.
 이제 다음에 나오는 설문 항목들을 통해서 성령의 인도하심을 받으며 당신은 하나님에 대한 당신의 정서적인 개념과 상(concept)을 솔직하게 점검해 보는 기회를 가질 수 있기를 바란다. 각 항목을 당신의 가지고 있는 지식에 의해 답하지 말고 객관성 있게 당신의 최악의 상황을 기준해서 당신의 느끼는 감정을 기록하여 보기 바란다. 내용들이 너무 부정적이라는 생각이 들지도 모른다. 그러나 최악의 순간에 당신이 가지게 되는 감정들이 당신의 진실한 믿음의 상황이 되는 것이다. 한 아내가 자신의 바른 정서적 인격이 어떤 것인지는 어느날 남편으로부터 멋진 선물을 받았을 때가 아니다. 적나라한 본래의 모습을 볼 수 있는 것은 남편이 부주의하고 신중하지 못해서 온 식탁 위에 우유병을 엎어 일을 저질러 놓았을 때이다.

한 남편도 마찬가지이다. 남편이 과연 어떤 사람의 감정과 인격을 가지고 있는지 알 수 있는 것은 아내가 모든 것을 원하는대로 잘 해 줄 때가 아니다. 아내가 중요한 약속시간을 30분씩 늦었을 때 어떤 남편인가를 제대로 알 수 있는 것이다.

한번은 20여년 동안 선교사로 일을 하고 있는 한 친구에게 "지금 네가 하나님과 함께 있다고 상상을 할 때 어떤 마음을 느끼느냐?"고 물었다. 그 때 그는 한마디로 "사랑!"이라고 대답했다. "하나님은 사랑"이라는 말은 우리가 신학교에서 귀가 아프도록 듣고 배운 말이었다. 그것은 시험지의 해답이었다. 그러나 나는 그가 머리로 배워서 알고 있는 지식이 아니라 가장 최악의 삶의 현장에서 그가 즉각적으로 느끼는 감정을 알고 싶었다. "네가 잠자리에 편안히 누워 자고 있는데 온 세상에 갑자기 지진이 일어났다. 그런데 네가 살고 있던 집만 무너져 버렸다. 자녀들과 아내가 죽고 너는 겨우 목숨을 구했다. 하지만 불구가 되었다. 그때 너는 어떻게 느끼겠느냐?" 이 질문에 그는 그런 하나님을 왜 믿느냐? 그렇다면 그는 저주를 퍼붓고 죽을 것이라고 대답했다.

우리가 지적으로 알고 있는 것과 정서적으로 느끼고 있는 것 사이에는 커다란 차이가 있을 수 있다. 다음에 나오는 질문서는 당신이 최악의 불행 속에 처했을 때 하나님에 대하여 어떤 정서적인 느낌을 가지게 되겠는가를 분석해 보고자 준비된 것이다. 각 항에 답을 생각나는대로 느낀대로 솔직하게 기록해 보기 바란다. 어렵고 복잡하게 생각하지 말고 제일 먼저 떠오르는 솔직한 감정을 써 보기 바란다.

1. 내가 하나님과 함께 살고 거한다는 생각을 할 때 나는 _____[를] 느낀다.
2. 내가 하나님을 의지해야 하는 상황에 처했을 때 나는 _____[를] 느낀다.
3. 내가 하나님에 대하여 생각할 때 떠오르는 소원은 _____
4. 내가 하나님께 대하여 화가 나는 때는 _____
5. 하나님께서 나에게 _____ 을[를] 원하실 때 나는 좌절을 느낀다.
6. 내가 참으로 하나님을 좋아할 때는 _____ 때이다.
7. 내가 하나님을 기쁘게 하기 위하여 나 자신에 대하여 바꿔야 하는 한 가지는 _____ 이다.
8. 하나님의 계명들에 대하여 생각할 때 나는 _____ 을[를] 느낀다.
9. 때때로 나는 하나님께서 _____ 하시기를 소원한다.

10. 내가 진실로 솔직하게 하나님을 의지하는 경우는____
   _____때이다.
11. 하나님과의 관계에서 나는 항상 그가 _____
   _____ 것이라 확고하게 믿고 있다.
12. 하나님께 대하여 나를 가장 두렵게 하는 것은_____
   _____
13. 하나님께서 나에게 놀라운 기쁨을 느끼게 하는 때는
   _____
14. 하나님이 나에게 행하실 것 같아 좀 걱정이 되는 한
   가지는 _____이다.

 이 점검 테스트를 여러 나라 여러 문화의 그리스도인들에게 실시해 보았다. 똑같이 발견한 사실은 실패와 갈등을 살아가고 있는 그리스도인들은 어디서나 거의 같은 대답들을 하고 있다는 사실이었다. 전형적으로 비슷한 답들은 다음과 같았다.

1. 내가 하나님과 함께 살고 거한다는 생각을 할 때 나는 : 두려움, 외로움, 하나님이 같이 계시지 않다는 감정을 느낀다.
2. 내가 하나님을 의지해야 하는 상황에 처했을 때 나는 : 그가 실제로 나를 돕지 않을 것 같다고 느낀다.
3. 내가 하나님에 대하여 생각할 때 떠오르는 소원은 : 하나님을 보고 싶다. 나를 변화시켜 주었으면 등
4. 내가 하나님께 대하여 화가 나는 때는 : 내 기도를 들어주지 않을 때 나를 혼자 버려 두실 때 나를 돕지 않는 것 같을 때 등
5. 하나님께서 나에게 : 그가 행하시는 불가능한 일을 행하기를 요구하거나 내가 지킬 수 없는 명령을 하실

때 나는 좌절을 느낀다.
6. 내가 참으로 하나님을 좋아할 때는 : <u>그가 나를 용서할 때이다.</u>
* (그가 용서할 때만 하나님을 즐거워하고 일상생활에서는 많은 즐거움을 경험하지 못한다면 실제로는 그 사람은 하나님의 용서하심을 믿지 않은 사람이다.)
7. 내가 하나님을 기쁘게 하기 위하여 나 자신에 대하여 바꿔야 하는 한 가지는 : <u>모든 것. 너무 많다.</u>
* (하나님 앞에 용납되지 못한 사람이라는 생각과 하나님을 위해 더 많은 일을 해야 된다는 태도를 반영하고 있다.)
8. 하나님의 계명들에 대하여 생각할 때 나는 : <u>그것들을 거의 지킬 수 없을 것 같고, 지키지 못한 것에 대하여 심판을 받을 것 같이 느낀다.</u>
9. 때때로 나는 하나님께서 : <u>빨리 나를 하나님 나라로 데려가 주시기를 소원한다.</u>
* (이 사람은 믿음의 생활이 너무 비극적이라고 말했다.)
10. 내가 진실로 솔직하게 하나님을 의지하는 경우는 : <u>아무 때도 없다.</u>
11. 하나님과의 관계에서 나는 항상 그가 : <u>나를 심판하시고 나의 잘못을 모든 사람에게 폭로하실 것이라고 확고하게 믿고 있다.</u>
12. 하나님께 대하여 나를 가장 두렵게 하는 것은 : <u>그의 심판이다.</u>
13. 하나님께서 나에게 놀라운 기쁨을 느끼게 하는 때는 : <u>기도에 응답해 줄 때이다.</u>
14. 하나님이 나에게 행하실 것 같아 좀 걱정이 되는 한

가지는 : 나를 경성하게 하려고 내가 사랑하는 어떤 사람을 죽게 하지 않을까 하는 것이다.

하나님, 하나님 한분만이 우리 속의 가장 깊은 필요들을 채워주실 수 있는 분이시다. 생각으로는 이것을 인식하나 우리 삶의 감정은 다르다는 것이 문제이다. 우리가 우리의 정서적인 삶 가운데에서도 우리의 정적인 필요를 만족시키기 위해서 하나님께 달려가기보다는 어떤 사람이나 어떤 사물이나 어떤 특정 장소나 기관을 먼저 찾아 달려가게 하는 그 무엇이 있지는 않은가? 그렇다. 우리의 문제를 해결해 줄 것 같은 그 선망의 우상들을 찾아 우리는 끝없는 여행을 떠나게 하는 그 무엇이 우리의 감정 속에 있다. 앞의 질문 테스트에서 답한 내용들을 살펴보면 실패한 삶을 살고 있는 육적인 그리스도인들이 어떤 잘못된 하나님에 대한 상을 가지고 있는지를 알 수가 있다. 우리는 그들의 대답에서 그들이 실패하는 삶을 사는 신자가 된 것은 하나님에 대한 상이 잘못된 데서부터 시작되었다는 사실을 알 수가 있다. 많은 그리스도인들이 너나 할 것 없이 잘못된 하나님을 향하여 매일 기도하고 예배하고 있으며 그리고 무엇인가를 계속 달라고 기도하고 있지만 헛되이 구하고 있다는 사실을 볼 수 있다.

상상해 보자. 거대한 회중이 모인 부흥집회에 한 사람이 참석했다. 그리스도의 구원과 축복에 대하여 감동적인 설교를 들은 뒤 그리스도를 개인의 구주로 영접하기를 원하는 사람은 모두 앞으로 나오라고 초청을 받았다. 이때 어떤 강사들은 기사와 축복을 강조하여 회중의 감정을 선동하기도 하고 무서운 심판을 강조하여 두려움과 공포심을 듣는이의 마음에 불러 일으켜 결단하게도 한다. 이렇게 잘못된 가르침과 감정의 선동 속에 하나님에 대한 상을 잘못 가지게 된 많은 그리스도인들은 앞에서 답한 신자들과 같이 잘못된 상을 간직하고 일생을 사는 불행한 신자들이 될 수가 있다. 이런 설교자들은 직접 간접으로 초심자들이 예수를 그들의 생애 속에 처음 초청하는 날 그들에게 두려운 하나님을 심어주었기 때문에 그들은 하나님으로부터 어떤 사랑도 감히 기대할 수 없는 신자로 살아가게 만든다. 하나님의 계명을 도저히 지킬 수 없는 계율로 느껴지게 만든다. 심판하시고 진노하시는 하나님은 그들이 정신을 차리게 하려고 가족 중 한 사람을 데려갈지도 모른다는 두려움을 주입시키는 결과를 가져온다. 당신은 바른 하나님의 상을 가지고 있는가? 우리 주위에 이런 사람들은 없는지 살펴보았는가? 우리는 이런 문제들을 진지하게 받아들이기보다는 무심코 흘려버리기가 매우 쉽다. 많은 사람들이 그들이 들은 내용보다는 느꼈던 감정에 의해서 하나님을 거부하기가 매우 쉬운 것이다.

    나는 여행 중에 그리스도인을 매우 경멸하는 한 불가지론자를 만난 적이있다. 그는 매우 지성적인 사람이었다. 그는 그리스도인이란 사람들은 무식하고 무지하고 미신적이고 광신적이며, 신성 운운하지만 인격성이 전혀 없는 저속한 사람들이라는 것이었다. 나도 그런 생각을 가졌던 사람이었다고 이야기하며 같이 시간을 나누게 되었다. 나는 그 친구에게 부탁을 하나 들어 줄 수 있겠느냐고 질문한 뒤 하나님 개념에 대한 점검 테스트를 해보았다. 그의 답도 앞의 사람들과 비슷했다. 그의 감정에 기초하여 그가 가지고 있는 하나님은 존재하는 분이 아니며, 가까이서 어떤 도움을 주는 분도 아니고, 오히려 세상에 해를 가져오고, 절대로 사람들의 기도를 듣지 않는 분이었다.

그의 말을 다 들은 뒤 그의 잘못된 감정에서 나온 하나님 상을 지적해 주었다. 그리고 "정말 그런 하나님이시라면 나도 그런 분을 섬기고 따르고 싶지 않다. 그런 하나님이라면 그를 따르고 섬기고 있는 수많은 사람들을 찾아다니며 모두 그만두고 떠나라고 얘기해 주겠다"고 설명해 주었다.

내 말에 그는 "모든 크리스챤 신자들은 위선자들(hypocrites)"이며, "신자들은 모두 돈에 걸신들린(money hungry) 자들"이며, "모든 크리스챤들이 좋아하는 것은 큰 건물과 부동산"이며, "그들은 결코 어려운 이웃을 돕지 않는 위선자들"이라고 흥분했다. 하나님을 멀리하는 그의 합리적인 이유에 대하여 그는 네 가지 외에도 몇 가지를 더 열거하였다. 나는 그의 그렇게 말하는 이유를 이해할 수 있었다. 한참 흥분하며 이야기를 한 뒤 그는 나에게 실망을 느낀듯이 물었다. 기독교에 대한 그의 비판에 대하여 왜 변호하고 도전하지 않는가를 물었다. 나는 조용히 다시 설명했다.

하나님이 정말로 그가 생각하고 있는 것 같이 그런 분이라면 우리는 당연히 그를 멀리 떠나야 하며 진실로 하나님이 그렇게 두려움과 냉혈의 존재이시라면 그를 향하여 우리가 마음을 열고 우리 삶 속에 들어와 우리의 삶을 이끌어 주시도록 헌신할 아무 이유가 없다. 잘못된 신자들의 갈등의 문제도 대개 비슷한 것이다. 누구나 이 다음에 죽어서 지옥(hell)에 가고 싶지가 않다. 그래서 구세주에게 관심을 가지고 있다. 그러나 한편 그리스도가 자기의 삶과 어떤 관계를 가지도록 했다가 어떤 일이 발생하면 어쩌나 하는 두려움이 있다. 이런 감정적인 두려움이 이들로 하여금 하나님과 관계없이 생활해가도록 만드는 것이다. 기독교에 대하여 특별한 반감을 가지고 반대하는 사람들의 문제도 지성과 어떤 관계가 있다기보다는 그 깊은 내면의 감정에서 나온 경우가 많다.

하나님에 대하여 그런 사람들이 질문하는 내용들을 살펴보면 대개의 경우 하나님에 대하여 잘못 알고 있다는 것을 볼 수 있다. 기도해도 들어주지 않고, 우리가 동행할만한 친구가 못되고 우리에게 만족을 주지 못하고 우리에게 적대적인 존재가 누구인가? 그것은 "사탄(Satan)"이다. 어떤 사람은 그것을 "자아(self)"라고도 할 것이다.

하나님의 상에 대한 질문에서 내가 가장 많이 발견하게 된 것은 그들의 하나님 상이 바로 그들의 가정생활을 통하여 형성된 아버지 상이였다. 대부분 응답자에게 다음과 같은 질문들을 해보았다 : "가정에서 당신의 아버지는 두려운 존재인가? 아버지가 당신을 잘 도와주는가? 가정에서 아버지가 시간을 같이 보내는가? 가정에서 아버지가 심판자는 아닌가? 당신의 아버지가 당신을 만족하게 생각했는가? 당신의 어떤 일에도 만족해 하지 않는 아버지는 아니었나? 그는 매사에 비판적이고 당신에게 불가능한 것을 요구하지는 않았는가? 당신에게서 귀중한 무엇을 빼앗아 가는 아버지는 아니었는가?"

놀라운 사실은 내가 상담하거나 성경공부를 했던 실패한 그리스도인 중 9할 이상이 하나님에 대하여 간직하고 있는 상이 그들의 아버지에 대한 상이었다(그렇지 않으면 그들의 어머니의 상이거나 지나간 생애에서 크게 영향을 받은 사람들의 상이었다). 우리가 권위에 대하여 알고 있는 것은 우리의 삶을 통제하고 있는 사람들로부터 배운 것이다. 하나님을 우리 아버지로 부르게 될 때 우리의 감정 속에는 우리 가정에서의 아버지 상이나 개념을 떠올리기가 매우 쉬운 것이다.

하늘에 계신 하나님 아버지에게 기도하고 그를 의지하는데 매우 큰 어려움을 느끼는 한 소녀가 있었다. 그렇지만 그 소녀는 예수님을 주님으로 부르면서 기도하는 것은 매우 편안하게 느꼈다. 그 이유를 그녀의 지난 과거 역사(history)에서 알게 되었다. 그가 매우 어린 나이에 그의 아버지에게 성유기를 당했던 너무나도 비극적인 경험을 가지고 있었다. 그녀가 간직한 그의 아버지에 대한 분노와 절망감이 그의 하나님 아버지에게 전이(transfer)되는 것은 당연했다!

앞에서 이야기했던 그 지성적인 친구에게 나는 그가 가지고 있는 하나님에 대한 상은 하나님의 것이 아닌데 그러면 그의 아버지의 상이 아니냐고 물어보았다. 그리고 그가 써놓은 답들을 하나 하나 읽어 내려가며 기도했다. 그는 눈물을 흘리기 시작했다. 그의 말에 의하면 어린 시절이었던 어느날 그의 아버지는 잠깐 여행을 하고 곧 돌아오겠다는 한마디 약속을 하고 어디론지 떠나갔는데 그후 아무 소식이 없었고 아버지는 끝내 돌아오지 않았다는 것이다. 어린 시절, 아버지에게서 받은 그의 상처와 분노가 그대로 하나님의 상이 된 것이다.

히브리서의 수신자들에게 히브리서 기자는 그들의 상황을 불신앙(unbelief)이라는 말로 나타냈다. 그들은 하나님을 신뢰하지 못했다. 그들이 육적인 세상의 아버지를 통하여 잘못 형성된 하나님 상을 바로잡기 위해 계속해서 싸워야 했다.

"저희는 잠시 자기의 뜻대로 우리를 징계하였거니와 오직 하나님은 우리의 유익을 위하여 그의 거룩하심에 참여케 하시느니라"(히 12 : 10).

그러면 하나님은 어떤 분인가?

하나님에 대하여 잘못된 상을 가지고 있는 사람들과 같이 나는 고린도전서 13장을 읽기를 좋아한다. 그곳에는 사랑이신 하나님을 잘 묘사하고 있기 때문이다. 당신은 그 유명한 고린도전서 13장에 대하여 많은 설교를 듣고 이웃들을 더욱 사랑해야 되겠다는 결심을 많이 했을 것이다. 그러나 그것을 사랑(love)이란 말 대신 하나님(God)의 이름을 넣어 읽어 보면 매우 큰 은혜가 되고 매우 큰 기쁨을 맛보게 된다. 하나님은 우리를 사랑하신다. 우리를 사랑하시기 때문에 하나님은 우리를 통해 당신의 삶을 사시기를 원하신다. 하나님은 우리가 상상할 수 있는 것보다 훨씬 더 깊고 넓은 사랑으로 우리를 향하여 오래 참으신다. 이것보다 놀라운 은총이 또 있겠는가!

오래 참는 인내는 세상의 것이 아니다. 하늘에서 나온 것이다. 우리는 얼마나 참지 못하는 인생인가! 남편이나 아내 또는 친구에게 같은 질문을 한번에 두번씩 또는 세번씩 해 보라. 인내하고 대답해 줄 사람이 몇이나 되겠는가? 많은 사람들이 불구가 된 장애자를 동정하는 마음은 많이 가지고 있으나 어떤 사람이나 문제들을 참고 인내하는 마음은 얼마나 부족한 사람들인지 모른다. 하나님은 오래 참으시는 분이시다. 그런데 그를 섬기는 몸된 교회 안에서 믿음으로 산다는 많은 신자들이 작은 일에도 참지 못하는 경우가 너무 많은 것을 자주 볼 수 있다.

하나님은 온유하시고 투기하지 않으시며 자랑하지 않으시며 교만하지 않으시고 무례히 행치 않으시며(결코 우리를 버리지 않으시며) 자기의 유익을 구하지 않으시며 다만 우리의 최상의 유익을 위하여 모든 것을 행하시는 분이다. 물론 몸의 질병과 신체적인 불구와 심적인 고통으로 말로 다 할 수 없는 시련을 받고 있는 사람들도 많이 있다. 그러나 확실한 것은 그런 모든 처참한 시련도 우리의 유익을 위해 하나님께서 허락하시는 것이라는 사실이다.

하나님은 발끈 화를 내지 않으시는 분이시다. 결코 우리와 같지 않으시다. 비위를 거슬리게 한다고 당신을 들어 땅바닥에 던지고 밟는 분이 결코 아니시다. 하나님은 우리의 잘못을 세면서 벼르고 계신 분이 아니시다(우리가 하듯이 다른 사람의 잘못한 일들을 놓고 벼르고 계신 분이 아니시다). 그러나 불의를 미워하시는 분이시다. 우리를 사랑하시지만 어떤 불의도 용납지 않으시는 분이시다. 그래도 우리에 대하여는 항상 참으시는 분이시다. 우리를 끝까지 믿으며 모든 것을 견디시는 분이시다. 어떤 경우에도 우리를 절대 좌절시키지 않으시는 분이시다. 우리의 부족과 연약함에도 불구하고 우리를 결코 떠나지 않으시는 분이시다. 우리가 가는 곳에 항상 함께 계시는 분이시다.

많은 그리스도인들이 영적인 만족을 맛보려고 노력하고 다른 무엇을 찾기 위해 애쓰면서 모든 생애를 소비한다. 그러나 우리의 모든 필요를 만나 주시고 만족케 하실 이는 오직 예수 그리스도 한분 뿐이시다. 많은 사람들이 모든 것의 해답이신 그분을 떠나 다른 곳을 방황하는 것은 고린도전서 13장에 묘사된 사랑의 하나님의 참된 모습을 알지 못하고 믿지 못하기 때문이다.

하나님에 대하여 반항적이었던 어느 불가지론자 형제와 나는 하나님이 참으로 어떤 분인가에 대하여 많은 대화를 나눈 적이 있다. 그리고 그가 오랫동안 거부하고 증오하며 살아왔던 그 하나님은 성경에 나타나고 계시된 참된 하나님이 아니라는 사실을 발견했다. 다만 그의 아버지에 대한 증오심으로 자신이 만들어낸 잘못된 하나님(self-made God)이었다. 은혜 속에 그리스도를 통하여 성경 속에 나타난 사랑이시고 기쁨이시고 소망이신 하나님을 그에게 제시하고 자세히 가르쳐 주었을 때 그는 그날 예수 그리스도를 구세주와 하나님으로 영접하고 새로운 삶을 시작하게 되었다.

그렇다! 많은 사람들은 하나님께서 자기 자신을 나타내 보일 수 있는 올바른 기회를 그들의 삶 속에 허용하지 않으며 살고 있다. 잘못된 선입관을 가지고 마음의 문을 닫은채 하나님을 무조건 배척하며 살고 있다. 잘못된 우상을 하나님으로 착각하고 증오한다. 이런 잘못된 감정에 의해서 우리는 불신앙의 삶을 살고 있는 경우가 너무나 많다. 우리는 잘못된 선입견과 느낌에 의하여 가지고 있는 잘못된 하나님에 대한 감정을 죄로 고백하여야 한다. 그리고 하나님이 어떤 분이신가를 바르게 새로 인식하고 바른 신앙을 고백하고 하나님을 찾아야 한다. 바른 사실에 입각한 올바른 믿음을 편안하고 자연스럽게 가져야 한다.

이것은 시간이 좀 걸릴지도 모른다. 또 한번의 실패는 우리 믿음이 얼마나 자랐는가를 보여 주게 될 것이다. 불신앙은 틀림없이 죄를 낳는다. 그렇지만 우리의 불신앙의 깊이는 우리가 실패했을 때 하나님께 대하여 어떻게 반응하는가로 잘 나타난다. 우리가 계속해서 죄를 즐기고 하나님과의 교제를 단절하고 자기 학대(self-punishment)에 빠진다면 그것이 우리가 하나님께 대한 깊은 불신앙을 표현하는 행위이다. 우리는 자신에 대한 모든 자기학대 행위를 버려야 한다. 자기학대는 하나님이 그의 아들 그리스도 안에서 베풀어 주신 사랑과 용서를 받아들이고 의지하는 행위가 아니다. 그것은 우리의 선과 의를 의지하고 우리의 공적을 쌓는데만 여념이 없었음을 증거하는 행위이다.

그러므로 당신은 다시 또 실패하더라도 "하나님이 당신을 데려갈 것"이라든지, "당신을 결코 도와주지 않을 것"이라든지, "당신의 죄 때문에 가족이 죄값을 받을 것"이라는 등의 속이는 감정의 소리를 절대 듣지 말아야 한다. 이제 당신은 확고한 믿음의 사람이 되어야 한다. 고린도전서 13장의 사랑의 하나님을 믿고 신뢰해야 한다. 그 크기와 넓이를 다 측량할 수 없는 아버지의 사랑과 용서를 우리는 신뢰하여야 한다. 만약 당신의 잘못된 감정이 오랫동안 당신을 지배해 왔다면 갈등을 경험하게 될 것이다. 당신을 오랫동안 지배했던 거짓된 것들이 성령의 지배를 쉽게 받으려 하지 않을 것이다.

명심해 주기 바란다. 내가 설명하고 있는 것은 우리의 현재를 변화시키기 위해 노력하라는 말이 아니다. 우리가 이미 받아 가지고 있는 풍성한 것들을 받아들이고 믿도록 노력하라는 말이다. 물론 그것은 쉽지 않을 것이다. 많은 사람들이 잘못된 부정적인 감정들을 고질적인 내면의 습성으로 하여 살고 있기 때문이다. 마치 우리는 늑대들(wolves)에 의하여 양육된 어떤 소년과도 같다. 그가 숲 속에서 구조되었을 때 사람들은 그를 도와주려고 노력했다. 그러나 그는 계속해서 심한 적대감으로 도움을 주려는 사람들을 향하여 사나운 늑대소리를 냈고 도망쳐 달아나 추운 원시림 가시덤불 속으로 되돌아 가려 했다! 그 가련한 소년은 사람으로서의 본래의 생활보다 비참한 늑대의 생활을 더 편안하다고 느낀 것이다.

우리도 이 늑대소년과 유사한 모습이 아닌가! 너무

오랫동안 하나님과의 교제가 없이 바른 믿음을 버리고 우상들을 의지하고 살았기 때문에 비참한 생활에도 불구하고 그것들에 더 친근감을 느끼며 살고 있지 않은가! 문제가 있을 때마다 실재하시는 참 하나님을 의지하기보다는 오랫동안 끌려다니며 길들여진 늑대의 감정을 따르려 하지 않는가! 당신은 거짓된 감정을 '노(no)!'라고 단호하게 거부할 수 있어야 한다. 이것은 당신의 책임이다. 우리에게 하나님이 계신데도 비참한 그리스도인의 삶을 계속 살고 있다면 그것은 다른 사람의 책임이 아니다. 바로 우리 자신의 책임이다!

하나님께 대하여 당신이 가지고 있는 잘못된 생각과 감정을 극복하고 그의 생명을 향하여 새롭게 문을 여는 것은 위대한 믿음으로의 도약이다. 이 위대한 믿음과 승리를 향한 도약이 당신이 그토록 오랫동안 찾아왔던 풍성한 삶을 틀림없이 발견하게 해줄 것이다! 요한계시록 3:20의 말씀은 불신자들을 위해 자주 인용되지만 그러나 그것은 본래 믿는다면서 실제로는 믿지 않는 그리스도인들을 위해 주신 말씀이다. "볼찌어다 내가 문밖에 서서 두드리노니 누구든지 내 음성을 듣고 문을 열면 내가 그에게로 들어가 그로 더불어 먹고 그는 나로 더불어 먹으리라."

5
믿음이란
Faith

　수없이 우리는 구하고 찾는다. 그러나 얻지 못하고 찾지 못하는 것은 찾아야 하는 것이 무엇인지를 모르기 때문이다. 예를 들면 하루를 살아가는데 먼저 느껴지는 감정적인 체험이 없으면 하나님께서 가까이 임재하여 계시는 것에 대하여 전혀 믿음을 가지지 못하는 사람들이 많다.
　믿음이란 이렇게 느껴져야 하는 감정이 아니다. 많은 그리스도인들이 더 많은 믿음을 갖기 위해 분주하고 여러 가지 방법을 다 강구해 본다. 하지만 그들은 필요로 하는 모든 믿음을 이미 가지고 있다. 이 사실을 모른다. 믿음이란 좀 다르게 정의하면 귀나 눈과 같은 신체의 한 기관(organ)과 같다. 밤이 되어 자리에 눕게 될 때 당신의 귀는 편안히 쉬게 된다. 그러나 잠을 자지는 않는다. 어떤 낯선 사람이 집에 들어오는 소리가 나면 당신의 귀는 곧 그 상황에 대처하도록 당신을 깨운다. 귀는 소리를 내지는 못한다. 그러나 소리를 잘 듣는다.
　믿음이란 하나님의 인도함과 행하심을 무엇이든 받아들이도록 하는 성령의 한 기관이다. 겨자씨 한 알만한 믿음이 있으면 우리가 산을 옮길 수가 있다는 말씀이 어떤 것인지 우리는 이해할 수 있다. 개미의 눈이나 낙타의 눈이나 모두 빛을 받아들인다. 믿음의 본질은 어떤 양적인 것이 아니다. 믿음은 단일한 하나의 내용이다.

믿음은 모든 믿는 자들이 소유한 놀라운 어떤 것이다. 그것은 하나님의 역사하심을 수행할 수 있게 한다. 믿음은 모든 것의 창조주이신 하나님께 초점을 맞춘다. 하나님께서 아브라함에게 그의 아내 사라가 아들을 가질 것이라고 했을 때 아브라함은 자신을 먼저 바라보았다. 그리고 말하기를 "나는 아기를 낳을 수 있는 나이가 못됩니다"라고 말했다. 자기 아내 사라를 바라보았다. "아내도 아기를 가질 수 없는 사람입니다." 어디를 봐도 희망이 없었다. 그런 다음 하나님을 바라보았다. 그의 생각은 달라졌다. "언제 우리가 아들을 가지겠습니까?"

우리는 하나님으로부터 받은 많은 약속들이 있다. 아브라함과 똑같이 우리의 생각과 믿음은 하나님이 주신 약속을 놓고 우리 자신을 먼저 바라보려고 한다. 그리고 도저히 불가능한 일이라고 생각한다. "오직 너희는 택하신 족속이요 왕 같은 제사장들이요 거룩한 나라요 그의 소유된 백성이니"(벧전 2 : 9). 이것은 하나님의 말씀이다. 그러나 그것을 믿지 않는다. 어떻게 그렇게 될 수가 있습니까? 그런 신분은 우리에게 불가능합니다. 이렇게 생각한다. 그리고 주위의 사람들을 둘러보면서 아무도 그런 신분을 받을 수 있는 사람이 없고 도움을 줄 수도 없다고 믿는다. 그러나 믿음의 사람은 그 때 눈을 들어 하나님을 바라본다. 그리고 감사하고 감격한다. "맞습니다, 주님. 나는 당신의 택하신 족속이요, 왕 같은 제사장이요, 거룩한 나라요, 당신의 소유된 백성입니다." 이런 믿음, 하나님의 말씀을 그대로 믿고 받아들이는 믿음이 바른 믿음이다.

단순하게 하나님께서 행하시기 원하시는 것을 그대로 받아들이는 것이 믿음이라면 매일 매일의 삶 속에서 어떤 하나님 개념을 가지고 사는가 하는 것은 매우 중요하다.

당신이 큰 포도나무에서 잘라내져 꽃병에 꽂아진 가지라고 상상해 보자. 거기서 당신은 살아있는 것 같으나 실상은 서서히 죽어가고 있는 것이다. 아무리 열심히 일하고 노력하고 긴장한다 해도 당신의 잎은 계속 떨어지고 꽃잎도 계속 시들어 죽고 말 것이다. 이유는 단순하다. 당신 안에 생명이 없기 때문이다. 생명이 다 끝나려는 찰나 당신이 필요로 하는 생명과 모든 것을 줄 수 있는 포도나무로 옮겨 접붙임을 받았다. 그런데 그 포도나무에서 나오는 생명에 대하여 잘못된 생각과 믿음을 가지고 있다. 연약한 당신의 목숨을 곧 끝나게 할 독극물이 나온다고 잘못된 선입개념을 가지고 있기 때문에 당신은 모든 노력과 힘을 다해 그 생명을 받아들이지 않으려고 하는 것이다. 비록 천천히 말라죽는다 해도 꽃병에 있기를 바라는 것이다.

우리의 영적인 생활에도 똑같은 현상을 볼 수 있다. 많은 신자들이 악한 것들로 오염된 하나님 상을 가지고 있기 때문에 하나님이 진실로 어떤 분이신지를 잘못 알고 있다. 그래서 자신의 생명이 서서히 죽어가고 있는데도 그리스도의 생명이 자신의 생명 안으로 들어오기를 허용하지 못하고 있다.

굳어진 부분

때때로 성령께서는 예수님을 광야(wilderness)로 인도하셨듯이 우리를 인생의 광야로 인도하여 우리의 믿음을 연단하시고 시험을 통과케 하신다.

하나님께서 어느날 밤에 당신이 혼자 앉아있는 방에 가만히 들어오셔서 불을 끄시고 문을 닫아 잠그셨다고 하자. 그 때 당신은 하나님과 같은 방에 있으면서도 그가 가까이 계시다는 의식이나 감정적인 어떤 느낌이 없을 것이다. 그가 당신의 말을 가까이서 듣고 계시다는 생각을 전혀 하지 못할 것이다. 우리 안에 들어오신 하나님의 임재도 이와 같다. 우리에게 보이지 않고 느껴지지 않고 만져지지 않는 것이 보통이다. 그래서 하나님의 임재에 대한 의식들을 가져 보려고 온갖 노력들을 다 한다. 그러나 우리는 한 가지 중요한 혼란을 보게 된다. 하나님의 임재를 눈과 귀와 손으로 꼭 경험해 보려고 노력하는 태도는 우리로 하여금 캄캄한 방에 앉아있는 시간을 길어지게 만들 뿐이다. 이것은 우리가 보이는 것이나 감정으로 사는 것이 중요하지 않고 믿음으로 사는 삶이 중요함을 가르쳐 준다.

여기서 또한 우리는 주의해야 한다. 자아 중심의 감정으로 무엇을 경험해 보려고 온갖 시도를 다하고 노력하는 사람들은 심한 허탈감 속에 사탄의 유혹을 받아 죄에 빠지기가 쉽다. 이런 때 당신에게 사탄은 살짝 들어와 속삭인다. "이러이러한 죄를 네가 범했으므로 하나님은 너를 떠난거야." "이러이러한 곳으로 이사하지 않았으므로 하나님이 너의 집에서 떠난지 오래 되었어." "그때 ○○○와 결혼했더라면 모든 것이 나아졌을 텐데." "이러이러한 일을 게을리하고 네가 행하지 않았으므로 하나님은 너에게서 떠났어." "하나님의 뜻을 너무 저버렸기 때문에 지금 하나님은 너를 떠났어. 너를 전혀 생각지 않으셔." "좀더 많이 기도하고 성경을 읽고 암송을 했더라면 그의 임재를 느꼈겠지만 그렇지 못하니 너는 어려워."

이런 사탄의 속삭임 속에 우리는 혼란에 빠져 내가 정말로 거듭났는지까지도 의심한다. 그래서 감정이 울적할 때마다 매번 그리스도를 영접해야 하고 고백했던 죄를 매번 부흥회 때마다 고백하고 초청할 때마다 일어선다. 필사적으로 눈에 보이는 기사와 표적만을 찾고 구하는 분들은 온갖 상상을 하여 자신의 옛 죄들을 짜내고 자신을 극심한 죄책감으로 자학하고 욕설을 퍼붓기도 한다. 무엇인가 하나님을 위해 거대한 공적을 많이 쌓아야 하나님의 인정을 받을 것 같다고 느낀다.

　많은 사람들이 극단적인 자기 도취를 믿음이라고 생각하고 기적을 과장하고 자랑하기 위해 간증을 꾸민다. 이런 감정 중심의 신자들은 깨어져야 한다. 캄캄한 방안에서 나와야 되고 자기 과장의 모든 옷을 다 벗어야 한다. 자기 감정에 도취된 사람들도 주님의 광야, 어두운 밤을 지나야 한다. 절망하는 시간이 지나면서 겸손을 배워야 한다. 바로의 강퍅한 마음 때문에 하나님은 애굽이 흑암에 빠지게 하셨다. "여호와께서 모세에게 이르시되 하늘을 향하여 네 손을 들어서 애굽 땅위에 흑암이 있게 하라. 곧 더듬을 만한 흑암이리라. 모세가 하늘을 향하여 손을 들매 캄캄한 흑암이 삼일 동안 애굽 온 땅에 (있더라)"(출 10 : 21, 22).

　이런 절망과 흑암을 의인 욥도 경험하게 하셨다. "내 얼굴은 울음으로 붉었고 내 눈꺼풀에는 죽음의 그늘이 있구나"(욥 16 : 16). "그가 내 길을 막아 지나지 못하게 하시고 내 첩경에 흑암을 두셨으며 나의 영광을 벗기시며 나의 면류관을 머리에서 취하시고 사면으로 나를 헐으시니 나는 죽었구나"(19 : 8~10). "내가 복을 바랐더니 화가 왔고 광명을 기다렸더니 흑암이 왔구나"(30 : 26).

　이러한 긴 어두움의 광야는 우리를 시험하여 우리 속에 숨어있는 불신앙이 어떤 것인지를 깨닫게 해 준다. 암흑의 시간이 길면 길수록 더 많은 것들을 배우게 된다. 그러나 우리는 다시 감정의 느낌을 위하여 일련의 방법들을 반복하게 될지도 모른다. 마침내 우리는 감정으로 만족을 얻어 보려고 매일의 생활에서 의지하고 살아가고 있는 것이 덧없는 허수아비임을 보게 될 것이다. 그것들은 결코 하나님께서 뜻하시는 길이 아니므로 성공적인 삶이 되지 못하게 하시고 실패를 맛보게 할 것이다. "조각한 우상을 의뢰하며 부어 만든 우상을 향하여 '너희는 우리의 신이라' 하는 자는 물리침을 받아 크게 수치를 당하리라"(사 42 : 17).

때로 우리는 우리의 어려운 문제들을 해결받기 위해서 특별한 형제나 자매들을 찾기도 한다. 그렇지만 그들에게서도 실망하게 되기는 마찬가지이다. 물론 좋은 그리스도인 친구와 상담자들의 도움이 필요하다. 그러나 가까운 이웃들이 다 도움이 되는 것은 아니다(렘 9 : 4; 미 7 : 5). 현혹하는 친구나 상담자나 집회들이 너무도 많다. 특이한 모임이나 집회를 찾고 특이한 체험을 하는 것에만 몰두하는 신자들이 많기 때문이다.

문제는 그렇게 뜨거운 열심과 열정에도 불구하고 그들이 집회를 끝내고 가정이나 일상의 생활로 돌아오게 되면 또다시 곤고함과 어두움과 불만족이 더 커진다는 애처로운 사실이다. 남을 더 정죄하고 겸손을 잃기도 한다. 강사들의 최면술에 선동되고 고무된 감정으로 작정한 헌금이나 서원이 더 큰 부담과 고통의 짐이 되기도 한다. "선지자 예레미야가 선지자 하나냐에게 이르되 하나냐여 들으라 여호와께서 너를 보내지 아니하셨거늘 네가 이 백성으로 거짓을 믿게 하는도다!"(렘 28 : 15).

또 우리는 과거에 이룩했던 공적이나 성취를 바라보며 하나님께 그 공적과 업적들을 봐서라도 도와줄 것을 은근히 기대하기도 한다(렘 48 : 7). 심지어 어떤 사람은 풍성한 삶을 위해서 명성(fame)을 얻는 일이 제일이라고 믿고 있다. 그래서 자기 명예와 명성을 매일의 우상으로 섬기기에 여념이 없다. "그러나 네가 네 화려함을 믿고 네 명성을 인하여 행음하되 무릇 지나가는 자면 더불어 음란을 많이 행하므로 네 몸이 그들의 것이 되도다"(겔 16 : 15).

이런 모든 것들은 우상이요 거짓된 속임이다. 마침내 그것들은 실패하게 하고 절망과 허무를 맛보게 할 것이다. 모든 것이 실패로 돌아가면 우리는 또 불평하기 시작한다. 어떤 불행한 일이 눈앞에 닥쳐오면 잠잠히 기다리지 못한다. 하나님을 원망한다. 욥과 같이 우리의 태어난 날을 저주한다. 자기를 만든 하나님을 원망하는 일을 서슴치 않는다. 자기의 불행이 모두 하나님의 책임이라고 탓한다. 어떤 사람들은 이성을 잃고 하나님을 대적하기까지 한다. "이는 너희가 말하기를 하나님을 섬기는 것이 헛되니 만군의 여호와 앞에 그 명령을 지키며 슬프게 행하는 것이 무엇이 유익하리요"(말 3 : 4).

이런 때가 오면 우리는 모든 상황에서 절망하기가 쉽다. 바르게 보고 들을 수 있는 눈과 귀가 마비되고, 머리도 생각도 어두워진다. 섭리하시는 하나님의 손길을 볼 수 없게 된다. 이런 때 우리의 눈과 생각이 올바르게 열려야 한다.

바울이 빌레몬서를 썼을 때 그는 로마의 감옥에 있었다. 당시 관습으로 볼 때 그는 쇠사슬에 매어 간수의 감시를 받고 있었다. 빌레몬에게 편지를 쓰면서 그는 간수가 쇠사슬을 매는 소리를 들었을 것이다. 그리고 바울은 간수를 볼 때마다 쇠사슬에 매어있는 자기 모습에서 모든 그리스도인을 보았을 것이다. 그래서 바울은 "예수 그리스도와 그의 복음을 위해 잡힌바 된 종"이라고 세번씩 고백하였다. 그가 죄수로 묶여있는 감옥에서 이렇게 고백한 말의 뜻이 무엇인가? 그를 로마의 감옥에서 자기를 사슬로 매어놓고 지키는 사람은 로마군인이 아니었다. 그는 예수 그리스도였다! 그렇다. 그리스도의 사람들은 언제 어디에서 어떤 상황에 처한다 해도 그를 묶어놓을 수 있는 분은 오직 하나님 뿐이시다. 그 외엔 아무도 없다. 하늘에 계신 우리 하나님 아버지의 사랑의 손을 먼저 거치지 않고는 어떤 것도 우리의 생명을 제어하고 지배할 수는 없다.

당신을 묶어 얽어매고 있는 사슬의 끝에서 당신은 무엇을 보는가? 당신의 배우자? 당신의 직업? 당신의 죄? 당신의 실패한 것들? 당신의 환경? 그렇지 않으면 그 모든 것의 주인되신 예수 그리스도를 보는가? 칠흙같이 어두운 절망의 감방에서도 모든 것의 주인되신 그리스도를 볼 수 있다면 주님은 당신에게 넉넉한 안식을 부어주실 것이다. 궁극적으로 당신은 모든 것이 당신의 유익을 위한 것임을 알고 넉넉한 은혜를 누릴 것이다.

내가 그리스도인이 된지 몇달 안되어 어느 큰 도시에서 열리는 집회에 갔었다. 오후에는 중심가에 나가서 복음을 전했다. 어느 골목길 모퉁이를 돌아가고 있는데 두 구획정도 앞에 한 사람이 나있는 쪽을 향해 걸어오고 있었다. 그 사람에게 복음을 전하고 싶은 소원이 솟았다. 그에게 가까이 다가가고 있을 때 내 마음에 "네 가진 모든 돈을 저 사람에게 주어라!"하는 주님의 음성을 느꼈다. 그때 나는 지갑에 150불(약 10만원)을 가지고 있었다. 당시 나에게는 상당한 돈이었다. 그 사람 옆으로 다가가서 인사하고 복음을 전하기 시작했다. 그 때 나는 놀라운 사실을 발견했다. 그는 그리스도인이었다. 잠시 동안의 대화에서 우리는 하나님의 사랑하심과 신실하심에 대하여 충만한 감사를 나누었다.

기쁨을 서로 나눈 뒤 그 형제는 가봐야 되겠다고 했다. 그리고 자기를 위해 꼭 기도해 달라고 부탁했다. 내가 물었다. "형제님, 그런데 내가 무엇을 위해 기도해야 할까요?" 그는 대답하였다. "나는 두달 전에 실직을 했는데 아직도 직업을 찾지 못했습니다. 아내와 두 아이가 있는데 먹을 양식이 다 떨어졌습니다. 그러나 신실하신 하나님께서 곧 필요한 양식을 공급해 주시리라 믿고 있습니다." 그의 말에 나는 놀라움을 금치 못했다. 나는 나의 주머니 속에 있는 돈을 즉시 꺼내서 그에게 주었다. 그리고 내가 형제를 처음 보았을 때 주님께서 이 돈을 형제에게 주라는 음성을 들었다고 말했더니 그 형제는 나를 끌어안고 눈물을 흘리며 주님을 찬양하고 감사했다. 그와 헤어지면서 "나의 지갑은 빈 지갑이 되었지만 나의 마음은 날아갈 듯이 벅찼다." 허드슨 테일러(Hudson Taylor)가 그가 소유한 모든 것을 주님께 바치고 난 뒤 했던 말이 생각났다. 우리 하나님께서는 우리 두 사람이 그 길을 따라 걸어와서 정확하게 거기서 만나게 하셨다. 그 형제의 필요와 믿음에 응답해 주시기 위하여 차질없이 그 시간 그곳에서 나를 만나게 하셨다.

한 가지 더 나누고 싶다. 하루는 한 형제가 실직을 해서 나를 찾아왔다. 매우 걱정이 될 것 같아 위로의 말을 주고 어떻게 생활을 하고 있는지 물어보았다. 그는 별로 걱정이 없다고 대답했다. 6개월은 지낼 수 있는 충분한 돈이 은행에 있다고 하였다. 하나님께 어떤 도움도 구하려는 마음이 전혀 없었다. 그를 떠나 헤어진 뒤 나는 아내에게 말했다. "단지 한달분의 생활비만 은행에 남아있다면 훨씬 더 빨리 그에게 좋은 일자리를 주실텐데…… 그러나 아직 6개월은 더 기다려야 주님이 그에게 좋은 일자리를 주실 수 있을 것 같소." 우리가 하나님을 모든 필요를 공급해주시는 주인으로 신뢰하는 믿음을 가질 수 있기 위해서는 우리가 지금 의지하고 있는 은행의 돈이 다 소진되어야 한다!

우리 주, 하나님 외에 누가 또 그렇게 우리의 환경에 알맞게 그의 목적에 완전한 교훈을 주시며 인도하시는 분이 또 있겠는가? 우리는 우리의 믿음을 세우기 위해 하나님께서 준비하신 훈련과 양육의 교육과정을 순종하며 잘 따라야 한다. 그의 계획에 순종하는 일보다 우리가 하나님을 기쁘게 하는 일은 없다. 그를 믿는 백성 하나하나를 사랑으로 인도하시고 가르치는 과정에서 그 세세한 내용과 성격은 다를지도 모른다. 그러나 그의 선하신 목적은 모두에게 동일하다. "우리의 잠시 받은 환난의 경한 것이 지극히 크고 영원한 영광의 중한 것을 우리에게 이루시려 함이라"(고후 4:17).

또한 우리가 잊지말고 선망하고 기대해야 하는 위대한 믿음, 믿음의 위대성(The greatness of faith)은 우리가 이 세상에서 얼마나 많은 하나님의 신비를 체험하였는가에 있지 않다. 얼마나 높은 지위와 얼마나 많은 물질의 축복을 받았는가에 있지 않고 심지어 얼마나 좋은 건강을 많이 누리는가에도 있지 않다. 사실이다. 위대한 믿음은 하나님의 주신 한가지 약속이라도 그리스도 안에서 믿음으로 얼마나 흔들리지 않고 오랫동안 기다릴 수 있느냐에 달려 있다. 그것에 따라 우리 믿음의 위대함은 빛나게 될 것이다. 참된 믿음의 위대성은 축복으로 무엇을 많이 받았느냐가 아니라 아직 받지 못하였지만 조금도 흔들림이 없이 신실하신 하나님과 그의 약속하신 것들을 기다리고 믿음을 지키는 일이다.

　어떤 농부가 밭에 씨를 심어놓고 바로 그 다음날 법석을 떨며 싹이 나오고 열매가 나오기를 기대한다면 어떻게 되겠는가? 아마 그 사람은 제 정신이 아니라는 생각이 들 것이다. 그런 사람은 한 알의 씨알이 땅 속에서 죽고 싹이 트고 변형되고 자라나서 열매를 맺게 하는 보이지 않는 하나님의 손길과 시간을 전혀 인정하지 않는 사람이다. 하나님께서 주시는 약속과 이루심도 마찬가지이다. 우리는 기다릴 줄 아는 인내를 배워야 한다. 위대한 믿음의 사람은 추수 때가 오기까지 안심하고 기다릴 수 있는 인내의 힘을 가진 사람이다. 그는 그것이 하나님만이 이루실 수 있는 일이고 하나님만이 하실 수 있는 초자연적인 일임을 알기 때문이다.

　우리는 또한 진실한 믿음이란 그렇게 거대한 외적인 사건으로 자주 나타나는 것이 아님을 알게 되어야 한다. 내가 알고 있는 그리스도인들 중에는 주님을 위해 엄청난 핍박을 받고 감옥에 들어갔다 나온 분들도 있고 놀라운 기사와 표적을 나타냈던 분들도 있다. 그런데 아쉬운 것은 작은 가정생활이나 이웃과의 생활 속에서는 작은 반대에도 자신을 부인치 못하고 참지 못하고 영광을 가리는 삶을 보인다는 것이다. 육체의 생명(physical life)을 단번에 바쳐 순교하는 일도 위대하지만 매일 작은 일상의 삶 속에서 자아의 생명(self-life)을 쳐 복종시키며 믿음으로 사는 삶은 더 중요하고 위대한 순교자의 삶이 아닌가! 진정 위대한 믿음은 매일 순간 순간의 삶 속에 살아있어야 한다. 작고 보잘것 없는 사건들 속에서 보여지고 나타나야 한다.

 우리가 일단 한번 믿음에 대한 연단의 과정을 마치게 되면 하나님께서 우리에게 말씀하신 모든 것들을 의심하지 않고 훨씬 더 쉽게 받아들일 수 있게 될 것이다. 우리의 우상들을 더 이상 의지하지 않게 될 것이다. 우리의 느낌이나 듣고 보는 것을 의지하지 않게 될 것이다. 오직 주님만이 의지해야 할 왕이심을 알게 될 것이다. 우리의 자아(self)와 죄(sin)와 세상(world)으로부터 참된 자유와 해방을 주시는 주님의 말씀을 가장 소중하게 여길 것이다. 하나님만이 믿음이 되고 소망임을 알게 될 것이다. 언제 어디서도 흔들리지 않고 고요하게 그의 말씀에만 귀를 기울이게 될 것이다. 우리의 낮고 얇은 소원의 성취보다는 주님의 높고 깊은 약속의 성취가 더 귀중하게 생각될 것이다. 당시에는 연단이 고통스러워 보여도 마침내 우리의 유익을 위하여 주신 것임을 알 게 될 것이다.

6
자아-생명의 인식
The Conviction of Self-life

"아무든지 나를 따라 오려거든 자기를 부인하고 날마다 제 십자가를 지고 나를 쫓을 것이니라 누구든지 제 목숨을 구원코자 하면 잃을 것이요 누구든지 나를 위하여 제 목숨을 잃으면 구원하리라"(눅 9:23, 24)

예수님께서는 우리가 죽음을 통하여 생명에 이른다고 말씀하신다. 그를 따르려하면 자기를 부인하고 자기 십자가를 지라고 말씀하신다. 우리가 반드시 부인해야 된다고 주님의 말씀하시는 '자아'란 무엇인가? 살기 위해서는 반드시 버려져야 하는 이 '생명'은 무엇인가?

자아-생명의 발전

요한일서 4장 8절에서 "하나님은 사랑이라"고 말씀하신다. 사랑에는 반드시 대상이 있어야 한다. 그래서 하나님은 그의 사랑의 대상으로 사람(man)을 지으셨다. 하나님은 친히 그가 지으신 사랑의 대상인 사람에게 자기의 사랑을 부어주셨고 그가 하나님을 사랑할 때 만족해 하신다. 그리고 사람의 영 속에도 하나님에게서 사랑받고 영접받고 싶은 욕구를 넣어 주셨다. 그래서 우리는 이 세상에 태어나는 순간부터 사랑에 대한 갈망이 있다. 주인이신 창조주

(Creator)를 찾는다. 특별한 사랑의 대상으로 사람만은 자기 형상으로 지으시고 그 코에 그의 생기를 불어넣어 주셨기 때문이다. 그리고 보시기에 "심히 좋았더라"고 감탄하셨다. 우리는 하나님의 특별한 관심과 사랑을 받고 태어난 존재이다.

하나님은 사랑과 수용을 받고 싶어하는 우리의 갈망과 욕구를 충만하게 채워주시기를 원하신다. 그런데 가로막는 한 가지 장애물이 있다. 우리들은 세상에 나올 때에 하나님을 향하여 교제가 끊어지고 죽은 상태로 태어났다. 사랑의 원천이신 창조주 하나님과 죽은 관계 속에 태어남으로 사랑받고 싶고 만족하고 싶은 갈망과 욕구가 온전히 채움을 받지 못한채 살고 있다.

창세기 2장 17절에 하나님은 말씀하셨다. "선악을 알게 하는 나무의 실과는 먹지 말라. 네가 먹는 날에는 정녕 죽으리라." 이것은 절대적인 명령이었다. 이 나무로부터 나오는 열매를 먹으면 반드시 죽는다! 그런데 그들은 그것을 먹었다. 그래서 하나님은 그들이 이미 죽었다고 선포하셨다. 비록 그들의 혼(souls)은 살아서 생각하고 느끼고 선택하며 여러 가지 활동을 하고 있을지 모른다. 그들의 몸(bodies)은 살아서 활동하고 기능을 발휘하고 움직일지 모른다. 그렇다 해도 그들은 죽었다고 말씀하셨다. 그들은 이미 죽은 존재인데 잠시 살아있을 뿐이다.

어디로 그들에게 죽음이 들어왔는가? 죽음이 그들에게 들어온 곳이 어디였는가? 그것은 남아있는 영(spirit)이었다. 하나님의 생명이 공급되는 곳은 영이다. 그 영이 죽었다. 모든 사람은 하나님의 영이 죽은 존재가 되었다. 영적으로 하나님에게서 단절되고 죽은 피조물이 되었다. 영적으로 하나님을 향하여 죽은 자가 되었으므로 그들 속에 가장 깊은 욕구―하나님께로부터 올 수 있는 영적인 사랑과 영접(수용; love and acceptance)을 받을 수가 없게 되었다. 하나님의 영광에 이를 수가 없게 되었다. 이런 상황으로 인하여 사람에게 세 가지 문제가 들어왔다.

피할 수 없는 공허감

첫째, 사람은 하나님으로부터 오는 사랑과 영접이 필요한 존재이다. 사람은 하나님과 교제를 가지며 살아야 하는 영적인 대상으로 창조되었다. 그러나 영적인 죽음으로 인하여 사람의 가장 중요한 필요를 채움받을 수 없게 되었다. 이런 영적인 필요를 채움받지 못하기 때문에 늘 목마름을 느끼게 되고 하나님 외의 다른 것들을 찾아 나서게 된다. 여러 욕구와 야망(ambition)으로 여러 가지 방법을 다 구사해 본다. 그러나 에너지와 힘의 낭비일 뿐이다. 우리에게 사랑과 수용을 받으며 살고 싶은 욕구보다 더 소중한 욕구는 세상에 없다. 영적인 사랑의 존재인 사람에게는 이것이 가장 중요한 욕구이다. 이런 내적인 사랑과 수용을 받고 싶은 마음에서 사람들은 수단과 방법을 찾고 집념하는 것이다. 그러면서 우리는 자기 중심적이고 이기적인 존재가 된다.

제자훈련을 위해 성경공부를 같이 했던 자매 중에 하나가 생각난다. 그녀는 자기의 방황했던 과거를 고백하였다. 그녀는 한달 동안에도 수많은 남자와 연애를 해야만 했다. 왜 그녀는 그렇게 했다고 생각하는가? 성을 좋아하고 즐기기 때문이 아니냐고 그녀에게 질문해 보았다. 그의 대답은 결코 그렇지 않다고 했다. 실제로 그녀는 성 자체보다도 단지 어떤 사람이 자기를 사랑하고 자기를 원한다는 말을 듣고 싶었다는 것이다. 비록 술에 취해서 하는 거짓말이라도 자기를 사랑한다는 말을 해 주는 사람을 만나고 싶었다는 것이다. 그녀에게 성은 그가 신봉하는 하나의 종교였다. 그의 깊은 내적 사랑과 수용의 욕구를 채움받기 위해 사용되는 중요한 대책이고 수단이었다.

자아 중심의 삶이란 이렇게 비극적이다. 자기의 만족을 위해서 세상의 모든 것을 무엇이든지 수단화 한다. 모두 이용하고자 한다. 계속해서 바꿔가며 자기 욕구충족을 위한 대상을 찾는다. 생물이나 무생물이나 상관이 없다. 모두 수단이다. 부모나 배우자나 친구나 가리지 않는다. 그리고 자기의 내적인 욕구를 채워줄 수 없다고 판단되면 모두 배척하고 화를 내거나 무관심해 버린다.

직업이나 재물이나 술이나 지위 — 자기 중심으로 사는 사람은 그가 할 수 있는 모든 것을 완벽한 종교와 신앙으로 신봉한다. 자기의 욕구와 갈망을 만족시켜 줄 수 있는 것이 발견될 때까지 할 수 있는 모든 것을 다 시도해 보고 시험해 본다.

자아중심의 삶이 얼마나 어리석은 삶인지 사람들은 모른다. 하나님의 형상을 따라 최고 걸작품으로 창조되었지만 자아 중심으로 인해 사람들은 다른 피조물들을 바로 판단할 수 있는 능력을 잃어버렸다. 이성이 도무지 없는 사람들이 되었다. 이런 모습들이 얼마나 많은가? 매일 신발을 바꿔 신듯이 배우자를 바꾸는 사람이 어찌 바른 이성을 가진 사람이겠는가? 그 사람에게 만족이 과연 있겠는가? 또는 한 여자가 집안 주권을 쥐고 남편을 지배한다고 더 만족이 있겠는가? 동성연애를 하는 사람들에게 진정한 즐거움이 더 있다고 생각되는가? 한 여성이 여권의 신장을 위해 태어나야 할 아기를 마음대로 유산시켰다고 정말로 만족감을 느끼겠는가? 우리가 바른 이성으로 돌아와 생각해 본다면 자기중심, 자아중심의 삶이란 공허와 나태와 비판과 고통의 삶에 지나지 않는다. 소경이 소경을 인도하는 것과 같다. 조금도 다름없는 광란이고 착각이다. 그러나 불행하게도 자아 중심의 삶이 이성보다도 더 강한 힘이 되어 모든 사람을 지배하고 있는 것이 세상이다. 모든 사람이 자기중심으로 어둠의 지배를 받고 있다.

한 가정의 남편과 아내가 작은 것에도 서로 지지 않으려고 다투고 한 가지 권리라도 먼저 포기하지 못하며 화목보다는 갈등과 싸움을 택한다. 이렇게 무지하고 야만스런 부부인 것을 알게 되면 누가 그들과 이웃이 되려고 하겠는가? 이웃집의 형편과 처지나 이웃에 있는 사람의 권리와 이익은 안중에도 없는 자기중심적이고 이기적인 사람들이 세계의 도처에서 무고한 생명을 앗아가고 수많은 피를 흘리기 위해 일어나고 있는 전쟁을 누구의 탓으로 돌릴 수 있단 말인가? 자기중심의 삶은 이렇게 몰염치하고 사악하다. 자아가 주인이 되어 사는 사람들이 모인 사회와 국가는 희망이 없다. 서로를 억압하고 약육강식하며 처절한 싸움을 계속하지 않을 수 없다. 이것이 흔히 말하는 육체의 삶이요 욕망의 삶이다. 이것은 이성없는 동물들의 삶과 다름이 무엇이겠는가?

동물은 혼(soul)과 몸(body)을 가지고 있지만 영(spirit)은 없다. 매년 우리집의 개는 새끼를 낳는다. 새끼를 어미에게서 떼어 이유식을 할 때가 되면 그 어미는 내 아내에게 다가와서 먹을 것을 줄 때가 되었다고 짖어댄다. 어미의 영리함을 볼 수 있다. 동물인 개이지만 그의 새끼의 상태에 대하여 관심을 가진다. 그러나 내 아내가 먹이를 그의 새끼들에게 가져다 줄 때는 어미 개는 그의 고유의 동물 본능(자아생명)을 나타낸다. 으르렁거리며 자기의 새끼들을 밀어내고 제가 먼저 먹는다. 이것을 보는 순간 그에게 주었던 좋은 평가는 끝이 난다. 그것은 어미개가 인격이 있는 어머니가 아니고 단지 한 마리의 동물임을 증명해 준다.

그런데 오늘날 얼마나 자주 우리 사람이라는 부모들이 이런 모습의 행동을 하는가? 부모들이 밤에 잠자리에 누웠을 때나 한적한 길을 따라 차를 몰고 갈 때는 아이들에 대한 사랑이 마음에 가득 넘친다. 자녀 하나 하나를 잘 보살펴 주고 사랑한다. 어린 자녀를 기업으로 받은 것을 한없는 축복으로 느낀다! 다음 날부터는 자녀들을 위해 그리고 자녀들과 함께 더 많은 시간을 할애해야 겠다고 결심한다. 그러나 애석하게도 다음 날이 되면 자기를 지배하고 있는 자아중심의 이기심은 부모의 사랑으로 아이들을 생각해 주고 기쁘게 해 주기보다는 자기들의 일에 먼저 마음이 바쁘다. 술과 오락을 먼저 찾고 신문이나 텔레비젼 보는 일이 먼저이다. 훨씬 더 많은 시간을 바친다. 자기의 일 때문에 늦게 귀가하거나 어른들끼리 이야기 하느라 아예 아이들은 잊어버린다.

나는 때때로 자신 속에서 발동하는 이기적인 자아중심적 욕망에 놀라지 않을 수가 없었다. 자기 중심의 깊고도 넓은 가증성에 섬짓함을 느낄 때가 있다. 나는 또 자기중심적인 남편들이 현재의 아내보다 10년정도 더 젊은 여자와 살면 부족한 것이 없고 더 만족하리라고 생각하기 때문에 온 가정이 파산하고 파탄에 이르는 비극을 자주 보았다. 그들은 자기의 어린 자녀들의 고귀한 삶의 권리가 파괴되고 희생되는 것은 아랑곳하지 않는 것 같았다. 자기 자신의 이기적인 욕망을 채우려는 열망으로 아이들의 인격이나 권리는 전혀 안중에 없었다.

　남편에게 많은 상처와 고통을 받으며 살고 있던 부인이 있었다. 그녀의 남편은 간통죄를 범하는 일인줄 알면서도 다른 여자와 살고 있었다. 한번은 기회가 되어서 그 부인을 위로하는 말을 나눈 뒤 그녀에게 그의 남편이 돌아오기를 원하는 이유가 무엇이냐고 질문했다. "신자이면서도 속이고 있는 남편에게 임할지도 모르는 하나님의 벌이 두렵기 때문입니까? 이혼하게 될 때 아이들이 받게 될 타격 때문입니까? 그렇지 않으면 현재의 비참한 삶에서 벗어나 행복해지고 싶기 때문입니까?" 나의 질문에 그 부인의 대답은 "물론 나의 행복을 위해서 입니다!"였다. 중요한 것은 그의 남편을 위한 것도 아니었고 자녀들을 위한 것도 아니었다! 자기를 위한 것이었다. 바로 이것이 우리의 모습이 아닌가?

　자기중심적인 사람들이 보여주는 모습에는 몇 가지 특성들이 있다. 예를 들면 그들은 남에게 과시하기를 좋아하고, 남에게 주목받기를 좋아하고, 자기 공적을 과장해서 존경받기를 좋아한다. 반면에 그런 사람들은 남의 비난을 참지 못하고 자기 부족이나 잘못을 인정하지 못한다. 그래서 다른 사람의 것은 무시하거나 작은 실수도 과장해서 폭로한다. 다른 사람의 행동에 늘 못마땅해 하고 편견을 보인다. 그런 사람은 비정상으로 과민하고 신경질적이고 항상 자신을 다른 사람과 비교하고 용납해서는 안되는 경쟁자로 적대시 한다. 생각과 행동이 천박하고 유치하며 행동하는 것이나 생각하는 것이 정직하지 못하다.

　우리는 지혜로와야 한다. 이런 사람들은 항상 남에게 복수심을 표현하며 화를 잘 내고 자기의 실수나 잘못을 늘 부인하고 남의 탓으로 돌리며 남에게 해서는 안되는 비인격적인 행동이나 말을 서슴치 않기 때문이다. 이런 사람들은 자기 욕망을 채우기 위해 수단방법을 가리지 않으려 하고 남을 위협하는 말을 잘 하고 교만하고 자만심을 강하게 나타낸다. 자기 자랑이 심하고 강박관념에 쫓기고 맹목적으로 비판적이고 남을 지배하려 하고 죄책감에 늘 불안해 하고 안정감이 없어 누구에게나 설교만 하려 한다. 자기도취에 빠지고 남을 용서하지 못하고 잘못된 자기의 이론만 주입하려 한다. 이런 잘못된 것들을 지적하는 말을 들을 때는 그것이 자기에겐 전혀 해당없고 다른 사람이나 들을 말이고 배워야할 일이라고 항상 생각한다 (우리가 바로 이런 사람이 아닌가?).

  이런 닫혀지고 굳어진 마음밭을 가지고는 우리가 우리 자신을 발견하기란 매우 어려운 일이다. 이렇게 황폐한 마음의 나라가 우리에게 임하여 들어온 것은 아담(Adam)이 죄를 범함으로 하나님과의 교제가 끊어진 뒤 하나님 중심의 삶을 버리고 자기중심의 삶을 선택하여 살게 된 때부터이다. 인간은 이 땅 위에서 자기 중심의 삶을 통하여 하나님만이 주실 수 있는 만족을 자기가 채워보려고 시도하였다. 자아 중심의 사람은 현재 자신의 삶 뿐만 아니라 지나간 삶 속에서 자신의 잘못되었던 상황(condition)도 이해하지 못한다. 그가 야기시킨 문제와 다른 사람에게 준 상처도 알지 못한다. 마침내 그는 인격(personality)에 혼돈을 경험하고 정서는 왜곡되고 질병과 고통을 경험하기 시작한다. 다른 사람과의 정상적인 관계를 유지할 수 없고 소외되어 가고 어둡고 우울한 생활을 경험하기 시작한다.

온전한 삶을 찾아서

 당신의 '생각과 감정과 의지'는 자동차(automobile)로 당신의 '영'(靈)은 운전사(driver)로 비유할 수 있다. 자동차는 운전사를 위해서 만들어졌다. 운전사가 없으면 거의 틀림없이 자동차는 필요가 없다. 당신이 언덕 밑에 서있는데 멋진 자동차 한대가 운전하는 사람이 없이 당신을 향하여 달려 내려오고 있다고 상상해 보라! 당신은 어떻게 하겠는가? 당신은 사력을 다해 차를 피해 길 밖으로 도망칠 것이다. 왜? 운전사가 없는 자동차가 비탈길을 내려오고 있기 때문이다. 그 차가 직선으로 내려오고 있다. 그러면 어떻게 하겠는가? 지그재그로 천천히 내려오고 있다. 그러면 어떻게 하겠는가? 그 차가 지금 굴러 내려온다. 어떻게 하겠는가? 모든 질문에 대답은 동일하다. "피해야 한다." 이것은 사실이고 정직한 대답이다.
 이 세상에 살고 있는 사람들은 근본적으로 운전사가 없는 자동차와 같다. 모두 통제되지 않는 차들이다. 다만 그 통제되지 못하는 정도만 차에 따라 조금씩 다를 뿐이다. 어떤 경우 조정된 환경을 통해서 제어장치를 잘 설치한 차도 있다. 그렇다 해도 운전사가 타고 있지 않은 차인 것은 마찬가지이다. 아무도 신뢰할 수가 없다. 사람의 온전한 상태(sanity)는 하나님의 성령(the holy spirit) 안에서 생각(知)과 감정(情)과 의지(意)가 관리되는 상태이다. 기능적으로 온전한 상태는 현존하고 살아있는 실재(reality)와 접촉되어 있는 상태이다. 그렇다면 하나님과 접촉되어 있는 상태보다 더 확실한 실재가 어디 있겠는가?
 모든 사람은 영적으로 하나님으로부터 분리된 상태로 살고 있다. 그러므로 정상이 아니다. 비정상이다. 실재가 아닌 것을 살고 있다. 비정상은 단순히 실재를 벗어난 상태이다. 하나님만이 절대적인 실재이고 진실이다. 어떤 사람들은 이 말에 반발할지 모른다. 화를 낼지도 모른다. 이것은 자기가 직선으로 달려 내려오는 자동차와 같이 곧 충돌하고 파괴되고 불타버릴 차로 생각되는 것이 불쾌하기 때문이다. 자기가 정상이 아닌 사람으로 분류되기를 원치 않기 때문이다. 그러나 영원한 실재이신 하나님을 저버린 모든 인류는 각각 정도만 다를뿐 똑같은 삶을 살고 있다.

거듭나서 새로운 피조물이 되어 그리스도의 영을 소유한 사람이라도 자기의 마음(soul)이 그리스도(Christ)의 지배를 벗어나서 살고 있으면 나타나는 삶의 실재는 불신자와 같은 상태가 된다. 그리스도의 영이 우리 안에 운전자가 되지 않으면 그 순간부터 비정상의 삶이 시작된다. 온전한 삶을 살 수 없게 된다.

영적인 생활과 사탄의 계략에 관하여 연구한 많은 저자들에 의하면 사탄은 그의 목소리를 어떤 사람의 목소리와 똑같이 들리도록 낸다고 한다. 이렇게 위장하는 목적은 사람들로 하여금 본래 그런 생각이 그들 자신 속에서 나왔고 자신들의 실제적인 열망이라고 믿게 만들려는 전략이다. 한 가지 예를 들면, 사탄은 한 남자에게 바로 다가와서 "더 젊은 여인을 얻기 위해 네 아내를 버려라"라고 말하지 않는다. 그 남자의 생각 속에 "나는 아내와 잠시 별거해야 되겠다"고 속삭인다. 사탄은 먼저 문제를 혼미하게 만들기 위해 계획한다. 사탄은 어떤 유혹이 진실한 우리 자신의 소원이라고 생각되도록 세심하게 우리의 마음을 유도한다. 한번 사탄이 이렇게 우리를 속이는데 성공하면 어떤 죄의 유혹이 들어올 때 처음에는 안된다고 거절하지만 언제나 믿기는 실제 내가 좋아하는 것을 말로만 거절하고 있다고 믿게 만든다. 그리고 그런 생각 속에 조금 머물러 있다가 마침내 그 생각을 나의 것으로 정해 버린다. 이렇게 하여 사탄의 속임수를 이기지 못하고 우리는 죄에게 정복된다. "오직 각 사람이 시험을 받는 것은 자기 욕심에 끌려 미혹됨이니 욕심이 잉태한즉 죄를 낳고 죄가 장성한즉 사망을 낳느니라"(야 1 : 14, 15).

시험(유혹)과 욕망이란 같은 것인가? 그 말이 사실이라면 이제까지 세상에 살았던 사람 중에 가장 사악한 분이 예수 그리스도가 될 것이다. 그러나 예수님께서는 모든 세상으로부터 시험은 받으셨지만 세상에 대하여 욕망을 가지셨던 분은 아니시다. "우리에게 있는 대제사장은 우리 연약함을 체휼하지 아니하는 자가 아니요 모든 일에 우리와 한결 같이 시험(유혹)을 받은 자로되 죄는 없으시니라"(히 4 : 15). 그런데 많은 그리스도인들이 세상으로부터 받고 있는 유혹을 죄라고 생각하고 회개하는 경우가 많다. 그러나 우리가 회개해야 할 죄는 시험받는 유혹이 아니라 우리 속에 품은 욕망이다.

유혹과 욕망은 다른 것이다. 이것을 내 아내에게 설명했을 때 그녀는 맞는 말이라고 동의했다. 그래서 "당신은 간음을 범하고 싶은 유혹을 받아본 적이 없었느냐"고 물어보았다. 그랬더니 그녀는 화를 발끈 내며 "당신은 나를 무엇으로 생각하는 거예요?"라고 하였다. 내 말에 그가 그렇게 화를 내는 것은 유혹과 욕망을 그가 동일시하고 있다는 증거였다. 그렇게 믿고 있음을 말해주는 것이었다. 사탄이란 대적은 우리의 생각 속에 절대적으로 거의 언제나 어떤 생각이든지 가리지 않고 넣어줄 수가 있다. 그러나 그것은 결코 우리의 소원을 나타내는 것이 아니다. 사탄의 본질을 보여주는 것에 지나지 않는다.

한 친구의 말이 생각난다. 양(羊)들에게 관심을 가지는 사람들 중에는 두 종류가 있다는 것이다. 양들을 죽이고 팔아넘기는 도살자가 있고 양들을 돌보고 섬기려는 목자가 있다는 것이다. 도살자는 그 음성이 아무리 부드럽고 마음에 드는 사람의 소리를 내며 현혹하지만 결국은 양들을 멸망시킨다. 상처를 주고 실망시킨다. 사탄은 남을 정죄하고 비판하기를 좋아하며 사람을 혼동시키고 선동시키며 세상의 욕망을 따라 살게 함으로 우리로 파멸하고 죽게 만든다. 우리는 도살자인 사탄의 음성과 목자이신 주님의 음성을 분별해야 한다. 그리고 적절한 조치를 취할 줄 알아야 한다. 죽이는 자의 말을 들으면서도 그 말을 자신의 선한 마음에서 나온 말로 들어서는 안된다. 이렇게 되어 잘못된 믿음에 빠져 실패하고 파탄을 맞이하게 되는 일이 있어서는 안된다.

선한 목자이신 주님의 음성은 다르다. 부드럽고 겸손하며 남을 세워주고 사랑하며 진실하며 교훈을 주고 구원을 준다. 우리 영혼을 바르게 인도해 주고, 힘과 용기를 주고, 생명을 주고 자유를 준다. 그러므로 내가 누구의 음성, 어떤 음성을 듣고 있는지 분별하고 아는 것은 매우 중요한 일이다.

언젠가 한 부인에게 복음을 전했다. 성령께서 그녀에게 감동을 주셨다. 그 부인은 그리스도를 마음에 영접하기를 원했다. 영접하는 기도를 드리게 했다. 나는 그가 조용히 머리를 숙이고 마음 속에 생명의 빛으로 거하시는 예수님만을 바라보라고 했다. 조용히 말씀하시는 그의 음성을 들으라고 했다. 이제 그가 말씀하시는 것을 나에게 얘기해 달라고 했다. 조금 지난 후에 그의 얼굴은 환한 미소로 빛나기 시작했다. 그녀는 감격해서 말했다. "주님이 나를 사랑하신다고 말씀하십니다. 나를 그의 가장 귀한 자녀로 영접하였다고 말씀하십니다." 이 말을 마친 뒤 갑자기 그녀는 얼굴빛이 달라지며 슬피 울기 시작했다.

나는 그에게 곧 눈물을 멈추라고 말했으나 그칠줄을 몰랐다. "당신이 방금 이런 생각을 하였습니다. '하나님을 기쁘게 하기 위해서 나는 무엇인가 큰 일을 해야만 되는데 그러나 나는⋯⋯ 머지않아 예수님은 나에게 실망하시고 나를 떠나실거야.' 이런 말을 듣지 않았습니까?" 내 질문에 그 부인은 놀라는 눈빛으로 고개를 끄덕였다. 나는 부인에게 그가 "방금 들은 말"은 사실이 아니라고 설명해 주었다. 믿음으로 그리스도를 영접하고 자녀가 된 우리 자신들 그대로를 하나님은 가장 기쁘게 여기신다. 하나님은 자녀로 태어나서 사랑이 된 우리 자신으로 인하여 기뻐하신다. 하나님은 우리가 큰 일을 성취하고 선한 공적을 많이 이루었기 때문에 기뻐하시는 것이 아니시다. 하나님은 모든 것을 다 이루시고 그리스도 안에서 우리에게 모든 것을 은혜로 다 주셨다. 그러므로 하나님의 마음에 들기 위해서 그녀가 더 노력하지 못함을 슬퍼하여 울 필요는 없다.

나는 그 부인에게 처음에 들은 음성은 선한 목자 예수님의 음성이지만 방금 전에 들은 소리는 파멸시키는 자, 사탄의 소리라고 설명해 주었다. 그녀는 쉽게 나의 말을 이해하고 자기 생각을 분별했다. 짧은 시간이었지만 그 부인은 명확하게 믿음을 이해하고 명확하게 주님의 음성과 사탄의 소리를 구별하고 사탄의 소리를 버릴 수 있는 신자가 되는 것을 보았다. 수년 동안 신앙생활을 해온 신자들 중에도 사랑어린 주님의 음성과 유혹하는 사탄의 소리를 구별하지 못하며 살고 있는 신자들이 많은데 그 부인은 그것을 쉽게 이해하는 것을 보았다. 옆에서 보는 사람도 기뻤다.

우리의 생각이 어디서 나온 것인지 분별할 수 있다면 우리는 감정에 좌우되지 않는 삶을 살 수 있게 될 것이다. 사탄이 속이는데 훨씬 유용하게 사용하는 것은 우리의 감정이다. 우리의 감정이란 본래 진실(truth)에나 거짓(falsehood)에나 구분없이 똑같은 반응을 나타낸다. 이것이 우리의 약점이다.

예를 들면 죄책감은 실제적인 죄에서 느끼는 경우도 있지만 그렇지 않은 경우도 있다. 일시적인 분노로 어떤 사람이 그의 친구 머리를 향하여 돌을 던졌다. 그의 친구가 쓰러지는 것을 보고 그는 달아났다. 그 후 그는 틀림없이 친구를 살인했다고 생각하고 다른 나라로 피신하여 일생을 죄책감에 사로잡혀 알콜중독자로 살다가 죽게 되었다. 그의 장례식 날 죽은 줄 알았던 그의 친구는 살아서 그가 죽었다는 소식을 듣고 그의 장례식에 참석하였다. 그가 지난날의 감정들을 잊은 것은 오래전 일이었다. 그는 비극 속에 먼저 떠난 그의 친구를 진심으로 애도하지 않을 수 없었다. 죽은 친구는 자기가 살인자라는 거짓 죄책감 속에 일생을 고통으로 살다가 죽은 것이다. 실제 살인자는 아니었지만 그의 감정은 살인자의 감정으로 죄책감과 자학 속에 일생을 불행하게 살았다.

감정은 너무 자주 우리를 속인다. 자신이 무가치한 존재라고 생각하는 사람에게 여러 사람이 그것은 그렇지 않다고 설명하고 그를 확신시키려 해도 그는 계속해서 무가치하게 느끼는 감정 속에 죽음과 같은 생활을 하려고 한다. 그러므로 조정되지 않은 우리의 감정은 사탄이 활동하기

가장 좋은 여건을 제공하고 사탄으로 하여금 최소의 노력으로 최대의 파멸과 파괴를 가져오도록 도와주고 지원해 주는 격이 된다.

　나의 상담 경험과 생활 경험에서 알게 된 것은 우울증(depression)도 일정기간 몰래 나타나다가 어떤 시기부터는 매일의 일상적인 생활과 같이 습관적으로 나타난다는 사실이었다. 내가 처음 거짓된 감정을 이해하기 시작하였을 때였는데 갑자기 우울증에 사로잡히게 되었다. 다름없이 나는 앉아서 일을 하고 있었다. 우울증에 어떤 정해진 정점은 없었다. 그것은 언제나 나타나기도 하고 사라지기도 했다. 당시에는 감정이란 것이 항상 왔다 갔다 할 수 있는 것임을 알지 못하였다. 그래서 그것들을 버리려 하지 않았다. 그 결과로 며칠간씩 심한 우울증 속에 지내기도 하였다. 하나님께서는 마침내 내 우울증의 실상을 보여주셨고 나의 정함이 없는 생각이 이끄는대로 따르는 생활이 얼마나 어리석으며 그와 마찬가지로 잘못된 감정에 이끌려 사는 생활이 얼마나 어리석은 짓인가를 나에게 가르쳐 주셨다. 우리는 우리의 생각들을 판단하여 정상이 아닌 생각은 버릴 수 있어야 하고 우리 안에 일어난 어떤 감정이 대적 사탄에게서 나온 것인지 아닌지 분별할 수 있고 버릴 수 있어야 한다.

　우리는 하나님과 분리되어 살도록 만들어지지 않았다. 창조주에게서 떨어진 삶은 틀림없이 정상이 아닌 삶으로 이끈다. 우리의 마음과 감정이 정상적이고 가치있게 하기 위해서는 겸손하게 창조주를 의지하는 것 뿐이다. 그러나 우리는 이미 하나님을 향하여 영적으로 죽은 자들로 태어났으므로 우리의 깊은 필요들을 채움받기 위해 자기에게만 집념하는 자아중심적인 사람들이 되어 버렸다. 우리의 상태가 바른 정상과 온전함을 잃었다. 바르지 못한 생각과 속이는 감정의 말을 듣고 바르지 못한 생각과 속이는 감정에 따라 행동하고 말하며 살고 있다.

하나님께 죽은 자로 태어남으로 사람은 또한 자기의 정체성(identity)을 잃어버렸다. 본래 사람은 하나님을 위하여 지음받았다. 그런데 하나님이 없는 세상에 하나님을 잃어버린 백성으로 태어나 혼자서 살고 있다. 그리하여 우리는 존재(existence)의 이유와 목적이 불분명한 인생이 되었다. 내가 누구이며 왜 살아야 하는지를 알지 못하는 가운데 태어났으므로 그 의미와 목적을 찾아보려고 힘을 다하고 혼자 노력해 본다. 그렇지만 실제로 찾지 못하고 신뢰할 수 없는 것들 뿐이다. 우리가 자아중심적인 비정상의 상황 속에 있으면서 똑같이 자아중심적이고 비정상인 다른 사람에게 내가 누구인지를 가르쳐 줄 것을 묻지만 그러나 하나님 없는 세상의 정신치료기관이나 같이 잃어버린 자들에 불과한 어떤 정신치료자가 당신이 누구인지를 진실로 말해줄 수 없다는 것은 당연한 것이다.

어떤 사람이 당신이 나폴레옹이라고 말했다고 그의 말을 그대로 믿고 고마워하며 자기의 정체성을 새로 정했다면 얼마나 우스운 일이겠는가? 많은 사람들이 바로 이런 식으로 살아가고 있다. 하나님 없는 자아중심의 존재로 태어나 잘못된 관점의 기준을 가지고 있기 때문에 똑같이 불완전하고 잘못된 다른 사람의 정체성을 기준이라고 받아들이며 그것이 의지할 희망이라고 의지하며 살아가고 있다!

우리를 지배하는 정체성

정체성과 그것이 미치는 영향에 대하여 설명해 주는 많은 책들이 나와 있다. 다음에 설명되는 내용은 정체성(正體性)이 각 사람에게 어떻게 영향을 미치고 있는가를 잘 보여준다.

먼저 차례로 세 개의 원(circle)을 그려 주기 바란다. 그리고 제일 오른쪽 원 안에는 당신이 자신에 대하여 남기고 싶은 인상(impression)들을 써보기 바란다. 사람들이 어떤 방안에 가득히 앉아서 이야기를 나누고 있다. 그 방안에서 당신이 혼자 나왔다. 그 때 방에 남아있는 사람들이 당신에 대하여 어떤 말을 해주기를 바라는가? 대부분의 사람은 다음과 같이 칭찬하는 말을 듣기를 원한다 — 남을 잘 돌봐주고 친절하고 호감을 주는 사람, 좋은 배우자, 훌륭한 부모, 모범이 되는 사람, 지성적이고 성공적이고 매력적이고 신앙적이고 영적인 사람 — 누구나 이런 말을 듣게 되기를 원할 것이다. 이렇게 칭찬과 찬사를 많이 받는 사람이 있다고 할 때 그를 경매에 붙여 판다면 아마 매우 비싼 값을 받게 될 것이다. 그를 표현해 주는 한마디 한마디의 말들은 그의 값을 높여 주는데 적잖은 공헌을 할 것이다. 틀림없이 이런 사람은 매우 높은 값의 돈을 받을 수 있을 것이다.

다음으로 가운데에 위치한 원에는 당신의 최악의 상태에서의 당신 자신에 대하여 써보기 바란다. 여기서 명심해야 할 일은 최악의 순간에 자신에 대하여 느끼는 진실한 느낌을 솔직하게 기록해 보는 일이다! 모든 것이 제대로 되는 일이 없을 때 — 아이들은 아프고, 이웃 사람과의 관계는 문제가 있고, 인격에 심한 상처를 받고, 당황스럽고 곤혹스런 일들이 계속 일어난다. 하나님을 기쁘게 하지 못하고, 경제적인 궁핍으로 심한 고통을 받고 있다 — 이런 때의 자신의 모습을 정직하게 기록해 보기 바란다. 이런 때 당신은 화를 내고 복수심에 차고 남을 비방하고 태만하고 속이고 육적이 되고 어리석고 사악하고 우울증에 빠지고 보기 흉한 부모의 모습이나 보기 흉한 배우자의 모습으로 변하지는 않는가? 또는 자고하고 교만하여 자기과시에 빠지고 다른 사람의 도움을 무시하는 사람이 되지는 않는가? 이런 사람을 만약 경매에 붙인다면 얼마나 받겠는가? 아마 이런 종류의 무가치한 사람이라면 아무도 관심을 가지는 사람이 없고 아무에게도 팔리지 못하고 집으로 도로 가져와야 할 것이다!

이런 사람을 만나서 결혼하고 싶은 사람은 없을 것이다. 이런 사람을 누가 부모로 가지기를 원하겠는가? 이런 이상한 사람을 어떻게 당신이 믿을 수 있으며 어떤 도움을 청하고 문제해결을 받기 위해 상담을 의뢰할 수 있겠는가? 그러나 우리가 모두 그런 사람들이 아닌가? 최악의 상황에 처했을 때 우리가 모두 그런 흉한 본성을 드러내는 사람들임을 안다면 누가 우리를 받아주고 사랑할 수 있겠는가? 우리가 거부받는 것은 당연한 일이다.

이런 사실을 알게 되면 적지않은 걱정이 우리에게 일어난다. 수용받고 사랑받기를 원하는 마음은 인지상정이며 그것은 우리 사람들의 가장 깊은 욕구이기 때문이다. 그러므로 모든 사람들은 다른 사람에게서 어떤 수용과 사랑을 조금이라도 더 받아보기 위해서 열심히 노력하고 뛰며 수단과 방법을 강구하는 것이다. 환상의 재봉틀을 돌려서 제일 첫번째 원 안에 써넣었던 환상적인 모델로 자기를 보이기 위해 "성공이라는 옷"(success suit)을 멋지게 만들어 입고 세심하게 치장하는 것이다. 그리고 단추를 맨 위까지 꼭 채움으로 옷 안에 들어있는 것들을 아무도 엿보지 못하도록 한다. 한편 그렇기 때문에 다른 사람이 가까이 다가와 들여다보고 숨어있는 자신의 실체를 알고 거부할까봐 다른 사람이 가까이 오는 것을 금하고 피하려 한다.

만약 내가 당신을 설득해서 당신이 토끼라고 믿게 하였다고 하자! 당신은 얼마나 오래 토끼처럼 뛸 수 있겠는가? 5분, 10분, 15분은 뛸지 모른다. 그러나 토끼처럼 잘 뛰고 난 뒤에 어떻게 되는가? 물론 일어설 것이다! 토끼가 아닌 사람이 토끼처럼 뛰어보려고 야단을 했기 때문에 온 몸이 아프기 시작할 것이다. 당신이 성공의 옷을 입고 다니기 위해서는 계속 뛰어야 한다. 다른 사람이 당신 자신을 거부하지 않고 받아들이게 하기 위해서는 계속 그렇게 뛰어야만 한다고 느끼고 생각한다—아침 7시경에 일어난다. '성공'이라는 멋진 유니폼을 새로 차려 입는다. 성공적인 제복의 선수로서 하루를 시작한 뒤 하루종일 힘을 다하여 뛴다. 저녁 6시쯤 되면 집으로 돌아온다. 집에 돌아와서야 겨우 허리를 편다. 온 몸이 피곤하고 쑤신다— 그제서야 그렇게 불편하게 목을 조이던 위장의 옷을 벗어 던지고 본래 자기의 모습으로 돌아갈 수가 있게 된다! 사람들은 당신이 그렇게 정열적으로 뛰고 있는 모습과 멋지게 입고 있는 성공의 유니폼을 보고 당신을 훌륭한 성공자로 간주할 것이다. 그러나 당신과 살고 있는 가족들은 당신의 실상을 잘 보고 알고 있다.

어떤 한 크리스챤 사업가가 포르노(음란) 사진에서 해방 받지 못한채 살고 있었다. 낮에 사무실에 앉아있을 때 "오늘밤 포르노 가게에 들려야지"하는 생각이 그의 마음에 살며시 들어왔다. 그러나 그때 "안돼, 가면 안돼. 크리스챤이 그럴 수 있나? 가서는 안되지!" 마음 속에 갈등이 시작되었다. 그러나 저녁이 되어 차를 몰고 집으로 가지 않고 포르노 가게로 향했다. "가면 안돼. 안돼!"라는 소리를 반복해서 들으면서 그는 차를 포르노 가게 앞에 세웠다. "그러나 들어가지는 말아야지." 가게문 밖에 서 있으면서도 마음 속에 갈등과 싸움은 계속되었다. "들어가지는 않겠어." 문을 열고 들어가면서도 들어가서 보지는 않겠다고 생각했다. 그러나 일단 그 선정의 잡지를 집어들고 난 뒤엔 마음에 갈등과 싸움의 소리도 끝나고 말았다.

여기서 알 수 있는 것은 그의 위장되어 감추어진 정체성이다—그가 실제 어떤 사람으로 자신을 믿고 있었는가? 그의 정직한 정체성은 타락된 위선의 정체성이었다—"안된다"라고 외쳐본 말은 모두 사실이 아니었고 단지 몇번 뛰어보는 행위에 지나지 않았다. 어떤 사람이 가장 밑바닥의 상황에 처해졌을 때 그때의 그 사람의 모습이 진정한 그 사람의 본래의 모습인 것이다. 이것은 우리가 우리 자신을 위장하고 가리며 성공이라는 옷을 계속 만들기 위해 노력하는 것을 보면 알 수 있다. 이에 대한 다른 증거는 이런 본체가 아닌 정체성을 최대한 활용하여 다른 사람이 우리들을 조정하고 관리하게 되는 것을 보아서도 알 수 있다.

예를 들면 한 남자가 한 여자에게 특별한 매력을 주게 되었다고 하자. 그래서 결혼을 하였다. 이것은 그 여자가 그 남자의 입고 있는 성공이라는 옷이 실제적인 그의 모습이라고 계속해서 믿을 수 있었기 때문이었다. 그 남자는 그 여자의 마음을 끌기 위하여 그에 대한 긍정적이고 매력적인 내용으로만 조정되고 이끌어진 것이다—비록 짧은 시간이라도 남자가 가지고 있는 본래의 자기와는 매우 다른 이상적인 남자라고 잘못된 감정을 사실로 믿도록 정체성과 그것이 미치는 영향에 대하여 설명해 주는 많은 책들이 나와 있다. 다음에 설명되는 내용은 정체성(正體性)이 각 사람에게 어떻게 영향을 미치고 있는가를 잘 보여준다.

먼저 차례로 세 개의 원(circle)을 그려 주기 바란다. 그리고 제일 오른쪽 원 안에는 당신이 자신에 대하여 남기고 싶은 인상(impression)들을 써보기 바란다. 사람들이 어떤 방안에 가득히 앉아서 이야기를 나누고 있다. 그 방안에서 당신이 혼자 나왔다. 그 때 방에 남아있는 사람들이 당신에 대하여 어떤 말을 해주기를 바라는가? 대부분의 사람은 다음과 같이 칭찬하는 말을 듣기를 원한다 — 남을 잘 돌봐주고 친절하고 호감을 주는 사람, 좋은 배우자, 훌륭한 부모, 모범이 되는 사람, 지성적이고 성공적이고 매력적이고 신앙적이고 영적인 사람 — 누구나 이런 말을 듣게 되기를 원할 것이다. 이렇게 칭찬과 찬사를 많이 받는 사람이 있다고 할 때 그를 경매에 붙여 판다면 아마 매우 비싼 값을 받게 될 것이다. 그를 표현해 주는 한마디 한마디의 말들은 그의 값을 높여 주는데 적잖은 공헌을 할 것이다. 틀림없이 이런 사람은 매우 높은 값의 돈을 받을 수 있을 것이다.

다음으로 가운데에 위치한 원에는 당신의 최악의 상태에서의 당신 자신에 대하여 써보기 바란다. 여기서 명심해야 할 일은 최악의 순간에 자신에 대하여 느끼는 진실한 느낌을 솔직하게 기록해 보는 일이다! 모든 것이 제대로 되는 일이 없을 때 — 아이들은 아프고, 이웃 사람과의 관계는 문제가 있고, 인격에 심한 상처를 받고, 당황스럽고 곤혹스런 일들이 계속 일어난다. 하나님을 기쁘게 하지 못하고, 경제적인 궁핍으로 심한 고통을 받고 있다 — 이런 때의 자신의 모습을 정직하게 기록해 보기 바란다. 이런 때 당신은 화를 내고 복수심에 차고 남을 비방하고 태만하고 속이고 육적이 되고 어리석고 사악하고 우울증에 빠지고 보기 흉한 부모의 모습이나 보기 흉한 배우자의 모습으로 변하지는 않는가? 또는 자고하고 교만하여 자기과시에 빠지고 다른 사람의 도움을 무시하는 사람이 되지는 않는가? 이런 사람을 만약 경매에 붙인다면 얼마나 받겠는가? 아마 이런 종류의 무가치한 사람이라면 아무도 관심을 가지는 사람이 없고 아무에게도 팔리지 못하고 집으로 도로 가져와야 할 것이다!

이런 사람을 만나서 결혼하고 싶은 사람은 없을 것이다. 이런 사람을 누가 부모로 가지기를 원하겠는가? 이런 이상한 사람을 어떻게 당신이 믿을 수 있으며 어떤 도움을 청하고 문제해결을 받기 위해 상담을 의뢰할 수 있겠는가? 그러나 우리가 모두 그런 사람들이 아닌가? 최악의 상황에 처했을 때 우리가 모두 그런 흉한 본성을 드러내는 사람들임을 안다면 누가 우리를 받아주고 사랑할 수 있겠는가? 우리가 거부받는 것은 당연한 일이다.

이런 사실을 알게 되면 적지않은 걱정이 우리에게 일어난다. 수용받고 사랑받기를 원하는 마음은 인지상정이며 그것은 우리 사람들의 가장 깊은 욕구이기 때문이다. 그러므로 모든 사람들은 다른 사람에게서 어떤 수용과 사랑을 조금이라도 더 받아보기 위해서 열심히 노력하고 뛰며 수단과 방법을 강구하는 것이다. 환상의 재봉틀을 돌려서 제일 첫번째 원 안에 써넣었던 환상적인 모델로 자기를 보이기 위해 "성공이라는 옷"(success suit)을 멋지게 만들어 입고 세심하게 치장하는 것이다. 그리고 단추를 맨 위까지 꼭 채움으로 옷 안에 들어있는 것들을 아무도 조정된 것이다-그래서 그 남자는 그 여자와 결혼하게 되었다. 그러나 결혼 후 몇 달이 지나면 여자는 남편의 실체를 보게 된다. 그리고 그의 남편이 그의 숨어있는 최악의 진면목을 감추며 자기 정체성이 드러날까봐 두려워 하고 있다는 사실을 알게 된다.

그 때 그 아내는 그 남편을 조정할 수 있게 된다. 먼저 여자는 부정적인 말로 영향을 주기 시작한다. 그렇지만 직장에서 그의 여자 비서나 여직원은 그가 입고 있는 성공의 옷만을 보고 그가 너무 멋진 사람으로 계속 선망의 대상이 된다. 이런 경우 남자는 누구와 함께 있기를 원하겠는가? 아마 그는 그의 아내를 떠나거나 이혼하고 그의 비서나 여직원과 살고 싶을 것이다. 마침내 그는 아내를 떠나 비서나 여직원과 동거하거나 결혼한다. 하지만 같이 몇 달 살아보면 그녀도 그 남자에게서 그가 두려워하며 숨기고 있는 본래의 실상을 보게 된다. 그 여자도 그것을 빌미로 그의 남편을 지배하려 하고 영향력을 행사하려 한다. 전과 똑같은 심리적인 현상이 반복해서 일어난다. 이런 코스로 이혼과 결혼은 반복되고 계속된다.

그가 최악의 상황에 처했을 때의 자기가 자신의 진정한 모습으로 믿고 있음을 알기 때문에 어떤 사람이 그것을 건드리면 그는 당황하고 화를 내게 된다. 자기에 대한 다른 사람의 부정적인 평가에 어떻게 반응하는가는 그 사람의 믿고 있는 실체에 대한 좋은 테스트가 된다. 어떤 사람에게서 실패자라는 말을 들었을 때 그는 분노하여 반응한다. 그것은 그가 자신이 실패자임을 알고 있기 때문이다. 자신들의 진정한 실체의 모습을 숨기려고 노력하는 사람들은 모든 말이나 행하는 일마다 포장하고 과시하기를 잘한다. 그러나 자신의 불안한 정체를 건드리는 어떤 상황이 나타나면 즉각적으로 심한 적대감(hostility)을 표현하게 된다.

자아중심 생명의 주형(鑄型)

과거의 사건들은 삶의 거의 모든 영역에 영향을 끼친다. 한 사람이 윗사람(boss)에게 접근하는 태도는 과거의 경험에 따라 다르다. 부부 사이에도 과거의 경험에 따라 집에 돌아왔을 때 기대하는 것(행동)들이 다르다. 사람들은 계속적으로 과거를 거울삼아 현재를 그린다. 그것은 과거의 정체성 정보(messages)가 오늘에 지대한 영향력을 끼치고 있음을 알게 해 준다. 한편 그것은 우리의 부인되어야 하는 자아를 이해하게 해 준다.

우리 모든 사람은 다양한 정체성 정보가 될 메시지를 여러 모양으로 늘 받고 있다. 어떤 것은 매우 명확하고 어떤 것은 불명확하다. 언어가 아닌 우리의 표정이나 태도도 똑같은 의미를 전달한다. 예를 들면 내가 당신을 좋아하지 않는다고 말했다고 할 때 그것은 곧 이해된다. 한편 당신이 나에게 열심히 말을 하고 있는데 아무 말도 없이 내가 걸어 나갔다고 하자. 이런 경우 둘 다 부정적인 메시지를 전달한 것이다. 이런 메시지들을 전달받음으로 우리가 가지게 되는 감정과 생각들은 우리 안에 갈등을 일으키고 과거의 부정적이고 잘못된 정보들을 통하여 우리로 하여금 가장 나쁜 것들을 받아들이도록 우리를 조정한다.

많은 좋은 부모님들이 본래의 뜻과 관계없이 자녀들에게 전혀 예기치 않은 부정적인 정체성 메시지를 전달해서 어려움을 당하는 경우가 많이 있다. 우는 사자같이 원수 사탄은 기회만 있으면 찾아가서 자녀들에게 부모의 목소리와 똑같은 목소리로 부모들의 진실한 뜻과 전혀 다른 부정적 메시지를 자녀들에게 심어주려 한다. 한 어린 소녀가 어린 시절에 그의 아버지의 무릎을 베고 누웠는데 그의 머리를 밀어서 내려 놓았던 일이 십년 후에는 그의 아버지가 자기를 더 이상 사랑하지 않는다고 믿게 만들 수가 있다. 실제로는 당시 그 아버지는 급한 사정이 있어서 그렇게 했었지만 그의 딸에게는 커다란 상처로 남을 수가 있다. 그런 상황을 원수 사탄은 놓치지 않고 잡아서 이용한다. 소녀의 머리 속에 거짓된 메시지를 심어주고 소녀는 그것을 사실로 믿는다.

또한 각 사람에게는 처리해야 하는 특수한 감정의 배전망을 가지고 있다. 나는 이것을 한 개인의 사람과 다른 세상 사이에 설치된 자막문(screen door)과 같다고 비유한다. 어떤 말을 했을 때 그 말은 자막문을 때리고 배전망을 작동시켜서 전혀 말해지지 않은 내용의 말을 그 사람으로 하여금 듣게 한다.

한 부인의 이야기가 생각난다. 그가 열세살이었을 때 어머니가 돌아가셨다. 이제 그가 음식을 만들어 아버지와 동생들을 돌봐야 했다. 매일 저녁 그녀는 마음을 다하여 식사를 준비하여 아버지를 대접해 드렸다. 그런데 그의 아버지는 거의 예외없이 차려놓은 식사에 좋지 않은 것을 찾아내시고는 "너는 요리솜씨가 좋지 않구나. 좋은 아내가 되기는 틀렸구나." 이런 부정적인 말을 자주 하였다. 똑같은 말을 거의 매일 들으면서 그는 자랐다. 스무살에 결혼을 하였다. 삼개월쯤 지났다. 아주 맛있는 과자를 만들어 남편을 깜짝 놀라게 해 주기로 했다. 과자를 정성들여 만들었다. 남편이 직장에서 돌아왔다. 아내가 만든 과자를 맛있게 먹으면서 설탕을 좀더 넣었으면 좋았겠다고 한마디

했다. 그 말에 그 부인은 발끈 화를 내며 자리에서 일어나 "이제 나가서 영원히 돌아오지 않을테니 과자 잘 굽는 여자를 찾아서 잘 살아요"하고 나가 버렸다. 그 남편은 할 말을 잃고 멍하니 서 있었다. 먹다 만 과자접시를 멍하니 쳐다보며 "만들어 준대로 아무말 말고 먹을 것을 잘못 했지"하고 생각했다. 그의 말은 설탕을 좀더 넣었으면 더 맛이 있겠다는 뜻이었지만 그녀가 들은 메시지는 "너는 과자도 제대로 만들지 못하니 좋은 아내가 되기는 틀렸어"라는 소리로 들렸다.

　매우 자주 우리는 잘못된 감정을 통해 과장된 소리를 듣기 때문에 이런 일들이 일어난다. 어떤 사람에게 10이라는 중요한 의미를 가진 것이 어떤 사람에게는 1정도에 지나지 않는다. 많은 사람들이 과거에 받았던 메시지를 통하여 그런 식으로 조정되어 진실이 아닌 감정으로 그들이 느낀 것을 계속해서 사실로 고착시킨다. 한번 이런 정체성이 안에 들어오게 되면 이것을 사실로 증명하려는 증거들을 찾기 시작한다. 예를 들면 나와 같이 한 직원이 동시에 회사에서 사장에게 무능하다는 말을 들었다. 나는 늘 긍정적인 정체성을 가지고 있었으므로 사장이 정신적으로나 성격적으로 잘못된 생각에서 그런 말을 했다고 생각한다. 그런데 다른 직원은 과거에 가정이나 학교에서 총명하지 못하고 무능한 사람이란 말을 자주 듣고 자신에 대하여 부정적인 정체성을 자신의 것으로 믿고 있었으므로 자신의 치부를 건드린 것에 분개하여 고민과 우울증에 빠진다.

　한 어린애가 가정에서 무가치한 아이라는 암시를 받았을 때 그는 반항하게 된다. 나가서 밤새도록 들어오지 않고 상심하거나 자신의 정당성을 주장하고 반항하려 할 것이다. 이런 경우 부모에게서 차라리 없어졌으면 좋겠다는 등의 더 큰 거부의 말을 듣게 되면 그는 더욱 깊이 잘못된 감정에 지배된다. 자기는 부모도 원치 않고 살만한 가치가 없는 존재라고 생각하며 자신을 학대한다. 이런 상황에서 악한 사탄은 자살로까지 그를 몰아 파멸을 맞이하게 할 수도 있는 것이다.

정체성을 만드는 정보들

부모들이 이혼하고 헤어진다든지 또는 어떤 심한 충격을 받았을 때 많은 자녀들(특별히 어린 자녀들)은 자기들은 쓸모없고 부모들도 원치 않는 귀찮은 존재에 불과하다는 정보를 부모로부터 전달받는다. 자녀들은 부모님들이 이혼해야 되는 복잡한 이유와 내용들을 이해하지 못한다. 단지 "엄마, 아빠에게 나는 귀찮은 아들/딸이구나"라고만 생각한다. 또 자녀인 아이들은 부모님이 자기에게 얼마나 시간을 할애하는가를 보고 자기의 가치감의 정도를 느낀다. 전화 벨이 울리자 수화기를 든 아버지가 진지하게 전화를 받는 태도는 그 상대방이 매우 중요한 사람임을 말해 준다. 그런데 아버지가 어린 자녀들에게 관심과 사랑이 전혀 없는 판에 박힌 몇마디 말을 하는 것이 집에 들어왔을 때 전부라면 그 아이는 자기는 아버지에게 별로 귀중한 존재가 아니라는 생각을 하게 된다.

어머니도 마찬가지이다. 경제적 어려움 때문에 어쩔 수 없이 직장에 나가야 하고 일해야 하는 경우도 있다. 그렇지만 더 수입을 올려보려는 욕심 또는 어떤 다른 바람직하지 못한 목적에서 아이들만 남겨놓고 가정을 자주 비우게 된다면 그것은 심각한 문제를 야기시킬 수가 있다. 더 풍부한 물질적 소득 때문에 부모님과 가질 수 있는 시간을 빼앗기게 된 자녀들은 점점 물질적인 보상을 혐오하고 반항하게 될 것이다. 물질적인 욕심이 자기들이 받아야 할 부모님의 사랑과 관심을 앗아갔기 때문에 잘못된 경제관이나 물질관을 가지게 하고 맹목적인 혐오감을 가지게 할 수가 있는 것이다.

어떤 여자들은 가정보다 밖의 세계를 더 좋아한다. 여권주의자의 생활을 동경하고 흠모한다. 그러나 바로 그녀의 남편이 바로 이런 자유부인들과 만나서 비윤리적인 짓을 한다는 사실을 알면 더 참지 못한다. 그때서야 자유주의적인 여자들의 삶이 잘못된 것임을 알게 된다. 이런 사실은 텔레비젼이나 신문이나 또 어떤 일에 몰두하는 습성을 가진 남편에게도 적용된다. 아내에게도 처음에는 그런 것들이 가정생활에서 그렇게 잘못된 것들이 아니라고 생각한다. 그러나 아내가 받아야 할 사랑과 관심을 그것들에게 빼앗긴다고 느끼게 될 때 문제는 심각해진다. 남편이 아내보다 텔레비젼이나 신문이나 일을 더 중요하게 여긴다고 생각될 때 아내는 심한 배반감과 실망감과 거부감을 받게 된다.

한 여자의 정체성에 크게 영향을 줄 수 있는 것에는 두 가지가 있다. 하나는 그의 아버지가 자기를 안아주는 일(hugging) 등의 사랑하고 있다는 표현(showing affection)을 중단했을 때이다. 또 하나는 그의 인격이 수치스런 고통을 당했을 때이다. 특별히 여자인 딸들은 열살, 스무살 또는 삼십살이 되어도 아버지로부터의 사랑을 받고 싶어한다. 꼭 껴안아주고 보듬어 주는 표현은 딸인 자녀들에게는 특별한 애정과 사랑을 느끼게 해 준다.

불행하게도 인류는 세계 도처에서 외모에 따른 심한

차별대우로 벽을 쌓고 있다. 인도에서 한 작은 마을을 방문했을 때 얼굴에 마마자국이 가득하고, 치아가 앞으로 툭 튀어나오고, 몸은 바싹 마르고, 한쪽 다리는 굽어있는 한 여인이 찾아왔다. 그는 나를 정면으로 쳐다보지도 못했다. 종이쪽지를 하나 건네주는데 자기의 고민과 고통과 극복해야 하는 문제들을 깨알같이 써 놓았다. 가정에서 그는 저주받은 물건이었고, 결혼해 줄 남자도 없었고, 항상 모든 식구들에게 짐이 되고 귀찮은 존재였다. 그래서 항상 아무의 눈에도 띄지 않도록 뒷문으로 출입을 하며 밤에만 일을 한다고 했다. 그는 스스로 목숨을 끊고 싶으나 그런 담력(nerve)이 없었다. 빨리 자연스럽게 죽을 날만 기다린다고 하였다. 이 불쌍한 여자의 정체성은 무엇이었겠는가? 단지 외모 때문에 그는 모든 사람에게서 배척을 받고 있었다.

세계의 도처에서 수많은 사람들이 이런 고통을 말없이 받으며 살아가고 있다. 그 여자를 보면서 내 안에 성령께서 깊이 감동을 주셨다. "내가 너를 먼 이곳 인도까지 오게 한 이유가 무엇인지 아느냐? 바로 이렇게 가련하고 불쌍한 영혼들을 위해서이다." 주님의 음성을 들으며 나는 돌아와서 잠을 제대로 이룰 수가 없었다. 몸은 피곤했다. 가족들에의 그리움과 외로움과 강행군의 강의와 사역들로 몸은 너무 지쳐 있었지만 이 한 영혼의 가련한 자매를 만나고 난 뒤 나의 모든 고통과 수고는 결코 큰 것이 아니었다. 나는 그에게 가르쳐 주었다. "자매는 하나님이 너무 귀중하게 여기는 자녀입니다. 우리 하나님께서 먼 미국에서부터 이곳 인도까지 자매 한 사람을 만나기 위해 나를 인도하셨습니다. 이 사실을 잊지 마시기 바랍니다." 나는 감사하며 하나님께 찬양을 드렸다. 사랑과 은총 속에 마침내 그 가련하고 가난한 힌두교 여인은 그리스도를 영접하고 자기의 삶을 하나님께 맡기게 되었다. 진실로 우리는 머리칼 하나까지도 세신바 된 전능하신 분의 자녀들이다. 아무리 연약하고 가련한 인생도 주님은 살피시고 그의 눈물과 부르짖음을 들으시고 보살피신다.

한 어린아이의 정체성은 그의 부모들이 무관심할 때도 영향을 받지만 너무 과도할 때도 영향을 받는다. 아버지가 어린 자녀들의 공부나 생활에 관심이 없고 같이 보내는 시간이 없을 때 입으로 하는 말보다 더 크게 그들에게는 무가치한 자녀에 지나지 않다고 표현하는 메시지를 전달한다. 반대로 자녀의 하는 일마다 참견하고 잘못한 것을 지적한다면 그 아이는 매사에 자신감이 없고 무능한 자녀로 자라갈 것이다. 딸 아이가 자기 잠자리를 준비하거나 정리한 것을 어머니가 계속해서 다시 손대고 고쳐주는 것을 보면 그 아이는 자기는 제대로 잠자리도 준비하거나 정리할 능력이 없는 사람이라고 믿게 될 것이다.

대학생들을 위한 사역을 하고 있을 때이다. 어떤 학생들은 부모님들이 모든 일을 다 해 주는 생활을 해 왔으므로 대학생이 되었는데도 어떤 것을 결정하는데 매우 큰 혼란과 어려움을 겪는 것을 보았다. 어떤 것중 하나를 선택해야 하는 경우 유치한 선택을 하게 되기가 쉬웠다. 시간만 지연시키다 어쩔 수 없는 환경에 밀려서 결정해야 되기 때문이다. 코너에 밀려서 하는 급한 결정들은 대부분이 좋지 않은 결과를 가져오기 마련이다. 이런 습성은 계속해서 게으르고 즉흥적인 생활을 하게 하고 잘못된 결정을 반복하게 할 것이다.

나는 자주 부모님들에게 제안한다. 한 자녀가 "친구 집에 가서 하루 밤만 지내고 오면 안되겠어요?" 이런 요구사항을 가지고 왔을 때 부모님은 안되겠다고 생각되면 '안된다'라고 명확하게 답해 주어야 한다. 걱정이 안될 일이면 자녀가 스스로 결정하게 하고 그 이유를 이야기해 보도록 해야 한다. 우리집에서 나는 아이들이 스스로 어떤 곳에 갈 것인가 안 갈 것인가를 결정하도록 맡겼을 때 스스로 가지 않기로 결정하는 것을 보고 놀란 적이 있다. 만약 안 갔으면 하면서도 가도록 늘 허락했더라면 그들은 늘 멋대로 나가는 습관을 습득했을 것이다. 부모님들이 자녀들의 모든 것을 통제해야 한다고 생각하는 가정의 자녀들은 자기들은 어떤 것도 스스로 결정할 수 없고 무능한 사람이라는 메시지를 말없이 받게 된다.

언제나 많은 영향을 끼치는 또 다른 문제는 부모님들이 사회적인 명예나, 지위나, 성적이나, 돈이나, 소유 등의 관점에서 늘 자녀들을 평가하고 이야기하는 것이다. 그렇기 때문에 모든 자녀들은 생각하고 꿈꾸는 것이 수단 방법을 가리지 않고 성공자가 되는 일이다. 선망하는 목표에 못 미치면 비참한 패배자가 된다. 뛰어난 성공자는 모든 사람의 갈채를 받아야만 한다고 생각한다.

정상적인 정체성을 가지지 못할 때 우리가 받게 되는 다양한 영향의 몇 가지 예들이 앞의 것들이었다. 그 외에도 수많은 종류의 좋지 못한 영향을 끼치는 메시지들을 우리는 수없이 받아들이며 살아가고 있다. 이런 메시지들이 받아들여지고 확고한 신념이 돼 버리면 두번째 원(우리의 최악의 상태)에 속하는 정체성이 형성되기 시작한다. 무가치감, 열등감, 우울증, 아무도 환영하지 않는 사람, 실패자, 모자라는 사람, 죄책감, 자기비하, 자기증오 등을 자기의 상으로 고착시킨다. 이런 자기 정체성을 가지고 살게 되므로 실패나 실수를 할 때마다 자신이 그런 사람으로 느끼게 될 뿐 아니라 실제 그런 사람이 되어 가는 것이다.

이런 추하고 흉한 자신의 정체를 가리기 위해서 우리는 여러 가지 성공의 옷들을 만들어 입게 된다. 멋진 학위나 멋진 직업, 많은 재산이나, 교회 직분, 외적인 화장, 옷, 이상적인 배우자 역할, 이상적인 부모노릇, 지적인 추구와 집념, 자기비하, 자기과시, 사회적 지위, 정치적 지위 등 수없이 많다(물론 우리가 바른 정체성을 가지고 성취하는 자기성취와는 구별해야 한다). 이 모든 것들이 자기 본체에 대한 불안과 두려움을 감추려는 노력에서 나온 것이어서는 안된다는 말이다.

우리는 자신에 대한 실망과 좌절 때문에 자신을 미워하기도 한다. 우리가 느끼는 깊은 좌절은 우리가 원치 않고 벗어나고 싶지만 벗어나지 못하는 자신의 가련한 모습을 보기 때문이다. 원하는 선은 행치 못하고 하나님께서 원치 않는 우상들을 계속 들여와 섬기는 자아중심의 삶으로 어둡고 추한 삶을 벗어나지 못하는 것이다. 자아중심의 우상숭배를 계속해서 버려보려고 자기를 부인해 보며 힘을 다하여 보았지만 반복하여 실패하는 생활을 벗어나지 못할 때 어떻게 온전한 구원을 받고 온전히 자유함을 누리며 살 수 있을 것인가? 이것이 우리의 중대한 문제인 것이다.

문제는 문제가 아니다

앞에서 우리는 우리가 입고 싶어하는 성공의 옷과 최악의 상황에서 나의 모습을 보여주는 두 개의 정체성 동그라미를 그려 보았다. 이제 세 개의 원을 나란히 더 그려보기 바란다. 한줄로 선 세 개의 원이 있다. 먼저 가장 왼쪽에 있는 원 안에 반복해서 당신을 지배하고 실패하게 만드는 어떤 문제나 죄를 써넣어 보라. 이 첫번째 원을 문제의 원(the problem circle)이라고 부른다. 예를 들면 내가 그 동그라미 안에 "술"을 나의 문제로 써 넣었다. 우리는 술이라는 문제를 해결해 보려고 여러 가지 방법을 다 강구해 볼 것이다. 사회적 금주 법률을 제정한다든지 술을 마시게 되면 몸에 병이 나게 만드는 약을 먹게 한다든지 술을 절대 볼 수 없도록 격리시켜서 수용한다든지 등등 여러 가지 방법을 실시해 볼 수 있을 것이다.

실제 술로 인하여 오늘날 우리의 가정과 사회와 국가에 미치는 파괴적인 영향은 너무나 엄청나다. 심각한 문제가 되고 있다. 이런 파괴적인 영향들을 막아보고자 금주운동을 지속적으로 벌리며 수고하고 애쓰시는 많은 분들과 기관들에게 진실로 존경과 고마움을 표시하고 싶다. 그러나 한 가지 우리가 생각해야 할 문제는 대부분의 많은 알콜중독자들의 문제는 그들의 문제가 술이 아니라 그들의 내적인 정체성의 혼돈에서부터 기인한다는 사실이다. 사실 그는 술에 취한(잘못된) 정체성을 가진 사람이기 때문에 술을 마시고 취하게 된다는 것이다.

술에 의해 지배되는 사람은 두 가지 양상으로 나타낸다. 한 가지는 술을 마시고 싶어 견디지 못하는 태도이고 한 가지는 술을 어떻게 하든지 끊어 보려고 애쓰는 태도이다. 그러나 두가지 태도는 모두 술을 그 사람의 생활에 중심이 되게 하고 결과적으로 우상이 되게 한다. 술이 유일한 문제라고 생각되어 그가 수단과 방법을 다해 술을 끊었다고 하자. 이때 외적으로는 금주가가 되었을지 모르지만 그러나 그 사람의 내면은 여전히 혼란과 무질서에서 벗어나지 못함을 볼 수 있다. 그러한 면에서 우리의 문제는 외적인 증상이 문제가 아니라 숨어 있는 내면의 문제가 진짜 문제라는 사실이다.

이제 다음으로 가운데의 원을 생각하여 보라. 이 원은 사건의 원(the event circle)이라 부른다. 한 알콜중독자가 처음에 술을 마시게 된 동기는 무엇이었겠는가? 그 시작된 원인은 매우 중요하다. 어떤 심각한 일이 있었을 것이다. 그를 화나게 하고 반항하게 만든 어떤 사건이 틀림없이 있었을 것이다. 어떤 문제는 틀림없이 하나님께 대하여 거역하게 됨으로 발생했을 것이다. 자기의 반역을 정당화하기 위한 유일한 수단으로 분노 속에 술을 찾았을지도 모른다.

예를 하나 들면 십대에 들어선 나이의 한 아들이 어머니에게 밤새워 노는 파티에 가겠다고 요구했다. 그 어머니는 한마디로 거절했다. 그 아들은 어머니에게 계속해서 조르기 시작했다. 마침내 어머니의 말에 화를 발끈 내며 뛰쳐 나갔다. 거역하고 파티장소로 발걸음을 옮겼다. 그 이튿날 어머니가 "왜 너는 엄마 말을 거역하고 가지 말라는 파티에 갔느냐?"고 추궁하자 아들은 "어머니가 나를 화나게 하셨잖아요"하고 대답했다. 그를 반항하게 만든 것은 어머니이고 바로 어머니의 잘못이라는 것이다. 당신이 이런 경우를 만난 당사자라면 심각한 일이 아니겠는가?

어떤 남자가 직장에서 어떤 여자와 간음죄를 범하기로 마음먹었다. 그런 행위는 그의 아내나 자녀나 직장을 위해서 잘못된 짓임을 안다. 그것은 정당한 행위로 인정될 수 없다. 그래서 그는 집에 가서 아내에게 싸움을 걸기 시작한다. 마침내 잘못된 말이 아내의 입에서 나오면 즉시 분노에 사로잡혀 집을 나와 그 여자의 집을 찾아 나선다.

그리고 그것을 정당한 행위로 생각한다. 생활에서 반항감이 크면 클수록 우리는 그것을 정당화하기 위해서 더 많은 적대감과 증오감을 일으켜야 한다.

　하나님에 대하여 반항하는 그리스도인들도 이와 똑같다. 자신의 반항과 반역 행위를 정당화하기 위해서 그만한 정도의 분노를 끌어내야만 되는 것이다. 반역의 크기에 비례해서 분노가 더 큰 것이 되어야 한다. 이런 마음의 공식 위에서 술을 마시게 한 사건이 어떤 것이었는가를 생각해 봐야 한다. 이런 식의 마음을 가진 사람과 다른 두 사람이 사장실에 불려 들어갔다. 영업실적이 좋지 않다고 질책을 받았다. 앞의 한 사람은 하루종일 우울해 하다가 화를 내며 사장을 향해 욕을 퍼붓고 술집으로 가서 실컷 술을 마셨다. 이 때 우리는 그 질책받은 사건이 원인이므로 술에 대한 문제를 해결하려면 그 사람에게 새로운 직장을 찾아주고 환경을 바꿔줘야 한다고 말할지 모른다. 그러나 여기서 생각해야 할 것은 다른 두 사람은 똑같이 사장의 질책을 받았지만 그날 저녁에 술집으로 가서 술을 마시지 않았다는 사실이다. 이 두 사람과 앞의 한 사람 사이의 다른 점이 무엇인가?

　이제 왼쪽의 세번째 원으로 가보자. 이것은 정체성의 원(Identity circle)이라 부른다. 앞의 한 사람의 정체성은 다른 두 사람의 정체성과 다른 점이 있다. 특수한 사건이 이 사람을 지배하는 것을 볼 수 있다. 우리가 이 원 안에 이 사람이 최악의 시점에 있다고 생각하는 것들을 써넣어 보면 어떤 일이 있을 때마다 그 사람은 화를 내고 반항하고 옛 우상 중에 하나를 찾는다. 그것으로 문제를 극복해 보려고 할 것이다. 즉 어떤 경험이 그가 위장하기 위해 입고 있는 성공의 옷이 벗어지게 만드는 경우에는 언제든지 이 사람은 화를 내고 술을 마시러 갈 것이다.

당신이 나의 사무실에 왔다가 떠나려 할 때 내가 당신에게 입고 있는 옷들을 모두 벗어놓고 나가야 한다고 말했다고 하자. 어쩔 수 없이 완전히 알몸으로 집에까지 가야 할 상황이 되었을 때 당신은 엄청난 스트레스를 받게 될 것이다. 알몸으로 집에까지 가야 하는 심적인 부담을 어떻게 이기겠는가? 술을 마심으로 심리적인 수치심을 완전히 버려버리든가 환각제를 먹고 환각으로 정신적 부담을 제거해 버리든가 할 것이다. 당신은 비하된 감정 속에 "예, 나는 옷을 입을만한 가치가 없는 사람이올시다"라고 말할지도 모른다. 아마 사람이 나타날 때마다 눈을 피하여 덤불 속이나 물체 뒤에 숨을 것이다. 또는 정신병자같이 고함을 치거나 욕설을 퍼부으며 미친척하고 사람들이 가까이 접근하거나 나타나지 못하도록 하며 집으로 가보려고 시도할 것이다.

여기서 내가 말하고자 하는 것은 당신이 전심으로 숨겨보려고 노력했지만 그 숨겨진 정체가 들어나게 하는 어떤 일이 일어날 때 당신은 화를 내고 분노하며 반항하게 된다는 사실이다. 우리는 성공이라는 겉옷이 벗겨짐으로 다른 사람 앞에 나타날 알몸의 수치를 극복할 어떤 방법을 개발한다는 것이다. 그러므로 결론적으로 우리가 알 수 있는 것은 일어난 문제는 문제가 아니며, 일어난 사건도 문제가 아니며, 문제는 최악의 상황에서 만들어진 자아정체성이 문제라는 것이다.

이런 원리는 결혼생활의 관계에서도 적용된다. 많은 부부들이 진실로 사랑하지 못하면서 결혼하게 된다. 사랑보다는 어떤 사람에게 느끼는 특별한 감정의 열망을 가졌을 뿐이다. 즉 상대방의 외적인 매력에 대하여 정욕을 느꼈을 뿐이다. 이런 동기에서 결혼할 때 그들은 얼마 못가서 성공이라는 겉옷이 다 헤어지고 낡아지고 두 사람이 상대방 속에 들어있는 본체를 보게 될 때를 맞이하게 된다. 이때부터 실망과 권태를 느끼기 시작한다. 감정적으로 새 변화를 갈구한다. 육체적인 성(sex)을 통해서 보상과 변화를 받고자 기대하며 추구해 본다. 결혼한 배우자들은 서로 상대방이 자신의 전 인격(whole person)을 사랑하기를 바란다. 그러나 마음과 인격에 받은 과거의 상처들 때문에 그것은 불가능하다.

어떤 사람은 남편이나 아내를 사랑하지 못하는 인격을 가지고 있다. 자신이 그것을 알고 있다. 그리고 그것에 대하여 다른 사람이 희생을 감수하여 도와주려고 가까이 오면 도피하거나 화를 내며 접근을 못하게 한다. 그러나 어떤 문제, 어떤 상처가 있다 해도 궁극적인 해결책은 하나님께서 가지고 계시다는 사실이다.

A와 B라는 소년이 있다. 두 사람을 나타내는 컵이 둘 있다고 하자. 두 컵은 같은 크기이고 정해진 양의 물을 담을 수 있다. 물을 부어 채우듯이 두 개의 컵에 스트레스를 채웠다. 두 컵에 가득 채워진 다음 더 부으면 당연히 밖으로 흘러내릴 것이다. A 소년은 양자 알선기관(adoption agency)에서 부모가 없이 어린시절을 보냈다. 자신은 원치 않는 아이라고 늘 느꼈다. 그의 컵은 50%가 스트레스로 채워져 있다. 그러나 B 소년은 순탄한 가정에서 자랐다. 학교 선생님은 두 소년이 가지고 있는 고뇌(anxiety)의 양적 차이를 알지 못할 수 있다. 둘 다 아직은 100%로 채워진 상태가 아니기 때문이다.

고등학교에서 A와 B는 아름다운 여학생들을 사귀게 되었다. 하루는 그들의 여자 친구들이 다른 남학생들과 데이트를 했다는 말을 들었다. 이것이 B에게는 5%정도 스트레스를 받게 하였다. 그렇지만 A는 버려진 아이라는 생각으로 50%의 스트레스를 받아온 상태이므로 B에게 5%정도의 스트레스를 받게 하는 사건은 A에게는 20%정도의 스트레스가 된다. 결국은 70%의 스트레스 압력을 받는다. 두 소년이 후에 학교를 졸업하고 결혼을 했다. 결혼생활이 아무리 잘 맞는다 해도 누구에게나 25%정도의 스트레스는 받기 마련이다. B는 그래서 30% 스트레스 상태가 되나 A는 95%의 상태가 된다. 그러므로 가정에 문제가 일어났을 때 그 반응은 각각 다르다.

생활이란 6%정도의 스트레스를 받게 하는 사건들이 거의 연속된다. 계속되지는 않을지 모르지만 계속 찾아오고 지나간다. 생활의 일상적인 스트레스는 개스가 떨어진다든지 음료수를 엎지른다든지 아이들이 유리를 깬다든지 이웃집 사람이 우리집 개 때문에 불평하는 일 등… 한번 상상해 보자.

내가 우리집 현관에 서서 커피를 한잔 마시며 앞을 내다보고 있다. 바로 길 건너편에 A, B 두 사람의 집이 나란히 있다. 아침에 차고의 문이 동시에 열린다. 그런데 두 집의 자동차의 타이어가 모두 펑크가 났다—두 사람에게 모두 6%의 스트레스를 유발시킨 사건이다—그렇지만 두 사람의 반응(response)는 너무 다르다는 사실이다! A는 소리를 지르기 시작한다. 욕설을 퍼붓고 타이어를 점검하지 않은 아내에게 화를 낸다. 발로 차를 걷어차고 저주한다. B는 전혀 즐거운 얼굴로 휘파람을 불며 타이어를 바꾸는 솜씨를 발휘하기 시작한다. 아내는 타이어 펑크가 난 차를 몰고 나가지 않게 된 것을 감사하게 생각한다. 이 경우 문제는 펑크난 타이어가 아니다. 문제는 과거부터 전이되어 온 스트레스의 양과 부모로부터 획득한 기질 (disposition)이다.

  많은 사람들이 속고 있는 것은 6%정도의 스트레스를 일으키는 사건에 지배되기 때문이다. 남편이 좀더 잘 해 주었으면, 더 좋은 직업을 가졌으면, 아이들이 잘 해 주었으면, 부모님이 좀더 관대했으면, 새 차를 살 수 있으면 그러면 아무 문제가 없겠는데! 이렇게 생각한다. 그러나 앞에 지적했듯이 이것들은 모두 가지이고 증상에 불과하다. 뿌리가 썩었다는 증상일 뿐이다. 문제의 근원은 썩은 뿌리이다. 자신이 혐오하고 숨겨야 하는 정체성으로 나무를 지배하고 있다는 것이다. 잘못된 내적 생명(inner life)이 문제이고 모든 문제의 근원이 되는 것이다.

  포르노 사진에 중독되고 갖가지 성적 도착(sexual perversion)에 사로잡혀 밤을 보내는 사람을 어떻게 설명해야 되겠는가? 당신은 그런 사람을 심히 병든 타락자라고 부른다. 그러나 더 큰 이해심이 있다면 그를 그렇게 만들고 선동한 과거의 환경이 혐오스럽고 부패하고 타락된 것이라고 말해야 할 것이다. 나는 그런 행위를 용납하고 싶지는 않다. 하나님께서는 그것을 분명히 심판하실 것이다. 그러나 용서하고 이해하고 싶은 것은 내가 그와 같은 비극적인 환경에서 자랐다면 나는 거의 그 사람보다 더 나을 것이 없을 것이라는 생각 때문이다. 그 이유는 그가 어렸을 때부터 그의 아버지에 의해 성적인 희롱을 반복해서 당해 왔으며 자신이 어찌할 수 없는 타락의 길을 피할 수 없게 되었다는 사실이다. 그에게 주어진 어린 시절의 경험이 바로 비극의 시작이었다. 그가 다른 사람과 같이 좋은 부모님을 만났더라면 포르노 가게보다는 거룩한 교회로 인도함을 받았을지 모른다.

우리의 근본적인 문제는 잘못된 정체성의 생명이 우리를 지배하는데 있다는 것이다. 만약 우리가 우리의 최악의 상태에서 나온 정체성을 완전히 버리고 새로운 형상의 정체성(a new one)으로 대치될 수 있다면 매일 일어나는 작은 사건들이 우리를 지배하지 못할 것이다. 우리가 분노하고 반항하며 우리의 각종 우상들과 싸우지 않아도 될 것이다.

7
자아중심 삶의 실패
The Loss of Self-life

사도 바울은 고린도에 있는 성도들에게 자신이 받고 있는 고통에 대하여 설명해 주고 결론을 내린다. "그러므로 우리가 낙심하지 아니하노니 겉사람은 후패하나 우리의 속은 날로 새롭도다"(고후 4:16). 우리에게는 속사람과 겉사람의 삶이 있다. 한 사람이 유일한 존재가 되는 생명은 이 양면으로 나타난다.

오늘날 외적으로 모양이 다른 사람들이 이 세상에 얼마나 되리라고 생각하는가? 인간이라는 면에서 우리는 모두 비슷하다. 그렇지만 한 사람 한 사람은 똑같은 외모를 가진 사람이 하나도 없다. 어딘가 조금씩 다른 점이 있다. 세계 인구 약 50억의 사람이 모두 다른 외양을 가지고 있다.

내적인 모양은 어떨까? 우리가 어떤 능력이 있어서 인종과 문화가 다른 열 사람을 우리 앞에 세우고 그들의 내면의 생명이 밖으로 나오게 해 본다면 몇 종류의 생명의 모습이 나올까? 그러나 우리는 다만 두 종류의 형상만을 보게 될 것이다. 아담-생명(Adam-life)과 그리스도-생명(Christ-life)이라는 두 종류 뿐이다. 열 명의 다른 외양의 사람이지만 안의 생명은 둘중 하나이다. "한 사람의 범죄를 인하여 사망이 그 한 사람으로 말미암아 왕노릇 하였은즉 더욱 은혜와 의의 선물을 넘치게 받는 자들이 한 분

예수 그리스도로 말미암아 생명 안에 왕노릇 하리로다. 그런즉 한 범죄로 많은 사람이 정죄에 이른것 같이 의의 한 행동으로 말미암아 많은 사람이 의롭다 하심을 받아 생명에 이르렀느니라"(롬 5 : 17—18).

우리 안에 있는 생명이 아담의 형상 안에서 태어남으로 말미암아 우리는 많은 문제들을 가지지 않을 수 없게 되었다. 아담의 생명은 하나님의 법을 미워한다. 그러나 마음으로는 하나님의 법이 선한 것임을 안다. 모든 사람은 그래서 갈등을 경험한다. 무엇을 행하여야 하는지 안다. 그러나 행할 수가 없다. 알콜중독자나 약물중독자 중에는 그의 몸이나 감정에 술과 약물이 미치는 영향에 대하여 나의 관점을 받아들이지 않으려는 사람도 있을 것이다. 하지만 문제는 지적인 이해나 지식이나 정보가 부족해서가 아니라 모든 문제를 해결할 수 있는 능력이 없기 때문이라는 사실은 공감해야 한다. 지식이 문제가 아니다. 우리의 지식이나 의지보다 더 큰 힘이 우리의 속사람을 지배하고 있다는 것이 문제이다. 이것이 바로 아담의 생명이다.

좋은 결혼생활과 가정생활을 위한 비결을 배우기 위해 많은 사람들이 가정 세미나 프로그램에 참여한다. 강의를 들을 때는 매우 은혜를 받는 것 같다. 한마디라도 놓칠세라 필기까지 하며 경청한다. 그러나 문제는 실천(implementation)이다! 다녀온 첫날은 꽤 잘 할지 모른다. 다음날은 상당히 나빠지고 삼일쯤 지나면 배운 원리들을 완전히 잊어버리고 만다.

아담의 생명 안에 있는 한 우리는 하나님의 명령을 지킬 수 없고 아담의 문제는 계속된다. 거룩하신 삼위일체(trinity) 하나님이 계시듯이 거룩하지 못한 죄(sin)와, 사탄(satan)과 세상(world)이라는 사탄의 삼위일체가 있다.

거룩하지 못한 사탄의 삼위일체는 아담 안에 있는 사람의 역사를 낱낱이 다 알고 있고, 우는 사자같이 가장 적당한 기회를 찾고 기다린다. 그는 완벽한 유혹의 기회가 오면 지체하지 않는다. 이 때 하나님의 말씀을 떠난 우리의 속사람의 생명은 그 유혹에 여러 가지로 잘 협력하여 우리를 죄의 노예로 만든다. 죄를 거부할 수 있는 힘이 없으므로 육적인 사람이 된다. 다음으로 거룩지 못한 사탄의 삼위일체는 죄책감을 통해 역사하기 시작한다. 실제적인 해독은 바로 이때부터 나타난다. 그의 행위들은 과거의 옛사람에게서부터 나온 것이며 그가 두려워하던 것이다. 사탄은 그것은 그의 정체성으로 믿게 한다. 이런 유혹과 노예화하는 과정 속에 내적 생명은 더욱 손상을 받는다.

　이런 모든 과정이나 상태를 한 마디로 묘사하면 육체(flesh)이다. 즉 사람이 하나님 외의 다른 어떤 것에 의하여 지배되고 있는 상태를 말한다. 육체의 삶은 소망이 없는 세계이며 파멸을 향하여 점점 나아간다. 사람의 힘으로는 결코 끊을 수 없는 쇠사슬이다. 이런 쇠사슬은 포르노 사진이나 음란 영화 또는 마약 등에 중독되는 명확하게 비윤리적인 것도 있지만 그렇지 않은 텔레비젼, 식도락, 운동, 또는 내심에 숨겨져 있는 비방, 농담, 증오심, 질투심 등도 있다. 어떤 면에서 이런 것만이 중대한 문제는 아니다. 모든 사람은 예외없이 아담의 생명(죄)을 가지고 태어나므로 무엇인가에 종이 되어 있다.

　어떤 면에서 형태는 다를지 모르지만 이런 노예의 상태는 모든 사람이 가지고 있다. 또 사람들은 그들의 본질 즉 정체성이 그들이 원하는 것이 결코 아님을 알게 된다. 그래서 마음에 소망하는 염원이 변화(change)이다! 인류는 변화를 원한다. 여러 지역의 서점에 들러보면 그것은 자명하다. '변화'라는 주제를 취급한 책들이 수없이 많이 여러 줄로 진열되어 있다. 수정같고 노래같은 내용에서부터 운동과 점성술같은 내용까지 다양하다. 이것은 너무 많은 사람들이 변화를 원하지만 변화받지 못하고 있음을 증명하고 있다.

앞에서 지적한 바와 같이 사탄의 삼위일체는 아담의 생명을 통해서 한 사람을 죄의 노예로 만든다. 그러므로 우리 삶에는 죄(sin)가 문제가 아니다. 거룩하지 못한 삼위일체가 함께 작용하는 아담의 생명이 문제이다. 한 사람을 자주 지배하는 것은 아담의 생명에서 나온 정체성이다. 그러므로 우리에게 변화가 필요한 것이 무엇인가 생각해 볼 때 그것은 나무의 뿌리가 되는 아담의 생명이라는 사실을 알 수 있다.

아담의 생명을 어떻게 변화시킬 것인가? 이것이 문제이다. 아담의 생명은 내적인 생명(inner life)이다! 한 사람을 병원에 데려가서 수술실에서 의사에게 그 사람의 내적 생명을 수술해 달라고 부탁한다면 어디부터 칼을 대야 하겠는가? 심한 고통을 주고 있는 내적 생명을 바꾸기 위해 어떤 처방을 하겠는가? 상담? 성경읽기? 어떤 특정한 죄를 다시는 범하지 않겠다는 결심? 실행할 목록들을 가르치는 세미나? 이런 종류의 변화를 위해서 시도해 본 것들이 많은 경우 효력이 없거나 일시적이라는 것을 발견하게 된다. 오히려 많은 경우 상태가 더 악화되기도 한다. 이유가 무엇인가? 그것은 사람이 육체의 방법과 힘을 가지고는 아무리 최선을 다한다 해도 육체의 생명(사탄의 힘)을 변화시키기에는 한계가 있다는 사실 때문이다.

육(flesh)이 육(flesh)을 절대로 치료할 수 없다! 육이란 하나님 아닌 다른 무엇에 의해 지배되는 상태를 말하므로 그리스도인이 하나님을 의지하는 믿음을 버리고 자기의 자원과 힘을 의지하고 자아중심의 삶을 추구할 때 그것은 불신자와 다른 점이 전혀 없다. 똑같은 문제와 증상이 나타나기 마련이다. 이름은 크리스챤이지만 생활은 육의 생명 안에서 살기 때문이다. 육의 생명을 강화하는 일은 육을 결코 바꾸지 못한다. 더 문제를 위장시킬 뿐이다. 성경은 말한다. "육으로 난 것은 육이요…"(요 3 : 6). "…살리는 것은 영이니 육은 무익하니라"(요 6 : 63). "그러므로 율법의 행위로 그의 앞에 의롭다 하심을 얻을 육체가 없나니…"(롬 3 : 20). "육신의 생각은 하나님과 원수가 되나니… 육신에 있는 자들은 하나님을 기쁘시게 할 수 없느니라"(롬 8 : 7, 8).

육신의 힘(power)으로 변화를 가져보려고 노력하면 할수록 상황은 더 악화될 것이다. 예를 들면, 자신이 자기 삶의 주인이 되어 살기 때문에 알콜중독자가 된 사람은 신자이든 불신자이든 하나님에게서 독립된 생활을 하므로 육 안에 거한다. 이런 사람이 결심을 해서 술 마시기를 끊었다 해도 아직도 그는 육 안에 있다. 그러므로 알콜중독이 육 안에 사는 사람에게 그가 비록 술에 취하지 않은 때에라도 어떻게 하여 계속 영향을 끼치는 가를 우리는 알 수 있다.

상상해 보라. 내 팔이 근육경련현상이 있어 아무 때나 나를 괴롭힌다고 하자. 내가 강의를 하고 있는데 예고없이 획 올라와 내 눈을 자주 친다! 이 경련현상을 막을 대책을 세웠다. 역도를 하고 아령을 해서 근육의 힘을 길렀다. 경련으로 팔이 올라오려 할 때는 즉시 강력한 근육의 힘으로 팔을 제어하겠다고 생각했다. 운동을 해서 목표했던만큼 근육의 힘이 생겼다. 그런데 이게 어인 일인가? 나의 눈이 퍼렇게 멍이 들어 쓰러져 있는 나를 아내가 발견한 것이다. 정신을 잃고 쓰러진 나를 간호해서 정신을 차리게 한 뒤 어떻게 된 일이냐고 물었다. "근육경련" 때문이라고 했다. 예고없이 올라와 나의 눈을 치던 팔이 운동해서 근육의 힘이 강해지니 이제는 몇번 맞으니 쓰러져 정신을 잃게 해 버렸던 것이다.

우리 육체의 생명도 마찬가지이다. 육적인 생명의 힘을 강하게 해 주어서 우리의 상태를 바꿔보려는 방법은 무익하다. 우리가 우리의 힘으로 내적인 아담의 생명을 변화시킬 수는 없다. 우리는 오랫동안 그것이 임시 방편에 지나지 않는 방법임을 잘 배워왔다. 그러면 어떻게 해야 할까? 어떤 방법이 있을까? 그 해결책은 매우 독창적이고도 틀림없는 방법이다. 단순하다. 교환하는 것(exchange)이다! 우리 속에 남은 아담의 생명은 보기좋은 천으로 싸매고 그럴듯한 쇠조각으로 땜질해서 해결될 수 있는 것이 아니다. 많은 세상의 종교들이나 심리학이 사용하는 방법으로 안된다. 병든 것은 완전히 죽게 하고 새로운 생명(a new life)으로 교환하고 대체시켜야 한다!

교환된 생명(삶)

문제의 생명—숨어있는 아담의 생명, 사탄의 삼위일체와 연합되어 한 사람을 지배하는 정체성—그것은 완전히 변화될 수가 없다. 그것은 교환, 대체되어야 한다. 그런데 이미 그것은 대체(exchanged)되었다. 이것은 사람의 노력이나 지식으로 이루어지는 것이 아니다. 하나님의 역사하심과 지혜로 이루어진다.

이미 이야기해 왔듯이 내적인 생명과 외적인 생명 둘이 연합되어 "당신"(you)의 본체를 형성한다. 우리가 당신의 내적인 생명을 밖으로 나오게 하고 다른 생명을 집어넣게 된다면 당신은 더 이상 "당신"이 아닌 다른 존재가 된다. 겉으로 보기에는 전과 같다. 그러나 그렇지 않다. 내적 생명이 다른 것으로 바뀌었기 때문이다. 내적 생명의 새로운 것으로 교환되면 전과는 다른 존재가 된다.

한 사람이 거듭나게 되면 바로 이런 변화가 일어난다. 그는 새 생명을 받아들여 실재적으로 새 사람(a new person)이 된다. 당신이 그리스도의 생명을 받아들였다면 옛 아담의 생명을 가지고 있던 옛 사람이 더이상 아니다. 당신은 새 생명을 소유한 하나님의 자녀가 된 것이다. 하나님의 말씀을 싫어하고 합당치 못하고 불안정하고 무가치하고 영접될 수 없던 아담의 생명이 이제 받아들여질 수 있고 의롭고 거룩하고 사탄과 죄와 세상을 이기고 승리한 그리스도의 생명으로 교환된 것이다. "내가 그리스도와 함께 십자가에 못박혔나니 그런즉 이제는 내가 산 것이 아니요 오직 내 안에 그리스도께서 사신 것이라. 이제 내가 육체 가운데 사는 것은 나를 사랑하사 나를 위하여 자기 몸을 버리신 하나님의 아들을 믿는 믿음 안에서 사는 것이라"(갈 2 : 20).

당신의 옛 사람은 몸은 같은 모양의 몸이었지만 안에는 아담의 생명이 지배하고 있었다. 예수 그리스도를 단순히 영접함으로 이제 옛 사람의 당신은 죽었다. 당신 안에 예수의 생명이 들어왔다. 당신은 새로운 피조물이 되었다. "그런즉 누구든지 그리스도 안에 있으면 새로운 피조물이라. 이전 것은 지나갔으니 보라 새것이 되었도다"(고후 5 : 17). 새 생명 그리스도 안에 당신은 새로운 피조물 다른 존재가 된 것이다! 지금 여기서 우리가 생각해야 할 중요한 일은 체험이 아니다. 사실이다! 하나님의 말씀하신 사실을 우리는 단순히 믿으면 된다. 우리는 그리스도와 함께 못박혀 죽었다. 십자가 위에서 우리의 육체는 끝이 났으므로 우리는 육신에서 해방되었다.

로마서 6장을 보면 영적으로 우리는 그리스도와 함께 죽음으로 세례를 받았다. 그러므로 "죄의 몸이 멸하여" 죄의 사슬에서 우리가 자유케 될 때 진정한 구원에 들어간다. 앞에서 이야기하였듯이 성경에서 "구원"(salvation)이란 말은 현재의 상황으로부터 구원받는 것을 의미한다. 세례의 영적인 의미는 그리스도의 죽음에 우리가 참여하고 죄의 굴레로부터 매였던 생명이 해방되는 것이다. 어떤 사람은 세례(의식)을 통해 중생(regeneration)을 얻게 된다고 가르치고 있다. 세례를 또는 침례를 받아야 천국에 간다고 믿는다. 그러나 그것은 절대 그렇지 않다! 천국에 들어갈 수 있는 사람은 그리스도를 영접하는 믿음으로 내적 생명이 거듭남을 받은 사람이다. 그리고 예수 그리스도의 피를 믿는 똑같은 믿음이 우리를 죄의 대가로부터 구원한다.

세례는 우리가 죄의 굴레로 부터 해방되는 영적인 실재이지 죄의 대가로부터 벗어나게 하는 것은 아니다. 세례는 구원을 위해 우리가 행하는 어떤 것이 아니다. 우리의 구원을 위해서 하나님께서 행하신 역사에 참여하는 영적 실재이다. 수많은 신자들이 세례를 받았지만 그들의 삶은 실패를 벗어나지 못한다. 틀림없는 사실은 외적인 세례가 신자들의 삶에 영적으로 어떤 힘을 근본적으로 주지 못한다는 것이다. 그 이유가 무엇인가? 바른 믿음으로 받은 세례가 되지 못하기 때문이다. 세례는 바른 믿음 안에서 받아야 한다. 우리의 믿음은 영적인 실재가 무엇인가를 아는 산 믿음, 바른 믿음이 되어야 한다. 진정한 세례는 우리의 죄와 옛 성품에서 벗어나 자유(freedom)를 경험하는 영적인 실재의 삶이 되어야 한다. "무릇 그리스도 예수와 합하여 세례를 받은 우리는 그의 죽으심과 합하여 세례 받은 줄을 알지 못하느뇨"(롬 6 : 3).

새로운 피조물

그리스도의 죽음에 참여하는 영적인 실재는 위대한 것이다. 실제적으로 영적인 참여를 통하여 우리 안에 아담의 생명은 죽고 새로운 존재가 되는 것이다. 그리스도께서 죽으셨던 그 날 우리도 그와 함께 죽었다. 이것은 실제적인 사실이다.

이것에 대하여 느끼는 것이나 체험같은 것은 없을 수도 있다. 그러나 당신이 마음 문을 열고 그리스도를 영접했다면 바로 그 날 옛 사람의 생명은 당신에게서 옮겨지고 그리스도의 생명이 들어왔다. 이것이 핵심이다. 이유가 무엇인가? 갈라디아서 2장 20절에서 바울은 "내가 그리스도와 함께 못박혔나니 그런즉 이제는 내가 사는 것이 아니라(I no longer live)"고 했다. 바울이 말하는 "나"(I)는 새 사람을 말하는가? 옛 사람을 말하는가? 물론 옛 사람이다. 이어서 그가 말하는 "이제 내가 육체 가운데 사는 삶"(the life which I now live)에서 나(I)는 "새로운 나"를 말한다. 바울은 이 구절에서 어떤 생명이 죽었다는 것을 명확하게 가르친다. 그러면서 그는 자신이 옛날의 생명이 아닌 더욱 풍성하고 생명이 넘치는 새 생명을 살고 있다고 말한다. 그리스도와 함께 우리가 온전히 죽을 수 있음은 너무나 큰 축복이다. 자아중심적이고 본질에서 벗어나고 종으로 조종받으며 살아야 했던 아담의 옛 생명이 이제 죽고 끝이 났다. 성령께서 이 진리를 깨닫게 하심으로 우리가 누리게 되는 자유는 엄청난 축복이다.

고질화된 과거의 사건으로 자신의 모든 삶이 지배받던 사람이 새 피조물이 되었다. 자신의 옛 자아가 그리스도 안에서 다 죽었다는 사실을 깨달았다. 이제는 더 이상 과거의 우상으로 지배받을 수 없고 전혀 새로운 속성의 새로운 자아(new self)를 하나님께서 예수 안에서 우리 안에 주셨다. 옛 사람에게 일어났던 일이 새 사람에게는 결코 적용되지 않는다. 이 진리는 진정한 힘이고 능력이다.

죄책감으로부터의 자유

옛날의 내가 행하던 옛 행실을 "새로운 나"(new me)는 결코 행하여 본적이 없다. 그런데도 많은 그리스도인들이 과거의 실수나 죄나 어떤 일에 대한 죄책감 때문에 참된 자유를 누리지 못하고 산다. 원수 사탄은 우리의 죄를 잊어버리지 못하게 하고 가족이나 이웃 사람들은 우리의 죄를 계속해서 생각나게 만든다. 내가 자주 느낀 것은 가족 중에 과거의 죄를 생각나게 하며 계속해서 괴롭히는 경우가 많다. 이런 때는 묘지를 하나 사서 과거의 자기를 매장하는 식을 하고 그 앞에 묘비를 세우고 그가 다시 태어난 날짜를 써 넣어야 한다. 그래서 누가 또 과거를 들추는 사람이 있으면 그를 차에 태워 무덤으로 데리고 가서 할 얘기가 있으면 무덤 안에 있는 시체에게 하고 새로 태어난 나에게는 말하지 말라고 알려 주어야 한다.

당신의 생명은 교환되었고 "과거의 당신"은 죽었다는 이 증거는 과거의 당신이 행한 것들이 기억나거나 상기시켜 질 때 별로 마음이 즐겁지 못하고 다소 유치함과 거부감을 느끼게 되는 것에서 알 수 있다. 왜 그런가? 새 피조물이 되었으므로 낡은 옛것과 당신은 이제 어울리지 않기 때문이다.

"불의한 자가 하나님의 나라를 유업으로 받지 못할 줄을 알지 못하느냐 미혹을 받지 말라 음란하는 자나 우상 숭배하는 자나 간음하는 자나 탐색하는 자나 남색하는 자나 도적이나 탐람하는 자나 술취하는 자나 유혹하는 자나 토색하는 자들은 하나님의 나라를 유업으로 받지 못하리라 너희 중에 이와 같은 자들이 있더니 주 예수 그리스도의 이름과 우리 하나님의 성령 안에서 씻음과 거룩함과 의롭다 하심을 얻었느니라"(고전 6:9-11)

정체성(正體性)이란 용어로 우리는 "과거의 당신"을 묘사했다. 그러나 "새로운 당신"은 그것으로 설명할 수 없다. 윗치만 니가 '정상적인 그리스도인의 삶'(The normal Christian life)에서 지적했듯이 우리가 새롭게 그리스도의 생명을 받아들일 때 그분의 생명에 속한 모든 것이 우리의 것이 되었다. 아담에게 속하였던 모든 것(그의 불순종 등)이 우리의 것이었듯이 이제 우리는 그리스도의 생명을 가졌으므로 그에게 속한 모든 것이 우리의 것이 되었다. 그리스도의 생명에 속한 것들이란 무엇인가? 그의 생명은 의로운 것이고 사탄과 죄와 세상을 정복했다. 그의 생명은 이기고 또 이기는 승리이다. 그것은 이 세상에서 나온 것이 아니다. 그것은 모든 장애물을 극복했다. 그러므로 그리스도 안에서 그가 적용하시고 사셨던 모든 것이 "새로운 당신"에게도 주어졌다.

당신은 자격이 있다

저녁이 되어 집에 돌아오고 있는데 길가 빈터에서 우리의 아이들과 이웃집 아이들이 놀고 있었다. 이웃집 아이들은 천사같이 모범적인 아이들이었다. 상상해 보라. 그들은 사납게 돌을 던지거나 싸우거나 좋지 않은 말을 쓰지 않았다. 그런데 우리집 아이들은 싸우고 욕하고 사납게 행동하고 있었다. 그러나 저녁식사 시간이 되었을 때 우리는 우리집 식탁에 누구를 부르는가? 물론 우리집 아이들이다! 이웃집 아이들은 모범적이고 천사같은 아이들일지 모르지만 왜 저녁식사에 부르지 않는가? 그들은 나와 성(姓)이 다른 아이들이기 때문이다. 우리가 낳은 자녀가 아니기 때문이다.

어느날엔가 하늘 나라에는 찬란한 잔치(a great feast) 날이 있을 것이다. 거기 초대되어 참석할 사람들은 누구이겠는가? 공적을 많이 쌓은 사람들일까? 기사와 이적을 많이 행한 사람들일까? 재물을 많이 모은 사람들일까? 아니다! 그리스도의 생명으로 다시 태어난 사람들이다. 하늘 나라는 공적이 아니다. 출생이 문제이다. 그들의 이름이 어떤 성(姓)씨를 가졌느냐가 중요하다. "가장 높으신 하나님의 자녀"(Childern of the most high God)라는 성씨를 가진 사람들만이 초대 손님들이 될 것이다. 그리스도와 함께 죽고, 장사되고, 부활한 새 생명, 그리스도의 생명이 우리에게 하늘 나라의 특권을 부여할 것이다.

다시 강조하고 싶다. 그리스도에게 주어진 모든 것은 "새로운 당신"에게도 주어졌다. 이것을 아는 것은 중요하다. 각 사람의 내적 생명(아담의 생명)은 지난날의 사건들과 시험들과 죄들로 인하여 각각 독특한 모양을 가진다. 어떤 사람은 비방자로 나타나고, 어떤 사람은 동성연애자로 나타나고, 또 어떤 사람은 알콜중독자, 살인자, 고독한 우울증 환자 등 여러 가지로 나타난다. 그러나 모든 사람은 각각 자신의 옛 본질과 모양을 새로운 그리스도의 것으로 교환할 수 있는 기회가 주어졌다.

어느날 한 음식점에서 나는 한 친구와 그리스도에 대하여 이야기를 나누고 있었다. 내 뒤에 앉아있던 한 사람이 우리의 대화를 다 듣고는 내가 자리에서 일어서려고 할 때 다가와서 자기도 그리스도인이라고 소개하였다. 그는 회복되고는 있지만 알콜중독자라고 자신을 소개했다. 반가워 나는 손을 내밀고 "반갑습니다. 나는 하나님의 자녀, 마이크(Mike)입니다"라고 인사를 한 뒤 그에게 물었다. "당신을 회복중인 알콜중독자로 부르는 것이 좋겠습니까, 새로 태어난 하나님의 자녀로 부르는 것이 좋겠습니까?" 그는 하나님의 자녀로 불리고 싶다고 대답했다. 그러나 이렇게 대화를 시작한 것이 그와 함께 사무실까지 같이 오게 되었다. 나는 교환된 삶(exchanged life)의 진리에 대하여 가르쳐 줄 수 있었다.

다시 말한다면 알콜(술)로 지배되는 사람의 유형은 두 가지가 있다. 하나는 술을 잘 마시는 형이고 하나는 술을 못마시는 형이다. 유형은 다르지만 똑같이 알콜중독자의 정체성을 가지고 있다.

예수님께서는 자기를 믿는 자들이 전과 다름없는 삶을 유지하는 사람으로 겨우 죄만 짓지 않는 사람으로 살게 하기 위해서 우리에게 오시지 않으셨다. 주님께서는 죄를 좋아하는 생명을 우리 안에서 온전히 제거해 주시고 하늘의 생명을 주시려고 오셨다. 그리고 이미 주셨다—그것이 바로 새로운 생명이다. 그래서 우리는 새로운 정체성을 가지게 되었다—우리는 이제 그리스도 안에서 성도(saints)가 되었다. 이제 죄인이 아니다. 사단이 말하는 위선자(hypocrite)와 하나님께서 말하는 위선자는 전적으로 다르다. 사단은 우리가 거룩하게 살려고 할 때 위선자라고 부른다. 우리는 본래 사악한 죄인이기 때문에 위선이라는 것이다. 다른 한편 하나님은 우리가 죄를 범할 때 우리를 위선자라고 생각한다. 우리는 이제 거룩한 성도이기 때문이다. 고린도 교회에 보내는 편지에서 바울은 고린도 교인들을 성도라고 불렀다. 우리는 잊지 말아야 한다. 우리는 공적에 의해서 성도가 된 것이 아니다. 은혜 속에 거룩한 자녀로 다시 태어남으로 성도가 되었다.

나타내기 위해서인가—되기 위해서인가?

우리가 지금까지 내용에서 확고하게 배우게 된 것은 우리의 본질은 우리의 행위로 변화된 것이 아니라 출생으로 인하여 주어진 것이라는 사실이다. 현재의 나의 존재가 어머니에게서 태어남으로 나온 것 같이 우리의 삶이 변화되기 위해서는 다시 태어나야 한다. 그리스도인의 성장하는 삶이란 우리가 처음에 그리스도를 영접함으로 새로 태어났을 때 주어졌던 변화된 본래의 신분을 단순하게 받아들이고 인식하는 삶이다.

"자란다"(grow)는 단어의 의미는 이미 주어진 어떤 상태가 점점 확장되어 간다는 의미이다. 이것은 그리스도인의 성장을 매우 잘 가르쳐 주는 단어이다. "아이가 계속하여 자라며 강하여지고…"(눅 1:80). "백합화가 어떻게 자라는가를 생각하여 보아라"(눅 12 : 27). "하나님의 말씀이 흥왕하여 더하더라"(행 12 : 24). "…범사에 그에게까지 자랄지라"(엡 4 : 15). "…너희로 구원에 이르도록 자라게 하려 함이라"(벧전 2 : 2). "…예수 그리스도의 은혜와 저를 아는 지식에서 자라 가라"(벧후 3 : 18). 이상의 모든 구절에서 "자란다"는 희랍어가 똑같이 사용되었다.

우리가 부르심을 받은 것은 어떤 것으로 계속 변화되기 위함이 아니다. 우리가 새로 태어남으로 이미 가지고 있는 신분을 확장하고 증가시켜(expand and increase)가는 것 뿐이다. 거듭남으로 우리는 그리스도인이라는 새 신분의 사람이 되었다. 이제 우리는 증가되고 자라가야 한다. 그러므로 속박하는 아담 생명의 굴레에 매어 있어서는 안된다. 자유케 하는 그리스도 생명의 자유 안에서 계속 자라가야 한다.

어느 해의 마지막 날인 망년회날 밤이었다. 어느 도시의 길거리에서 지나는 사람들에게 나는 복음을 전하고 있었다. 어떤 사람들이 내 손을 끌고 어떤 술집으로 들어가는 것이었다. 여성 분장 술집(impersonator's bar)으로 나를 불러들였다. 잘 됐다고 생각하고 하나씩 접근해서 복음을 전하기 시작했다. 여자 분장을 하고 구석에 앉아있는 매우 큰 체구의 한 사람이 눈에 띄었다. 그를 향하여 다가가서 그리스도에 대하여 이야기를 시작했다. 나의 이야기를 듣고 갑자기 그는 울기 시작하였다. 그가 얼마나 처참한 생활을 하고 있는지 그리고 그의 아내 몰래 얼마나 좋지않은 습성에 젖어 악한 쾌락의 삶에 빠져 있는지를 고백하였다. 그는 마침내 무릎을 꿇고 그리스도를 영접하였다.

그날 밤 그와 헤어지면서 나는 그에게 "집에 돌아가서 남자의 옷으로 갈아 입으라"고 단호하게 부탁하였다. 옛날의 본래 신분인 남자신분을 바꾸라고 했는가? 아니다. 옛날의 본래의 신분인 남자의 신분을 나타내라고 하였다! 그는 남자라는 자신의 신분에 대하여 혼동하고 있었다. 그러나 나는 그의 신분이 남자임을 알았다. 그가 자신의 신분에 대하여 혼동 속에 있는 한 그는 남자가 되기도 어렵고 여자가 되기도 어려운 일이었다.

　당신이 진실로 거듭났다면 당신의 옛 신분인 아담은 이제 죽었다. 완전히 장사되었다. 이제 당신은 새로운 존재인 그리스도의 사람이 되었다. 신약성경의 말씀과 교훈은 당신의 새 그리스도인 신분을 변화시키고 바꾸라고 명하지 않고 그리스도인 신분을 나타내라고 명한다. 당신 안에 있는 그리스도의 생명을 보이라고 명령한다. 당신을 거룩히 행하라 명하시는 것은 당신이 거룩한 자이기 때문이다! 이유가 무엇인가? 그리스도의 생명이 당신 안에 있고 당신은 거룩한 자가 이미 되었기 때문이다.

　사도 바울의 모든 편지는 항상 먼저 그리스도의 사람이 된 성도들이 어떤 신분의 사람들인가에 대하여 말한 다음 그들이 행하여야 할 일을 가르친다. 우리가 어떤 사람들인가를 먼저 바르게 알아야 다음에 어떻게 행할 것인가는 자연스럽게 나오는 것이다.

　당신은 하나님의 용납과 인정을 받기 위하여 애쓰고 일하는가? 아니면 하나님의 자녀가 된 것에 감격하여 애쓰고 일하는가? 하나님께서 당신 가까이 오시게 하기 위하여 성경을 읽고 기도하는가? 아니면 하나님께서 당신 곁에 가까이 와 항상 계심을 믿기에 성경을 읽고 기도하는가? 당신은 거룩해지기 위해서 힘쓰는가, 아니면 거룩한 자녀가 되었으므로 힘쓰는가? 이것은 매우 중요하다. 그리스도인의 생활과 체험 속에 이것은 생명과 죽음의 차이만

큼이나 다르고 다른 결과를 가져온다.

  사탄의 교묘한 전략은 그리스도께서 이루어 놓으신 완전한 역사(complete work of Christ)를 그리스도인들이 어떻게 하든지 잊게 하고 믿지 못하게 만드는 것이다. 많은 그리스도인들이 주님을 자신들의 죄에 대한 희생제물(sacrifice)로서만 바라본다. 주님의 유일한 생명을 영접하고 옛 자아가 십자가에 못박혀 죽음으로 그리스도와 같이 모든 죄에서 해방되었다는 사실을 보지 못한다. 진정한 구원은 옛 정체성의 신분에서 해방되고 어둠의 삼위일체(사탄, 죄, 세상)에서 해방되는 삶이다. 거의 모든 그리스도인들이 남자이면서 여자의 옷을 입고 혼동 속에서 광대 같은 삶을 살고 있다. 여장을 한 큰 체구의 남자와 같이 그리스도의 생명을 가진 새로운 피조물이고 아들이면서 옛 사람의 잘못된 옷을 입고 산다. 남자이면서 여자의 옷을 입고 약한 죄인으로 어두운 삶을 살아간다.

  똑같은 모습으로 육적인 신자(carnal believer)는 육을 따라 살고 있으면서 동시에 성령을 따라 살아보려고 시도한다. 가장 좋은 것의 실제를 전혀 모르고 있기 때문이다. 신자이면서 불신자의 삶을 살아서는 안된다. 말씀 위에 자신의 신분을 확인하고 새롭게 발견해야 한다. "당신은 하나님에게서 태어났다"(요 3 : 3-7). "당신은 하나님의 자녀이다"(요일 3 : 1, 2). "당신은 이 세상에 속한 자가 아니다"(요 17 : 16). "당신은 새로운 피조물이다"(고후 5 : 17). "당신을 만드신 주인은 하나님이다"(엡 2 : 10). "당신은 의로운 빛이다"(고후 6 : 14, 15) "당신은 택하신 족속이요, 왕 같은 제사장이요, 거룩한 나라요, 그의 소유된 백성이다"(벧전 2 : 9).

  죄와 실패라는 패자의 낡은 옷을 이제 멀리 벗어 던지고 새로운 그리스도를 입어야 한다. 늑대 소년(wolf boy)의 이야기를 다시 한번 생각해 보기 바란다. 한 소년이 어릴 때부터 오랫동안 늑대와 함께 숲속에 살고 있었다. 그를 산에서 집으로 데려와 그가 늑대가 아닌 사람이라고 여러 가지로 가르쳤다. 자신의 모습을 거울에 비추어 주며 가르쳐 주었다. 그러나 그것은 쉬운 일이 아니었다. 그에게 남아있는 늑대라는 의식이 지적으로 정적으로 의지적으로 너무 강해서 그는 바른 진실을 받아들이려 하지 않았다. 그의 잘못된 감정이 바른 것을 바르게 느낄 수 있게 되기까지는 수년이 걸렸다.

지금도 당신의 감정은 당신은 하나님을 기쁘게 할 수 없는 죄인에 지나지 않는다고 속이는 말을 믿고 있을지 모른다. 실패자라는 말을 믿고 있을지 모른다. 그러나 거울(성경)이 보여주고 가르치는 말을 들어야 한다. 당신은 새로운 피조물이다. 그리스도의 소유가 모두 당신의 것이다. 늑대 소년의 새 부모는 그가 그들의 아들이라는 사실을 바르게 인식하고 바른 믿음을 가질 때까지 계속해서 그를 가르치고 훈련해야 했다. 하나님께서도 마찬가지이다. 우리가 매일의 생활에서 그의 자녀임을 바르게 알고 확고한 믿음을 가지고 살 수 있을 때까지 하나님은 우리를 계속 훈련하고 가르치실 것이다.

이제 우리는 매우 자주 발견되는 질문에 답을 해야 한다. 즉 내가 나의 옛 자아(옛 성품, 아담의 생명)가 죽고 새로운 신분(새 성품, 그리스도의 생명)으로 태어났고 그리스도의 것이 나의 것이 되었는데 왜 나의 느낌은 변화되지 않는가? 그 이유가 무엇인가?

계속되는 갈등인가?

　불신앙과 관계된 문제들 중 하나는 하나님을 보호하려는 경향이다. 무슨 뜻인가? 하나님께서 특별한 주제에 대하여 말씀하셨을 때 그것을 우리가 경험하지 못하게 되면 잘못이 우리 안에 있음을 인정할 수도 없고 하나님을 원망할 수도 없게 된다는 뜻이다. 그래서 우리는 하나님이 말씀하신 내용을 다른 것으로 포장하여 이쪽 저쪽으로 이중적인 의미를 부여하며 하나님을 보호하려고 한다. 동시에 우리는 실패자가 되었다는 비난에서 자신들의 책임을 벗어나려고 한다. 특히 하나님과의 관계에서 초자연적인 면에 부딪힐 때 이런 태도를 취한다. 하나님의 진리는 사람에 의하여 보호되고 지켜지는 것이 아니다. 하나님은 모든 것의 완전한 주인이시기 때문이다.

　우리는 바울의 말과 같이 "그리스도와 함께 십자가에 못박혔나니 그런즉 이제는 내가 산 것이 아니요 오직 내 안에 그리스도께서 사신 것이다"(갈 2 : 20). 우리가 "예수와 함께 십자가에 못박힌 것은" "우리가 그리스도와 함께 죽었다"(롬 6 : 6, 8)는 것이다. 우리는 이것을 믿고 인정하면서도 때때로 중생하기 전과 다름없는 범죄하는 언행과 감정들을 가지게 되는 것을 볼 수 있다. 왜 그런가?

　어떤 분들은 그 이유가 아담의 생명 즉 옛 성품이 실제로 죽지 않았기 때문이라고 말한다. 단지 옛 성품을 약간 옆으로 옮겨놓고 그리스도의 새 성품이 들어와서 그리스도인 안에서 두 성품이 서로 싸우기 때문이라고 말한다. 이것을 검은 강아지와 하얀 강아지 두 마리의 개를 가진 사람으로 설명한다. 어느 개가 강한가라고 물으면 물론 자신이 택하여 먹이를 주는 개라고 설명한다. 이제 그리스도가 우리 안에 거하면 그의 생명을 선택하여 성령을 쫓거나 아니면 아담의 생명을 택하여 육체를 쫓거나 한다는 것이다. 이런 설명은 "나의 옛 자아가 죽었다면 어찌하여 계속 옛 자아의 감정을 가지는가?"라는 질문에 바른 대답이 되지 못한다.

우리 안에 두 개의 서로 반대되는 힘과 성품이 있다는 생각은 성경에 맞지 않을 뿐 아니라 거의 새로운 이론도 아니다. 그런 종류의 사상은 대부분의 종교들이 가지고 있는 개념이다. 기독교 이전 시대에도 이런 이론들이 있었다. 가장 주목할만한 것이 도교(Taoism)의 음양사상이다. 서로 싸우는 선과 악의 힘을 상징하는 형상을 절반은 검고 절반은 하얀 원으로 표현했다. 그런데 이 표현을 나무 줄기에 표현하려면 어떻게 할 것인가?

창세기의 선과 악을 아는 지식의 나무가 아니겠는가! 아담은 그 나무 열매를 따 먹었다. 그리고 인류는 계속해서 그 나무의 열매를 먹었다. 그러므로 모든 종교에서 서로 뜻이 통하는 같은 공통적인 개념을 가지게 된 것은 놀랄 일이 아니다.

많은 사람이 기독교도 선악을 알게 하는 나무에서 나온 종교로 가르친다. 하나님을 선(good)으로 사탄을 악(evil)으로 상징하여 그린다. 이런 두 개의 대립하는 힘의 원리는 모든 종교의 중심 사상이다. 이런 사상의 가르침은 간단하다. 이것은 선이고 저것은 악이다. 선을 행하고 악을 행치 말라. 이런 식이다.

그러나 기독교는 그런 식의 나무에서 나온 것이 아니다. 다른 모든 종교들은 그런 선악의 나무에서 나왔지만 참된 기독교는 거기서 나온 것이 아니다. 기독교 신앙은 에덴 동산에 있던 다른 한 나무인 생명나무(the tree of life)에서 시작된 것이다. 그리고 그 나무의 뿌리는 예수 그리스도이시다. 단순한 선과 악의 대결보다 훨씬 더 깊은 곳에 그 근원을 가지고 있다.

요한복음 15장에 예수님께서는 포도나무와 그 가지의 비유를 말씀하신다. 접붙여 옮겨진 가지는 그 옛 생명이 새 포도나무의 뿌리에서 나오는 새 생명으로 완전히 대치되는 것이다. 새 생명으로 질이 바뀌는 것이므로 옛 가지의 생명과 새 나무의 생명 사이에는 싸움이나 갈등이 있을 수 없는 것이다. 비록 접붙여진 가지는 잘려나갈 것 같고 말라죽을 것 같이 느낄지 모른다. 그러나 접붙여진 가지이지만 똑같은 뿌리에서 새롭고도 다른 생명을 공급받는다.

새로워지지 않는 마음

우리는 그리스도인이 두 성품을 가졌다는 생각으로 성경을 보고 설명하는 것에 동의하지 않는다. 앞에서 설명했던 내적 외적 생명의 도표를 상기해 보기 바란다. 당신에게는 현재 외적인 삶을 구성하는 "과거의 당신"과 내적으로 거주해 있는 "아담의 생명"이 있다. 어둠의 삼위일체 — 죄, 사탄, 세상은 아담의 생명에 맞추어 유혹을 사용한다. 아담의 생명에 일치시켜 당신을 죄의 노예로 만든다. 범하게 되는 죄마다 의지하는 우상마다 받게 되는 정체성 메시지를 당신의 생각과 의지와 감정 즉 당신의 혼(soul) 속에 기록한다. 옛 성품의 역사가 하나도 빠짐없이 축적되어 저장된다. 옛 사람이 십자가에서 죽고 그리스도의 생명인 성령으로 교환 대체되면 우리는 그리스도와 하나가 되고 그리스도는 우리와 하나가 된다(요 17 : 21).

"또 새 영을 너희 속에 두고 새 마음을 너희에게 주되 너희 육신에서 굳은 마음을 제하고 부드러운 마음을 줄 것이며 또 내 신을 너희 속에 두어 너희로 내 율례를 행하게 하리니 너희가 내 규례를 지켜 행할지라"(겔 36 : 26, 27). 우리는 새 영을 받았다. 그러나 우리의 옛 사람의 혼은 과거의 정보를 간직한채 존재한다.

당신의 생활 속에서 어느 때 뜨거운 어떤 것을 잘못 만져 데었다고 하자. 이런 사건은 마음 속에 입력이 된다. 받았던 고통이 오래 전의 사건이지만 그에 대한 기억은 계속 남아있다. 내가 상상하기는 당신이 150세가 되어서도 뜨거운 물건은 위험하다는 사실은 잊지 않고 기억할 것이다. 마찬가지로 옛 성품의 사건들과 옛날의 감정들과 선택한 것들과 죄들과 우상들은 계속 우리 속에 남는다.

우리 중 많은 사람들은 매우 가까운 사람이 죽음을 맞이하는 것을 보았다. 사랑했던 사람은 죽은지 오랜 세월이 지난 뒤에도 그 사람의 쓰던 물건이나 관련된 물건을 마주보게 되면 그것이 우리의 감정을 움직이게 한다. 비록 그가 우리 곁에 없지만 그의 흔적이 남긴 것들은 오랫동안 우리와 함께 남아 있게 된다. 어떤 어머니는 그의 아이가 죽은지 15년이 지났는데도 아이가 쓰던 방을 그대로 지킨다는 말도 들은 적이 있다. 그 어머니는 아이가 쓰던 방에 가서 옛 감정을 되불러 느끼기를 즐기고 있는 것이다. 다시 말하면 아이는 갔지만 유품은 남아있기 때문이다.

오랫동안 옛 성품과 함께 살면서 축적했던 과거의 보따리들이 아직도 우리의 생각과 의지와 감정 속에는 남아있다. 그래서 로마서 12장 2절에서 사도 바울은 "오직 마음을 새롭게 함으로 변화를 받으라" 우리에게 명령했다. 아담의 생명에 의해서 남아있게 된 과거의 유물들을 이해하는 것은 그리스도인이 주님과 함께 성령 안에서 날마다, 주마다, 해마다 잘 살아가다가도 어떤 순간 과거의 죄와 우상과 감정에 자신이 왜 끌려가는가를 아는데 도움을 준다.

상상의 나래를 펴 보기 바란다. 그리스도께서 생명으로 당신 안의 마음 곁에 거하신다고 하자. 그 생명 바로 위에 열고 닫을 수 있는 문이 하나 있다. 그 문은 "임재의 문"(the abiding door)이라 부른다. 임재의 문은 겸손(humility)을 통하여서만 열린다. 그 문을 닫히게 하는 것은 교만(pride)이다.

하나님을 잘 묘사할 수 있는 한 단어는 사랑(love)이다. 그러나 그리스도를 가장 잘 묘사하는 단어는 "겸손"이다. 겸손은 입으로 "나는 아무 것도 아닙니다"라고 말하지 않는다. 오히려 겸손한 사람은 "나는 아무 것도 가진 것이 없습니다"(I have nothing)라고 말하는 사람이다. 예수님은 자신을 비우시고 사람의 모양을 입으셨다. 그는 하나님의 아들이었지만 아무 것도 가지신 것이 없으셨다. 다만 순간 순간 하나님께 순종하심으로 필요하신 것을 아버지로부터 받으셨다. 주님께서는 그가 할 수 있는 능력이 있기 때문에 물 위를 걸으신 것이 아니라 하나님께서 말씀하셨기 때문에 순종하셨다.

예수님께서는 간음하다 잡힌 여인을 그 앞에 데려 왔을 때 놀라운 일을 말할 수 있었다. 그러나 그는 "몸을 굽히사 손가락으로 땅에 쓰시며 하나님께서 하시기 원하시는 말씀을 기다리셨다. 실제로 신약성경은 예수님이 어떤 말씀을 하셨는지 기록하지 않고 있다. 그것은 예수님 자신이 하나님께서 그에게 하시는 말씀만을 말한다고 하셨기 때문이다. 주님은 진실로 하나님의 겸손(divine humility)을 지니신 분이셨다.

주님이 지니셨던 바로 그 거룩한 겸손의 영이 우리 안에서도 우리가 아무 것도 내놓을 것이 없는 질그릇에 지나지 않다는 사실을 발견하게 해 준다. 오직 성령께서 우리의 존재와 삶은 순간 순간 아버지 하나님의 인도를 받아야 됨을 깨닫게 해 준다. 우리가 그런 인지와 의식 속에 살 때 그리스도의 생명 위에 임재의 문은 넓게 열리고 그의 생명은 우리 안에 흐르게 된다. 그의 생명이 강물같이 우리 안에 흐를 때 우리의 집은 정결하게 청소된다. 옛 성품의 찌꺼기들은 제거되고 새 생명은 우리를 통해 표현된다. 우리가 교만하여 주님보다 더 좋은 자원을 가지고 있다고 생각하며 하루의 생활을 시작할 때, 그 순간 우리 안에 임재의 문은 닫히고 그의 생명은 중단된다. 그리고 사탄과 세상과 죄는 하나가 되어 과거의 유물들을 가지고 유혹하며 넘어뜨릴 기회를 찾는다. 우리 안에 그리스도를 향한 생명의 문이 열리지 않고 닫히게 되면 우리는 우리 생각과 감정과 의지에 남아있는 옛 성품의 문을 연다. 그리고 당면한 문제의 상황을 극복하기 위해 다른 무엇인가를 찾는다.

결혼한 어떤 부부가 있었다. 결혼 10년까지 아내가 남편보다 더 큰 힘을 가지고 가정을 지배하였었다. 남편은 아내의 휘하에 비극적인 결혼생활을 해야만 했다. 그런데 아내가 그리스도를 만난 뒤 남편에게 가장의 모든 권리를 넘겨 주었다. 남편을 가정의 머리로 인정하기로 하였다. 남편은 놀라운 변혁에 대하여 기뻐하였다. 그러나 문제는 아내가 큰 소리로 지시하고 경고하지는 않았지만 다시 남편을 지배하고 감독하기 시작하게 되는 것이었다. 남편은 완전히 혼란을 경험하기 시작하였다. 그는 아내를 정신분열 증상을 가진 여자로 생각하였다. 정상이 아닌 여자와 살고 있다고 믿었다. 그러나 이때 남편이 경험하는 혼란보다 더 큰 혼란을 경험하고 있던 사람은 아내였다. 이때 이 가정에 발생한 문제는 역학관계를 가지고 있었다. 그 아내는 자라면서 그녀의 어머니가 남편과 식구들을 지배하고 감독하며 사는 것을 보아왔다. 그녀가 결혼했을 때 대적 사탄은 그녀도 그의 어머니가 하였듯이 남편을 다루어보라고 자연스럽게 속삭였다. 처음 그가 그리스도를 영접한 뒤 그런 행동을 하게 하였던 옛 성품이 사라지게 되었다. 한 일년동안은 순간 순간 범사에 주님을 의지하였다. 마음 속에는 임재의 문이 열려 있었다. 그래서 남편은 천사와 함께 사는 것 같았다!

그러나 여러 일들로 스트레스를 받게 되면서, 그녀는 남편에 대하여 불안감을 가지게 되었다. 남편이 자기가 원하는대로 따라주지 않고 문제를 일으키지는 않을까 걱정이 되었다. 어떻게 하면 좋을까? 자기 중심의 주관적인 생각이 지배하기 시작했다. 임재의 문은 닫히기 시작했다. 사탄은 말없이 들어와 그녀에게 남편을 다시 지배하고 감독하라고 속삭였다. 과거의 가방에 남아있던 우상들이 생각났다. 그것들이 과거에는 꽤 효과가 있었다. 그러나 지금은 달라졌다. 하나님은 과거의 우상들이 새 피조물에게서 효력을 발휘하게 허락지 않으셨다. 그것이 그녀에게 불안감과 우울증을 일으키기 시작했다.

문제는 이렇게 해서 그 아내는 다시 또 가정의 지배자가 된 것이다. 그 아내나 남편이나 그것을 알고 있었다. 그러나 그녀가 거듭나기 전의 문제는 그가 남편을 지배하고 감독하는 것이 아니었다. 그녀로 하여금 그런 행위에 종이 되게 만든 것은 아담의 생명이었다. 우리는 수년동안 가정에서 지배와 감독의 태도를 버리려고 노력했을지 모른다.

그런데도 그것을 완전히 버리지 못했다. 그것은 그리스도와 함께 십자가에 온전히 죽어야 하는데 그렇지 못하기 때문이다. 그 부인은 자신이 남편을 다시 지배하고 감독하려고 하는 것을 발견하였으므로 자기 자아의 힘으로 자신의 태도를 바꿔보려고 노력하려 할 것이다. 그러나 이것은 속임수이다. 이때 문제는 그녀가 자만심과 불신앙으로 임재의 문을 닫아버렸다는 것이다.

   이것은 불신앙의 신자(육적인 신자)가 행동에 있어서 어떻게 하여 불신자와 똑같은 행동을 하게 되는가를 설명해 준다. 우리는 그리스도인이 되기 전에 술을 마시던 사람이 신자가 된 후에도 술을 마시는 사람을 볼 수 있다. 이런 때 우리는 이런 사람을 그리스도인이 아직 되지 못한 사람으로 판단하고 비판해서는 안된다. 다만 그리스도의 생명으로 향하는 문을 닫고 있는 사람이지 불신자로 취급해서는 안된다. 그리스도의 생명을 받아들이는 문은 우리의 생각과 같이 순간적으로 열릴 수도 있고 순간적으로 닫힐 수도 있다. 어떤 신자들(많은 사람이)은 임재하는 마음의 문이 악한 생각과 함께 닫혔으므로 희망이 없다고 부정적인 믿음을 가지고 있기도 하다.

   하지만 어떤 신자들(소수지만)은 회개하는 기도와 함께 마음의 문이 곧 열리는 것을 안다. 당신은 이렇게 말할지 모른다 "임재의 문이 계속 열려있게 하기 위해서 분주하게 신경써야 하는 삶을 풍성한 삶이라고 할 수 있나요?" 또는 "나의 옛 성품이 완전히 없어지게 할 수는 없을까요? 그 옛 성품의 잔재들이 남아있어 계속 비극적인 생활을 반복하게 만듭니다" 이런 문제들은 다음 장에서 좀더 충분히 다루어 질 것이다.

열려진 문에 대한 사탄의 두려움

당신이 그리스도와 함께 십자가에 죽었음을 믿고 그의 죽음 안에 살아가기로 선택하였지만 자주 당신의 삶은 풍성해지기에 앞서 더 어려움을 맛보기도 한다. 어려운 사건들이 더 많이 일어날 수가 있다. 그것은 당신의 결단이 대적 사탄에게 충격적인 위협이 되기 때문이다! 전에 자연인으로 천연적인 재능과 능력과 지능으로 살았던 때 즉 옛 정체성으로 자기 자신과 다른 사람을 바꿔보려고 노력했을 때는 당신은 사탄에게 큰 위협이 되지 않았다. 오히려 그 때는 당신이 사탄의 크나큰 자원 중의 하나로 이용이 되었다. 그러나 이제 그리스도께서 당신을 통하여 그의 삶을 사시게 되므로 당신을 향한 사탄의 공격은 더 위협적일 수 있다!

그러나 두려워 말라. 당신은 그리스도가 사신 것 같이 살 수가 있다. 사탄의 머리를 부술 수가 있다. 사탄은 당신을 공격하며 당신이 하나님의 말씀을 신뢰하기보다 당신의 경험을 진리의 척도로 삼으라고 설득할 것이다. 나는 내가 성경을 가르치는 사람들에게 공부를 마치고 돌아가자마자 사탄은 틀림없이 그들에게 말하기를 그들이 세뇌당하였으며 실제의 삶이란 실패와 무가치함의 연속일 뿐이고 그들의 죄된 행위 때문에 하나님이 그들을 결코 받아들일 리 없으며 어떤 희망도 기대할 수 없다고 속삭이는 말을 경계해야 한다고 꼭 이야기해 준다.

사탄은 아직 한번도 성공하지 못한 자이다. 실제로 사람들을 세뇌시키려고 수단 방법을 다 하는 것은 사탄이다. 왜냐하면 세뇌(brainwashing)란 거짓을 진리라고 어떤 사람을 확신시키는 행위이기 때문이다. 사탄의 계획은 매우 간단하다. 그는 당신을 빛 안에서 떠나게 해야 한다. 그 이유가 무엇이겠는가? "대저 생명의 원천이 주께 있사오니 주의 광명 중에 우리가 광명을 보리이다"(시 36 : 9). 주님의 비추시는 빛 때문이다.

나는 나의 개인적인 삶에서 확실히 알게 되었다. 예수 그리스도만이 나의 삶에 의미를 주는 분이셨다. 그의 빛에서 내가 떠나 있을 때 삶은 중심을 잃었고 매일의 삶은 의미를 잃었다. 그래서 대적 사탄은 어찌하든 우리를 그리스도의 빛 안에서 그가 사는 흑암 속으로 끌어가려고 한다. 그의 교묘한 전략은 우리가 미처 모르는 사이에 임재의 문을 닫게 한다. 어둠 속에 거하게 되면서 우리의 눈은 서서히 어둠에 익숙해 지고 마침내 그것을 정상적인 생활로 받아들이게 된다. 시간이 지나면서 그리스도의 빛 안에 거하는 삶이 얼마나 놀라운 삶이었나를 잊게 된다. 그리고는 작은 양초토막(어떤 사람, 우상, 직업, 행복 추구)을 찾기 시작한다. 양초를 찾아 요행껏 불을 붙이면 현재의 어둠이 그런대로 지낼만하다고 생각한다. 한 마디로 이렇게 해서 우리는 장기적인 패배자가 된다!

대적 사탄은 우리를 어둠으로 끌어 들이려고 온갖 계략을 다 구사한다. 과거에 우리에게 부정적인 정체성을 심어 주었던 상황이나 사건으로 우리를 유혹한다. 말하자면 대적은 우리의 과거의 버튼을 눌러서 옛날의 육적인 존재로 돌아가게 하려고 한다.

당신이 지난 20여년 동안 같은 건물에서 근무를 해오며 매일 음료수 자판기에 가서 동전을 넣고 버튼을 눌러 음료수를 빼 먹었다고 해 보자. 그런데 어느날 돈을 넣고 버튼을 눌렀으나 음료수가 나오지 않았다. 말없이 돌아가겠는가? 그렇지 않으면 좌절감에 화가 나서 버튼을 손으로 쳐보고 주먹으로 두드려보며 나오게 해 보려고 하겠는가?

　당신으로 하여금 그리스도의 생명을 살지 못하게 하기 위해 사탄은 버튼을 누를 때마다 효력이 있었다. 일단 효력이 나타나기 시작했으므로 사탄은 어느날 한번 눌렀을 때 과거의 것이 안나오는 것을 보고 얌전하게 돌아가지 않을 것이다. 자기가 원하는 옛 사람의 생명(삶)이 다시 나오기를 기다리며 화를 내고 발광적으로 더 세게 버튼을 치게 될 것이다. 그러므로 당신이 새 삶을 시작했을 때 더 어려운 문제가 주위에서 일어나며 당신을 공격해 오는 것을 보면 결코 두려워하지 말기 바란다. 그것은 당신이 그만큼 중요한 자녀의 삶을 시작했다는 징후이기 때문이다. 당신이 사탄의 종노릇을 하며 살고 있는 사람이라면 결코 그는 당신을 두려워하지도 않고 공격하지도 않을 것이다.

　당신의 감정을 계속해서 휘젓고 상하게 하는 것은 대적자 사탄이다. 그러나 우리가 그리스도 안에 거하는 삶을 살게 되면 될수록 우리의 감정은 더 큰 평안과 안정을 얻어가게 될 것이다. 이것을 사탄은 가만히 보고 있지 못할 것이다. 우는 사자같이 항상 기회를 찾으며 위협할 것이다. 당신은 심장의 박동을 보여주는 모니터 영상을 보았는가? 살아있는 심장의 박동은 올라갔다 내려갔다 하면서 그래프를 고저로 그리는 것을 볼 수 있다. 그러나 죽은 심장이면 고저의 움직임이 전혀 없는 죽은 단선이 된다. 의사들은 이럴 때 심장에 여러 가지 충격을 주면서 고저의 박동이 일어나도록 유도한다. 다른 사람이 볼 때는 이런 행위가 좀 가혹해 보일지도 모른다.

　심장의 모니터 대신에 감정에 모니터를 장치해서 움직임

을 본다고 하자. 사탄은 계속 그래프가 위 아래로 제멋대로 불규칙하게 작동하기를 원할 것이다. 그렇게 유도 하려고 선동하고 수단 방법을 다할 것이다. 그런 파장의 시간이 지나고 안정 속에 우리가 하나님의 뜻 안에 거하며 살아갈 수 있게 되면 그래프의 선은 일정한 리듬의 단조로운 모습을 나타내게 될 것이다. 우리의 감정이 우리의 육체나 환경에 따라 움직이지 않고 그리스도의 영 안에서 하나님의 뜻을 따라 움직이기 때문이다. 대적자 사탄은 매사에 기회를 찾는다. 기회만 있으면 신자의 감정을 무너뜨리고 불안한 고저의 삶을 살게 하려고 한다. 그러므로 우리는 깨어 경성해야 한다. 우리가 직장에서 일할 때, 우리가 주님과 매일의 삶에서 정상적인 교제(fellowship)를 잃어버리면 사탄은 즉시 우리를 삼킬 기회를 찾을 것이다. 심적으로 스트레스를 받을 때, 다른 사람과의 관계에서 긴장을 느낄 때, 경제적인 압박을 심하게 받을 때, 세상의 행복에 안주하려 할 때 당신은 주의해야 한다.

가정 식구나 자녀 또는 이웃이나 어떤 문제가 우리의 눈을 주님에게서 벗어나게 한다. 자녀 문제가 있을 때, 부모님이 병으로 고통받을 때, 아내나 남편이 문제를 일으킬 때, 그 문제에만 집념하고 사로잡히다 보면 주님을 향한 문은 닫히기가 쉽다. 신앙이 없는 부모님이나 친척들, 형제 자매들, 과거에 당신에게 옛 사람의 정체성 메시지를 가장 많이 전달해 주었던 거듭나지 못한 이웃 사람들과 오랫동안 같이 지내게 될 때 과거의 감정이나 의식이 다시 살아날 수가 있다. 또한 주님을 위한 사역이 더 중요하다고 생각하고 집념하고 헌신한다고 하면서 정작 주님 자신은 문 밖에 두는 경우도 많다. 특별히 혼자 할 일이 없을 때, 외로움을 느낄 때, 목표하던 일이 실패로 돌아갔을 때 우리는 옛 사람으로 돌아가기가 쉽다. 이런 경우들의 예는 개인에 따라 환경에 따라 무수히 많다. 그러나 모든 결과는 그리스도의 생명에 대하여 마침내 문을 잠그고 과거 거듭나기 전의 삶과 다름없는 삶을 살기 시작한다는 것이다.

사탄은 환경이나 사람을 이용할 뿐 아니라 거듭나지 못한 세상에서 자주 경험할 수 없는 새로운 차원의 방법을 사용하여 공격을 해 온다. 이런 사탄의 방법들은 특급의 유혹들로 얼마나 세부사항까지 철저하게 계획되고 정확한 시간표에 따라 실시 되는지 모른다. 이런 류의 시험과 유혹들은 수년에 걸쳐서 진행되기도 한다. 사소한 속임수들이 시간 외로 동원된다. 그의 속임수들은 99퍼센트 정도까지는 사실인 경우도 있다.

인도에서 한번은 자동차의 세 배나 되는 돌덩이를 앉아서 깎고 있는 사람이 있었다. 무엇에 쓰려고 그렇게 큰 돌을 깎고 있느냐고 물었더니 도로에 사용할 작은 자갈돌을 만들기 위해서 깎고 있다고 대답하였다. 그 사람은 날마다 앉아서 바위같이 큰 돌덩이에 정(chisel)을 대고 계속 치고 있었다. 큰 돌이 조금씩 작아지면서 작은 자갈돌 더미는 점점 커져 갔다. 연약한 한 사람의 석공이 거대한 바위덩이를 그가 원하는 작은 돌로 만들 수 있으리라고는 믿음이 잘 가지 않았다. 그러나 그 석공은 확고한 계획을 가지고 시간이 지나면 끝이 날 것이라 믿고 열심히 일하고 있었다.

대적 마귀의 깊은 속임수들도 이와 똑 같다. 우리는 보통 사탄의 이런 파괴적인 계략을 알고 있지만 처음에는 불가능한 일이라고 소홀히 한다. 그러나 그의 매일의 속임수에 의한 집요한 노력과 시간 계획을 알게 되면서 우리는 두려움에 사로잡히기가 쉽다. 그러므로 우리는 깨어 있어야 한다. 경성해야 한다. 그리고 대적의 정체를 바로 알아야 한다.

이런 심오한 속임수들은 땅 속에 뿌려진 씨알(seeds)과 같다. 땅에 떨어진 작은 씨를 처음 볼 때는 그 씨가 커다란 나무가 될 것 같지 않다. 작은 씨가 땅 속에 묻혀 있을 때는 날마다 자라고 있지만 그 존재를 인식하지 못한다. 그렇지만 시간이 지나서 그의 존재가 밖으로 나타났을 때는 이미 늦은 때이다. 영적으로 깨어있는 사람은 깨알같이 미미한 유혹의 속임수가 들어올 때 가볍게 보아 넘기지 말아야 한다. 그것이 몇년이 지나면 거대한 집을 무너뜨릴 수 있는 사탄의 힘이 되고 지렛대가 된다는 사실을 명심해야 한다.

닫힌 문에서 나오는 길

당신이 지금 실패하는 생활을 하고 있다고 가정해 보자. 다음에 어떤 일이 생기겠는가? "너희 안에 있는 이는 세상에 있는 자보다 크시도다." 하나님은 우리를 대적하는 사탄보다 훨씬 크신 분이시다. 우리는 이 위대한 사실을 잠시라도 잊지 말아야 한다. 온 우주와 세상보다 크신 하나님이 우리의 주인이시다. 우리의 아버지이시다. 그분의 행하심이 우리의 모든 것을 친히 결정해 주신다. 하나님만이 육적인 그리스도인을 잡아 가두고 있는 사탄의 어둠을 파할 수 있는 강력이시다. 당신이 암흑의 세력 속에 잡혀있게 되면 온 사방에 불이 꺼진 가운데 캄캄한 방안에 앉아있는 것과 같다. 아무 것도 보지 못하게 된다. 그 때 하늘에 번개가 한번 치면 잠깐동안 모든 물체들의 모습이 보인다. 이것은 성령의 빛과 같다. 성령의 빛이 한번 비추면 사탄의 모든 거짓을 명료하게 볼 수 있다. 이런 일을 사람은 할 수 없다. 이것은 성령께서 하시는 역사이다.

"하나님께서 이방인에게도 생명 얻는 회개를 주셨도다" (행 11 : 18). "거역하는 자를 온유함으로 징계할지니 혹 하나님이 저희에게 회개함을 주사 진리를 알게 하실까 하며"(딤후 2 : 25). 전능하신 하나님께서 우리의 일을 행하신다. 주님께서는 자신의 시간을 따라 대적의 모든 노력을 이기게 하신다. 때가 이르면 우리의 눈을 열어 주신다. 우리의 눈이 열리게 될 때 우리는 자유함을 소유 하게 된다. 마침내 우리는 말로 다 형언할 수 없는 승리를 누리며 살 수 있게 된다. 옛날에는 어떻게 하여 그런 죄들 이 나의 삶 속에 들어 왔을까? 의아하게 생각한다. 이제 우리는 어떤 일을 어떻게 할 것인가를 알 수 있게 된다.

우리가 눈이 열리며 잘못된 것을 깨달아 알게 되면 누구 에게든 사탄은 공격에 박차를 가한다. 그의 오랜 기간의 노력과 깊은 속임수가 허사가 될까봐 사탄은 몹시 두려워 하기 때문이다. 사탄은 우리를 혼란시키기 위해 여러 가지 목소리로 속삭일 것이다. "너무 늦었어. 너무 멀리 벗어났 어. 네가 다시 돌아가기에는 역부족이야." "그런 시도는 어리석지." "너는 엉터리, 위선자야." "너의 깊은 죄와 오래된 죄 때문에 하나님이 너를 버렸어." "너의 기회는 지나갔어." "너는 구원받지 못했어." "너는 더 나아질 수 없어." 대적 사탄은 이런 말로 우리가 돌아가지 못하게 말하고 하나님의 진실한 성품을 알지 못하게 한다.

이 책은 실패한 그리스도인들을 위해 쓰여진 책이다. 이 책을 통하여 당신이 진실로 배우기를 바라고 원하는 것은 "한 사람에게 있어서 그의 믿음이 얼마나 진실하고 깊은가는 그가 가장 깊은 실패 속에 있을 때 하나님의 용서와 은혜를 얼마나 변함없이 받아들일 수 있느냐에 달려 있다"는 것이다.

우리가 잘못한 일이 없고 모든 일이 잘될 때 우리가 그리스도 안에 있다는 것을 믿기는 쉬운 일이다. 그러나 이때 우리는 우리의 의가 그리스도의 공로에 의한 것이 아니라 우리 자신의 공로에 의한 것으로 생각하기가 쉬운 것이다. 당신이 의로운 일을 좀 하였기 때문에 하나님 앞에 설 수 있다는 생각을 가질 수 있다. 잘못된 죄를 범하지 않았고 하나님이 기뻐하시는 선행이라는 좋은 가방을 가지고 있을 때는 죽음에 대한 생각이 당신에게 두려움을 주지 않을지도 모른다. 그러나 어려움과 실패가 찾아왔을 때 당신이 정말로 의지하고 있는 것이 어떤 것인지를 알게 하여 준다. 실패와 불행 속에 처했을 때 움츠려지고 두려움을 느낀다면 그것이 바로 당신의 의가 그리스도가 이루신 공로에 의지함이 아니라 당신 자신의 행함에 기초했다는 사실을 증명한다.

많은 크리스챤들이 극심한 불행이나 실패를 만났을 때 그리스도 안에서 얻게 된 하나님의 용서와 은혜를 의심하고 부인하기가 쉽다. 의로워질 때까지 값을 치러야 용서를 받을 수 있다고 생각하며 계속 자신을 질책하고 채찍질하기가 쉽다. 어떤 사람들은 전혀 믿음이 없이 하나님이 왜 자기를 용서하지 않는지에 대한 이유를 변명함으로 보상을 해 보려고 한다.

신약성경의 저자들은 성도들(saints)도 죄를 범할 수 있다는 사실을 특별하게 생각하지 않았다. 아무리 거룩한 성도들도 죄를 범한다. 해결책은 회개(repentence)하고 다시 범죄하지 않도록 행하는 것이다. 교회의 많은 지도자들에게 우리가 보통 생각하듯이 거룩한 예수님의 기준을 적용해서 심판한다면 아무도 그 앞에 설 수 있는 사람은 없을 것이다. 우리가 잊기 쉬운 것은 사역(ministry)이란 사역하는 사람의 권위나 재능이나 능력에서 나온 것이 아니라 우리 안에 주님의 생명의 문이 열릴 때 그리스도 안에서 하나님이 주시는 선물이라는 사실이다. 아무리 위대한 지도자라도 죄를 범할 수가 있다. 그리고 어떤 사람에게도 죄에 대한 유일한 치유책은 성경이 가르쳐 준다. 회개하고 믿음을 가지는 것이다.

"그런즉 너희는 하나님께 순복할지어다 마귀를 대적하라 그리하면 너희를 피하리라 하나님을 가까이 하라 그리하면 너희를 가까이 하시리라 죄인들아 손을 깨끗이 하라 두 마음을 품은 자들아 마음을 성결케 하라 슬퍼하며 애통하며 울지어다 너희 웃음을 애통으로 너희 즐거움을 근심으로 바꿀지어다 주 앞에서 낮추라 그리하면 주께서 너희를 높이시리라"(약 4 : 7 – 10)

그렇다. 당신은 당신의 죄와 거짓된 자신을 바라볼 때 실망을 느낄 것이다. 한숨과 눈물을 금치 못하고 한탄스러움을 금치 못할 것이다. 그러나 하나님은 당신을 반드시 높혀주실 것이다. 내려가기 전에 주셨던 것보다 좀 못한 자리를 주실 것이라고 생각지 말라. 성경은 어디에도 그렇게 말하지 않았다. "주께서 너희를 높이시리라! 원하는 자로 말미암음도 아니요, 달음박질 하는 자로 말미암음도 아니다. 오직 긍휼히 여기시는 하나님으로 말미암음이다"(롬 9 : 16).

당신이 처음에 거듭나서 실패의 삶을 벗어 버린 뒤 넘치게 느꼈던 그 자유를 언제든지 다시 경험할 수가 있다.

그것은 과거의 경험에 관계없다. 현재의 이 순간에 느낄 수 있다. 언제든지 체험하고 느낄 수가 있는 것이다. 신자로서 그 풍성한 자유와 생명의 문을 닫고 있다면 우리는 그것을 회개해야 한다. 낮은 마음으로 단순하게 하나님의 용서를 받아들이라. 당신의 느낌에는 어떠하든 사실을 사실로 받아들이라. 계속 실패하고 죄를 범하는 생활을 빨리 끝내면 끝낼수록 그만큼 더 높은 승리의 시간을 당신은 맛보게 될 것이다.

세 종류의 자아

그리스도와 함께 못박힌다는 사실에 대하여 많은 사람이 혼란을 느낀다. 정확하게 무엇이 십자가에 못박힌다는 것인지 이해하지 못한다. 이 주제로 널리 알려진 필자들도 죽어져야 하는 것 또는 부인되어야 하는 것이 무엇인가에 대하여 각각 다른 용어를 사용한다. 출판사에 따라 그 용어의 번역이 다르다.

나는 세 가지로 성경에 나타나는 자아를 분류해 보려고 한다. 하나님에 의하여 어머니의 태중에 지음받은 사람인 나는 유일한 존재이다(시 139). 하나님은 사람을 쿠키과자를 만들어 내듯이 만드시지 않으셨다. 우리 한 사람 한 사람을 독특한 개별적 존재로 창조하셨다. 우리 모두는 하나님과 교제하는 삶(to fellowship with Him)을 살고자 하는 같은 목적을 가지고 산다. 그러나 우리 각자는 유일한 피조물로서 각각 다양한 방법을 통해 교제의 삶을 표현한다.

나는 첫번째 자아로 유일한 자아(unique self)를 생각했다. 독특한 하나님의 창조물로서의 '나'이다. 우리는 각각 하나님이 부여해 주신 다른 재능과 능력과 지능과 인격과 기질을 가지고 있다.

몇 가지 면에서 유일한 자아는 그것 자체로서는 아무 것에도 쓸모 없는 도구와도 같다. 그러나 그것이 어떻게 그리고 누구에 의하여 사용되느냐에 따라 그 가치는 아주 다르게 나타난다. 예를 들면 망치는 망치일 뿐이다. 그러나 똑같은 망치이지만 그것을 누가 무엇에 사용하느냐에 따라 그 가치는 매우 다르다. 그것은 미치광이에 의해 사람을 죽이는 데 사용될 수도 있고, 좋은 목수의 손에 가난한 한 과부의 집을 지어주는 데도 사용될 수가 있다. 우리가 소유한 유일한 자아도 마찬가지이다. 타고난 유일성의 자아는 변치 않는다. 그러나 그 내용과 목적은 다를 수가 있다.

첫번째 자아(self #1)는 아담 생명의 지배를 받는 자아이다. 이런 자아는 불신자에 속한다. 중생하지 못한 사람 거듭나지 못한 사람의 자아로 육(flesh)적인 삶을 만들어 낸다. 어떤 유일한 자아는 천부적인 재능과 함께 사업가로서의 재능을 천부적으로 가진 사람이 있다. 그렇지만 그가 자기의 성품을 잘 관리하면 하나님의 창조를 표현하는 재능과 능력으로 사용할 수도 있으나 그 사람이 잘못된 인격을 가졌다면 그 재능으로 세계적인 음란서적 사업가나 음란매체 사업가가 될 수도 있다. 이는 그의 유일한 자아의 천부적 재능을 바르게 사용하지 못하고 죄와 쾌락을 위해 잘못 사용한 사람의 예이다. 자기 육체의 소욕을 따라 그것을 사용한 반 인류, 반 사회적인 인생을 사는 사람들이다.

첫번째 종류의 사람(자연인 불신자)에게 주시는 하나님의 명령은 예수를 만나 그의 자아를 십자가에 못박으라는 것이다(갈 2 : 20). 불신자들의 삶에 유일한 원천이 되어 그들을 움직이고 있는 자아는 먼저 십자가 앞에 나아가 그리스도와 함께 먼저 죽음을 체험해야 한다. 그러나 그것이 실제적으로는 유일한 자아도 아니다. 이 첫번째 자아는 방향이 정해진 자아이다. 여러 가지 다양한 인생의 사건들을 첫번째 자아는 만들겠으나 예수 그리스도의 의를 만나지 못하면 그 모든 것이 인도하는 길은 결국 지옥(hell)이 될 것이다.

세 가지 종류의 자아 중에 두번째 자아(self #2)는 죽어서 없어진 아담의 생명의 허상과 허구의 지배를 받고 사탄의 삼위일체의 지배를 받는 자아이다. 거듭난 신자이지만 육체의 소욕을 쫓아 사는 육적인 사람의 자아이다. 그는 천부적인 모든 재능들을 활용하여 복음사역도 하고 여러 다른 사업도 한다. 그러나 그 목적이 자기의 이기적 영광과 경제적 성공과 만족을 누리기 위한 것이다. 이런 사람은 죽어서 천당에 들어갈 수는 있을지는 모르지만 땅에서는 지옥을 경험하는 삶을 면하지 못할 것이다! 이런 둘째 자아로 살고 있는 사람에게 명하시는 하나님의 말씀은 십자가의 능력만을 의지함으로 매일 자신의 자아를 부인하라(deny it daily)는 것이다. "아무든지 나를 따라 오려거든 자기를 부인하고 날마다 제 십자가를 지고 나를 쫓을 것이니라"(눅 9 : 23).

세번째 자아(self #3)의 사람이 중요하다. 이 사람은 그의 유일한 자아가 내적으로 그리스도 생명의 지배를 받으며 사는 사람이다. 이 사람은 자기의 전 존재가 살아있는 사람이다. 그가 소유한 천부적인 모든 재능들과 능력들과 지성과 인격과 기질 등이 바른 목적을 따라 최선의 기능을 발휘한다. 성령 안에서 사는 사람으로 초자연적인 삶을 보여 준다. 어떤 일을 하든지 그를 통하여 그리스도가 일을 하신다. 그러므로 그의 사역과 삶은 모든 사람에게 유익이 되고 축복이 된다. 그리스도가 유일한 자아를 이끄는 주인이 되시므로 영적인 일과 세속적인 일 사이에 구별이 없다. 모든 노력이 영적이고 그리스도에게서 나온 것이기 때문이다.

세번째 자아의 사람에게는 아무리 비천하게 보이는 일도 기꺼이 수용하고 수행하기를 꺼리지 않는다. 그리스도가 주인이 되셔서 겸손한 사랑을 매일 공급해 주신다. 하나님이 값지게 생각하시는 일과 사람이 값지게 생각하는 일은 매우 다르다. 사람인 우리는 다른 사람에게 보이는 자선을 조금 베풀고도 얼마나 자신을 내세우려하는가? 그러나 주님은 그렇게 가르치지 않으셨다. "또 누구든지 제자의 이름으로 이 소자 중 하나에게 냉수 한 그릇이라도 주는 자는 내가 진실로 너희에게 이르노니 그 사람이 결단코 상을 잃지 아니하리라"(마 10 : 42).

어떤 사람이 한번은 나에게 이렇게 물었다. "당신이 무엇이든지 할 수 있다면 주님을 위하여 어떤 일을 하겠는가?" 나는 대답하기를 "내가 주님을 위하여 조금이라도 할 수 있는 일이 있다면 나는 할아버지가 계신 바닷가 농장에 가기를 택하겠다"라고 대답하였다. 정말 나는 할 수 있다면 밭도 갈고 사랑하는 아버지 하나님께서 공급해 주시는 여러 가지 맛있는 것들도 먹을 수 있는 할아버지의 농장에 가고 싶다. 날아와 가까이 앉기도 하는 갈매기들을 보며 놀고 싶다. 나의 원하는 것을 무엇이나 받아주시는 할아버지와 지내고 싶다. 내가 정말 주님을 위해 무엇을 할 수 있다면 나는 할아버지와 함께 시골 농장에 가서 일하며 지내고 싶다! 거하는 그리스도인에게는 세속적인 것과 영적인 것 사이에 구분이 사라진다. 주님을 위해서 무엇인가 큰 일을 하겠다는 압박감이 없어진다. 왜냐하면 아무리 보잘 것 없어 보이는 세속적인 일도 그리스도의 임재 속에 성취된 것은 하나님 보시기에 심히 좋고 위대한 일이기 때문이다.

세번째 자아의 사람에게 주시는 하나님의 명령은 "네 이웃을 네 몸과 같이 사랑하라"(마 19:19) 하신 말씀이다. 우리는 우리 자신을 사랑해야 하고 그와 똑같이 또 우리의 이웃을 사랑해야 된다.

아마 혼동을 느낄지 모르겠다. 우리는 자아를 십자가에 못박아야 하고 자신을 부인해야 한다고 배웠는데 동시에 또 우리 자신을 사랑해야 한다고 하니 무슨 말인가 라고 생각할 것이다. 위에서 설명된 자아들에 대한 구분을 잘 살펴보면 혼란은 정리가 되리라고 본다. 우리는 첫번째 종류의 자아는 죽어야 한다고 했다. 다음 장에서 우리는 두번째 종류의 자아에 대하여 좀더 자세하게 살펴보고 그 자아를 부인해야 하는 이유에 대하여 설명할 것이다. 간단히 유일하게 사랑해야 할 자아는 성령의 지배 안에 거하는 세번째 자아를 말하는 것이다.

유일한 자아에 대한 자세한 관찰

다른 사람에 대하여 늘 비판적인 사람을 훈련할 때 나는 이런 질문을 한다. "당신 자신에 대하여 당신이 싫어하는 면은 없는가?" 그들의 대답은 대개 자기들이 친구들만큼 지성적이지 못하고 매력적이지 못하고 재능이 없다고 말한다. 그런 생각 때문에 그들은 자신을 바르게 사랑하지 못한다. 자신에 대한 이런 열등감 때문에 다른 사람을 항상 비판적으로 보게 된다. 어떤 사람도 바르게 보려고 하지 않고 결점이나 좋지 않은 면을 먼저 찾으려 한다. 그렇기 때문에 주어진 그대로의 자신을 사랑하지 못한다.

우리는 자신을 사랑하듯이 우리의 이웃을 사랑해야 한다. 이것이 사실이라면 대부분의 이웃들은 자신들이 어떤 사람에게서 받게 되는 사랑에 대하여 매우 실망하게 될 것이다. 이웃을 사랑한다고 하면서 자신을 사랑하듯이 사랑하지 않기 때문이다. 어떤 면에 특별한 재능과 능력을 가지고 있는 사람들은 자기들이 할 수 있는 일을 하지 못하는 사람들에게 열등감을 심어 주려는 경향을 가지기가 쉽다.

예를 들면 대부분의 웅변적인 부흥강사나 노방전도자들은 본래 자신의 유일한 자아 속에 뛰어난 사교성을 가지고 있고 외적 언어에 설득력을 가지고 있다. 이런 성격이나 재능은 천부적으로 받은 좋은 것이다. 이런 재능의 사람은 부흥강사나 전도자가 되지 않았으면 유능한 자동차 외판원이나 약장사가 될 수도 있었을 것이다. 그런 사람들은 교회에 나와서 자신들의 능력과 담대한 전도 간증을 반복해서 하기를 좋아한다. 이런 경우 그들의 말은 천성적으로 내성적이고 말 솜씨가 없는 사람들에게 복음을 부끄러워하는 자들이라고 간접적으로 정죄하는 결과를 가져올 수가 있다. 내향적인 성품의 사람들에게 열등감을 깊게 심어줄 수가 있다.

하나님은 한 사람의 몸에 모든 지체를 각각 다른 목적을 따라 사용하시기 위해 만드셨다. 그리스도의 몸된 교회도 마찬가지이다. 지체인 각 성도는 같을 수가 없다. 어떤 이는 심고 어떤 이는 물을 주고 어떤 이는 거두어 들인다. 각각 다른 지체의 기능을 통하여 아름다운 몸을 이루는 뜻을 이해하지 못하는 사람들은 자기들의 일만 중요하고 자기들만 성공적인 그리스도인의 삶을 산다고 생각하기가 쉽다. 그러나 그들이 말하는 성공이란 것도 잘못된 영향을 주고 치우친 말일 수 있다. 이런 독특하고 특별한 자아를 소유한 목회자들이 교회를 목회할 때 교회의 사역이 당회장 목사가 가지고 있는 생각과 재능만이 중심이 되어 추진된다면 회중(congregation) 전체가 한 몸으로 참여되는 교회사역은 되지 못한다. 이런 목회자는 자기 개인의 계획에 교인들이 참여하도록 계속 강요하게 된다. 이 때 하나님의 사역은 마침내 중도에서 중단되거나 여러 가지 문제를 일으키는 결과를 가져오게 된다.

교회나 선교기관의 지도자가 주님께서 몸된 공동체의 각 사람에게 부여하여 주신 다양성을 이해하고 하나님의 사역에 다양한 기능의 사람이 모두 필요하다는 것을 인식한다면 더 훌륭한 목회가 될 것이다. 유일성의 첫번째 자아가 비판적이고 부정적이어서 쉽게 접근하기 어려운 사람들도 있다. 그러나 그런 사람들도 그리스도와의 바른 교제의 관계를 가지며 살 수 있도록 관심을 가지고 돌봐주는 사람들이 꼭 있어야 한다.

그리스도의 몸된 교회 안에는 너무도 다양한 유일성의 자아를 가진 사람들이 있다. 계획된 사역에 참여하기를 좋아하는 사람들도 있고 앞으로의 사역을 계획하는데 참여하기를 좋아하는 사람들도 있다. 사람과 관계된 사역을 좋아하는 사람들도 있고 사물과 관계된 사역을 좋아하는 사람들도 있다. 그러나 어떤 경우라도 그리스도의 생명 안에서 자기의 유일한 자아를 잘 표현하며 살 수 있는 사람들은 가장 좋은 축복을 받은 사람들이다.

다음과 같이 세 종류의 자아를 가진 사람을 잘 분별하는 일은 중요하다. 첫째 십자가에 자아가 못박힌 사람, 둘째 못박히기를 거부하는 사람, 셋째 사랑이 필요한 사람이 있다. 내가 옛 사람의 잔재와 옛 사람의 정체성을 설명하는데 많은 시간을 할애하는 것은 두번째 종류의 자아를 쉽게 인식하고 부인되도록 하는 일이 중요하기 때문이다. 그렇지 않으면 우리는 하나님께서 지어주신 유일한 자아를 불편하고 비 생산적인 것으로 거부할 수가 있기 때문이다.

당신은 자신을 사랑하는가? 당신은 자신을 사랑해야 한다. 하나님의 유일 무이한 존재로 만들어 주신 당신 자신을 즐거워하고 만족해하는 생활을 할 수 있기까지는 시간이 필요할지도 모른다. 하나 밖에 없는 자기를 바르게 사랑하고 즐거워할 수 있는 믿음을 가지고 살게 되면 자신을 다른 사람과 비교하려는 태도를 버리게 된다. 그리스도의 몸인 다른 사람들을 보는 눈과 생각하는 기준이 달라지게 된다.

제자훈련을 시켰던 사업가 한 사람이 있다. 나는 그에게 어떻게 하여 그가 백만장자가 되었느냐고 물었더니 그것은 매우 간단하다고 대답했다. 그는 자신이 만들 수 없는 부품을 위해서는 대신해서 만들어 공급할 수 있는 사람들에게 하청을 주었다. 즉 그는 자신과 똑같이 생각하고 똑같은 일을 하고 있는 사람들로 자기 주위에 모으지 않고 가지고 있는 생각과 태도가 다르고 하는 일이 다른 사람들을 모아 자기 사업을 위해 참여시켰다. 그것이 처음에는 여러 가지 면에서 많은 부딪힘과 불일치와 갈등들을 일으키기도 했지만 그러나 시간이 지나면서 은행구좌에는 돈이 쌓이는 좋은 사업이 되었다는 것이었다. 많은 지도자들이 어떤 부딪힘이나 갈등을 용납하지 못한다. 때문에 자신과 같은 생각과 같은 사고방식을 가지고 있는 사람만을 찾는다. 그렇기 때문에 생산적인 창조가 이루어지지 못한다. 그리스도의 몸이 살아있는 공동체가 된다면 그의 다양성 속에서 풍성한 열매들이 생산되는 것은 자연스런 결과이다. 모든 사람이 똑같이 주조된 형태의 사람들이 되고 자아들이 된다면 결코 생산적이고 창조적인 역사는 일어날 수 없을 것이다.

어떤 형제는 나를 매우 접근하기 쉽고 쉽게 친해질 수 있는 사람이라고 평가하였다. 그것은 사실이다. 나는 사람들을 매우 좋아한다. 그래서 자주 누구나 나를 사용하기를 원한다. 하나님께서는 바로 그런 나의 고유한 자아의 특성을 여러 경우에 활용하여 주시는 것을 보았다. 어떤 형상의 사람도 단념하지 않고 관심있게 돌보아 줄 때 그들의 실패하는 삶을 주님께서 승리의 삶으로 바꿔주시는 것을 보았다. 반대로 나와 같지 않은 특징을 가진 가까운 사람들이 내가 어떤 일을 결정하는데 매우 큰 도움이 되는 것을 보았다. 이런 때 그들에게 고맙게 느껴지는 것은 그들이 나와 다른 특징의 성격과 생각을 가졌다는 사실 때문이다.

사무엘상 30장에 보면 다윗과 그의 사람 600명이 시글락에서 자기들의 모든 것을 탈취해간 아말렉 사람들을 찾아 싸워서 초자연적인 대 승리를 거두고 돌아오는 장면을 볼 수 있다. 싸우러 떠날 때 너무 지쳐서 싸울 수 없는 사람 200명은 뒤에 남아서 물건들을 지키도록 하였다. 그런데 싸움에서 대 승리를 거두고 많은 탈취물을 가지고 돌아올 때 다윗과 함께 갔던 "악한 자"들은 뒤에 남아있던 사람들에게는 탈취물을 주지 말아야 한다고 주장한다. 다윗은 그래서는 안된다고 대답했다. 뒤에 남아서 소유물을 지키고 있던 사람들도 싸움에 나가 싸웠던 사람과 똑같은 일을 했다고 생각하였다. 다윗은 싸움에 이기게 하신 분은 하나님이지 사람이 아님을 알았기 때문이다. 이미 취하여 가지고 있는 소유물을 잃지 않도록 지키는 사람이 없었다면 더 많은 것을 얻기 위해 싸움터에 나간 사람의 싸움도 무익했기 때문이다.

하나님은 우리 중에서 어떤 사람은 전방(front line)에 배치하여 하나님의 초자연적인 역사에 참여케 하기도 하지만 어떤 사람은 후방에 배치하여 귀중한 소유물들을 지키게도 하신다는 것이다. 그러나 그들은 똑같은 상을 받게 된다. 하나님은 한쪽으로 치우치시는 분이 아니시다. 처음 된 자가 나중이 되고 나중된 자가 처음이 되게 하신다 (이것이 하나님의 공정한 사랑이고 정의이다).

각 사람에 따라 분량대로 재능과 능력과 지능을 천부적으로 나눠주신 분은 하나님이시다. 아무도 자기 뜻대로 어떤 능력을 가지고 태어나지 않았다. 그러므로 아무도 자신의 것에 대하여 자랑할 수 있는 사람이 없다. 우리가 자랑할 분은 하나님 뿐이시다.

당신은 아는가? 재능이나 능력이나 지능은 상대적인 (relative) 것이다. 주어진 유일한 자기는 그 자신의 독특한 목적과 유용성을 가지고 있다. 우리는 각자 다른 재능과 직업과 의식과 몸과 국적을 가지고 있다. 그렇지만 우리는 모두 같은 영을 가지고 있다. 우리 각 사람은 각각 다른 개인이지만 그리스도 안에서 한 몸이다. 우리는 같이 전체가 되어 하나됨을 경험한다. 사도 바울은 주어진 유일한 자기에 대하여 만족하지 못하고 그들을 창조한 하나님에 대하여 불평하는 사람들에게 서로 격려해 주고 주어진 자신을 사랑하라고 가르친다. 동시에 자신들을 만들어

주신 하나님의 은혜를 망각하고 자고하는 자들은 조심하라고 일깨워 준다.

당신은 질문할지 모른다. 나의 주어진 유일한 자아란 무엇인가? 어떻게 그것을 구별할 수 있는가? 당신의 주어진 자기를 아는 것은 간단하다. 복잡하지 않다. 오랜 시간의 내향적인 통찰이 필요하지 않다. 당신의 유일한 자아는 일상적으로 자연스럽게 하고 있는 일들에 의하여 결정된다. 그것은 당신이 가장 안락하게 행하는 것들이다(그러나 당신의 행동에서 위축됨, 도피, 잘못된 두려움 등과 같이 잘못된 정체성 정보 전달에 의하여 만들어진 행동들과는 다른 것이다).

당신이 귀가하는 길에 주유소 사람이나 동네 사람들과 이야기를 나누느라고 항상 집에 늦지는 않는가? 당신의 주어진 유일한 자아는 사람을 좋아하는 사람(people person)이기 때문이다. 당신이 낫트나 볼트나 스크류(나사) 등을 당신의 차고 정해진 곳에 항상 가지런히 놓고 쓰는 성격이라면 당신의 주어진 독특한 자아는 세밀한 기계나 기계를 만지는 일을 즐기는 사람이기 때문이다. 당신은 하고자 하는 일에 항상 세밀한 계획을 세워야 된다고 생각하는가? 이런 사람의 자아는 정해진 프로젝트가 진행되어 가는 것을 같이 즐기기를 좋아하는 사람으로 연대의식의 사람(team person)이라고 부를 수 있다. 이런 사람은 보통 내향적인 사람이다. 당신은 하는 일에 쉽게 싫증을 내고 새 프로젝트를 시작하기를 좋아하는 성격인가? 당신은 억센 힘과 진취성을 가진 사람(muscle member)이기 때문이다.

꼭 기억하기 바란다! 하나님이 당신을 어떻게 창조해 주셨든지 당신의 있는 그대로의 자신을 즐거워하라! 그리고 사랑하라! 어떤 사람들이 그들의 천성적인 능력들을 자랑하며 당신을 위협하는 말들을 듣지 말라. 어떤 것이라도 하나님이 당신에게 주신 것이 가장 귀중한 것이다. 그것을 즐거워하라! 당신이 다른 사람같은 지성을 가지고 있지 못하다 해도 그것은 하나님께서 놀라운 뜻이 있어 정하신 계획이다. 결코 불평하지 말라. 그런 생각은 부질없는 생각이다. 비교하고 불평하는 태도는 당신이 창조주가 되겠다는 태도이다. 주님의 깊은 뜻을 무시하는 행위이다.

"이 사람이 네가 뉘기에 감히 하나님을 힐문하느뇨 지음을 받은 물건이 지은 자에게 어찌 나를 이같이 만들었느냐 말하겠느뇨"(롬 9 : 20)

또한 잊지 말아야 할 또 하나의 사실은 성령의 주시는 은사나 선물은 우리의 가진 재능이나 능력에 맞춰 주시는 것만은 아니라는 것이다. 우리의 천성적인 능력과 결코 같거나 비례하지 않는다. 그것은 초자연적인 선물이다. 그러나 약한 자를 통하여 강한 자를 부끄럽게 하시는 초월적인 능력을 가지신 하나님을 잊지 말고 의지하는 자가 진정한 믿음의 사람이고 축복의 사람이다.

8

순간 순간 살아가는 삶
Living moment by moment

  앞 장에서 우리는 우리의 옛 사람의 자아가 그리스도와 함께 십자가에 못박혀 죽고 장사지낸 바 되었다 할지라도 아직도 우리 속에는 옛 사람의 찌꺼기와 방해물들이 남아 있음을 배웠다. 그리고 바로 당신의 마음 위에 있는 문이 그리스도의 생명을 향하여 닫혀졌을 때 곧 대적은 당신을 유혹하고 당신 속에 쓰레기장 같이 무가치했던 옛 사람의 웅덩이를 파놓고 다시 들어가 잠깐 살아보도록 권할 것이다. 당신이 그리스도인이 되기 전에 살던 모조품의 삶을 다시 살도록 유인할 것이다. 이때 생각하기를 이것이 내가 배운 풍성한 삶이란 말인가? 고민하고 의아하게 생각할 것이다. 이런 모든 현상은 무슨 뜻일까? 하나님의 목적은 너무나 정교하고 세밀하다. 주님의 뜻은 순간 순간 기쁨으로 충만하고 믿음과 소망이 넘치는 삶을 우리로 살게 하시려는 것이다. 어떻게 그런 삶을 살 수 있을까?

  하나님이 진실로 사랑하시는 분이라면 한 해에 며칠이나 당신을 사랑하기를 원하신다고 생각하는가? 확신하건데 1년이 아니라 매 해마다 365일 당신을 사랑하기 원하시는 분이라고 당신은 대답하지 않겠는가? 하루에 몇 시간씩이나 하나님이 당신을 사랑하고 싶어 하신다고 생각하는가? 하나님은 하루도 빠짐없이 날마다 24시간 당신을 사랑하고 싶어하신다. 한 시간에 몇분이나, 1분에 몇초나 당신을 사랑하기 원하신다고 생각하는가? 하나님은 매 시간에 60분, 매 분에 60초를 매년, 매달, 매주일, 매일마다 일생동안 당신을 사랑하고 싶어하신다는 사실이다. 이것은 진실로 사실이다.

  이제 마지막으로 묻고 싶다. 그 분은 또 매 초마다 얼마나 오래 당신을 사랑하기를 원하시겠는가? 하나님은 매 순간 순간 당신을 사랑하기를 원하신다. 이 사실을 확실하게 알았다면 이제 당신이 1970년 10월 12일 오후 9시 30분에 당신의 생애를 그리스도에게 맡겼다고 가정해 보자. 그 때의 그 날과 그 시간이 여기 있는 현재의 당신의 순간과 어떤 관계가 있다고 보는가? 전혀 무관하다! 1970년 10월 12일 오후 9시 30분부터 매 순간 순간마다 하나님이 당신을 사랑했다는 사실은 그 때 그 순간으로 하나님은 만족하게 생각하셨다는 것이지 과거의 어떤 순간이 지금의 현재 순간과 어떤 관계가 있다는 것이 아니다. 관계가 조금도 없다. 이 사실을 기억하기 바란다!

  내가 나의 아내에게 내 곁으로 좀 다가와서 손을 잡고 이야기를 하자고 부탁하였더니 아내는 대답하기를 "여보, 그것은 15년 전에 하던 짓 아니어요!"했다. 아내에게 나는 말할 것이다. "여보, 그게 무슨 상관이요? 15년 전에 하였다는 사실이 무슨 문제가 되오! 지금 내가 그것을 원하고 있지 않소!"

  모든 관계는 계속 흐르고 있다. 중요한 것은 현재이다. 풍성하고 놀라운 관계는 지나간 과거의 어떤 것이 아니다. 현재 오늘 그리고 이 순간에 일어나고 있는 사건이다. 남편이나 아내와의 관계도 결혼했던 첫해 신혼시절에 어떻게 지냈는가는 결코 중요한 일이 아니다. 중대한 것은 현재 지금 두 사람이 어떻게 지내고 있는가이다. 과거 어떤 때 헌신적으로 선교활동이나 교회활동에 열심이었으나 현재는 실패의 삶을 사는 사람들을 보면 자주 지나간 과거의 영광스런 사역과 활동에 대하여 이야기를 되뇌이기를 좋아한다. 옛날에 얼마나 오랫동안 깊이 기도했으며, 그가 주님의 음성을 어떻게 들었으며, 하나님께서 과거 행하셨던 놀라운 일들이 무엇이 있었는가를 계속 이야기하기를 좋아한다. 이런 신자들은 지나간 과거의 추억에만 집착하면서 그것들이 앞으로도 계속 주님과의 풍성한 삶을 살게 하여 줄 것이라 믿고 있는 것 같다. 그러나 결코 그것은 그렇지 않다!

하나님께서는 찬란한 과거와 관계없이 지금 이 순간에 우리 한 사람 한 사람과 순간 순간 교제(fellowship)의 시간을 가지시기를 갈망하신다. 하나님도 당신 자신의 소원과 계획을 가지고 계시다. 무엇보다도 그 분은 우리 안에 아직도 살아있는 옛 자아를 소멸시켜 끝내기를 원하신다. 옛 자아의 생명을 그의 아들의 생명으로 바꾸기를 원하신다. 이것이 이루어지지 않으면 하나님과 가질 수 있는 우리의 교제는 불가능하다. 다음으로 그가 행하시는 일은 우리 마음 속에 남아있는 옛 사람의 보따리와 찌꺼기들을 버릴 수 있게 하는 일이다.

불신앙으로 인하여 우리 안에 그 분을 향한 생명의 문을 닫게 되면 곧 주님과의 교제는 끊어진다. 그러면 모든 옛 사람의 쓰레기와 찌꺼기와 잘못된 감정과 옛 우상의 잘못된 정체성 같은 모든 육체의 속성들이 머리를 들고 일어나기 시작한다. 이때 이런 옛 육신의 유령들이 우리의 생각과 마음을 지배하면 우리의 삶은 그리스도를 만나지 못했던 세상 속에서 옛 사람으로 살던 때보다 더 비극적이 된다. 그래서 하나님께서는 우리 모든 성도들이 그러한 참혹한 비극의 삶에서 해방되고 벗어나기를 원하신다. 일정한 한 기간이 아니라 일년 365일동안, 하루 24시간동안, 한시간 60분동안, 일분 60초동안, 아니 즉 매 순간마다 육신의 속성을 떠난 생활을 살 것을 하나님은 심히 원하신다. 바로 이렇게 육체의 오물들이 내 속에서 사라져야만 오직 하나님께서 역사하시는 시간이 오게 된다! 하나님은 우리의 생명이 그렇게 역사하도록 지으셨고 우리를 항상 그분 안과 그분 곁에서 살도록 섭리하신다.

광야에서 하나님은 이스라엘 백성들이 밖에 나가 그 날에 필요한 양식의 만나만을 모으라고 하셨다. 그러나 그 때 어떤 사람들은 이틀분의 만나를 모았다. 게으른 습성이나 또는 욕심에서 그렇게 하였을지 모른다. 그런데 놀라운 일은 하루가 지나면 쌓아 놓았던 만나가 모두 썩고 벌레가 먹어 먹을 수 없는 양식이 되었다는 사실이다(출 16장).

요한복음 6장에서 예수님은 자신이 하늘에서 내려오는 참된 양식이라고 명확하게 말씀하셨다. "예수께서 가라사대 내가 곧 생명의 떡이니 내게 오는 자는 결코 주리지 아니할 터이요 나를 믿는 자는 영원히 목마르지 아니하리라"(35절).

예수는 광야에서 이스라엘 백성이 먹었던 하늘에서 내려온 만나와 똑같다. 예수님은 우리에게 하루 하루 소비되는 양식이어야 한다. 그날 필요한 양을 그날 먹도록 되어 있다. 어떤 사람이 주님에 대하여 다음날을 위하여 하루에 많은 것을 저축해 놓으려 한다면 그것은 무익한 생각이다. 예수님은 그날 그날의 일용할 양식이시다. 하늘의 만나이신 주님은 하루 하루 참여되고 취해져야 한다!

어떤 분들은 말하기를 그들이 자신들의 상태를 명료하게

이해하지 못하겠다고 한다. 몇년 전에는 문제로부터 자신들을 구하려는 자신들의 모든 욕망이나 방법들을 모두 버리게 되었고 승리하는 삶을 누렸었다고 말한다. 나는 이것을 의심하려는 것이 아니다. 진실로 그들은 수년 전에 자신의 것들을 다 내려놓고 순종하는 삶을 살았을 것이다. 그러나 문제는 현재-지금 그들이 나에게 질문을 하고 있는 이 순간-에 자신들을 온전히 내려놓고 살고 있느냐 하는 것이다. 우리는 마음 속에 확고하게 알고 있어야 한다. 승리는 한 순간의 역사이다. 한 순간 순간이 영원한 승리에의 참여가 되거나 영원한 실패에의 참여가 된다는 것이다.

지금 내가 이것을 쓰고 있는 시간이 오후 11시 15분이다. 내가 소유한 시간은 오후 11시 10분도 아니고 오후 11시 20분도 아닌 오직 11시 15분을 가지고 있을 뿐이다. 그러므로 내가 결론을 내릴 수 있는 사실은 나는 순간에의 존재라는 것이다. 중요한 모든 것은 순간이다. 지금 오후 11시 15분, 내 안에 그리스도의 생명을 향한 문이 열려 있다면 나는 내가 앞으로의 모든 시험과 유혹을 이미 이긴 것이다. 나를 통하여 흐르고 있는 영원한 생명을 소유한 것이다. 그래서 또한 나의 소유된 이 순간이 영원한 승리가 되는 것이다.

나는 앞에 있는 11시 20분을 염려하지 않는다. 내일을, 다음 주를, 다음 해를 염려하지 않는다. 아이들과 직장과 미지의 미래를 걱정하지 않는다. 나는 영원한 승리 속에 들어가 있기 때문이다. 그러나 지금 내가 소유된 11시 15분에 내 속에 생명의 문을 닫고 있다면 나는 앞으로 다가올 11시 20분에 어떤 일이 일어날는지를 걱정한다. 이렇게 염려함으로 실패자이고 무가치한 자가 되어버린다. 그 위에 고뇌와 불안과 우울의 짐을 가득 안게 된다. 자연히 내일 일을 염려하기 시작하면 다음 주, 다음 달, 다음 해, 아이들의 결혼, 가정, 직장까지 염려하기 시작한다. 이 다음에 주님 앞에 어떻게 설 것인가까지 염려해야 된다. 이렇게 하여 영원한 실패 속에 빠져 사는 사람이 된다. 사탄이 우리를 패배시키기 위해 할 수 있는 유일한 길이 우리의 순간을 앗아가는 일이다. 그는 우리에게 과거를 되생각 나게 함으로 순간을 자기 것으로 만들고 미래에 대한 불안과 염려를 자기게 함으로 우리의 순간을 도적질 한다!

어느 집회에서 강의를 하고 난 뒤 한 부인이 남아서 나에게 말하기를 그는 그녀가 범했던 실수에 대하여 그것을 마음에서 도저히 떨쳐버릴 수가 없다며 이야기를 시작하였다. 일년 전 어느날 그녀는 생각없이 끓는 물주전자를 난로 옆에 놓았는데 어린 딸 아이가 그것을 잡아당겨 엎어 짐으로 온몸에 매우 심한 화상을 입게 되었다. 어머니인 그녀는 그 일이 있은 뒤 집에 혼자 앉아 그의 잘못을 끝없이 되새기며 자신을 정죄하고 눈물을 흘린다는 것이었다. 그 부인은 완전히 아무 일도 못하는 사람이 되었다고 하였다. 나는 그 부인에게 사탄이 그의 실수를 볼모로 잡고 그의 모든 순간들을 앗아가고 있다고 설명해 주었다.

바로 일년 전의 그 사건은 매우 비극적인 일이었음이 사실이다. 그러나 더 큰 비극은 그 사건으로 그의 가정이 사랑과 빛을 잃고 일년이란 시간동안 모든 순간들을 죽음 속에 살고 어둠 속에 살고 불행 속에 살았다는 사실이다. 그의 딸이 만난 시련(ordeal)은 충분히 견디기 어려운 시련이었으나 더 큰 불행은 가정에서 어머니로서의 역할이 마비됨으로 말미암아 순간마다 그의 딸이 받게 되는 돌이

킬 수 없는 형벌은 더 큰 불행이 되고 있었다.

많은 그리스도인들이 과거에 있었던 사건으로 하여금 계속해서 그들에게 다시 올 수 없는 생애로부터 현재의 풍성한 삶을 빼앗아가게 허용하고 있다. 그들이 누릴수 있는 귀중한 승리의 삶을 빼앗아가는 순간이 몇달이 되고 몇년이 되는데도 비극적인 삶을 버리지 못하고 있다. 이것은 어리석은 일이다. 이것은 사악한 사탄과 함께 춤을 추는 일이다. 이렇게 하여 악마의 계략은 우리에게서 어떤 한 순간을 빼앗아가는 것이 아니라 우리 인생 전체를 앗아가는 결과를 가져오게 되는 것이다.

많은 그리스도인들이 남을 용서하지 못하는 마음으로 현재의 값진 순간들을 포기한채 살아간다. 수년 전에 일어났던 일이지만 어떤 일이 벌어지면 마음 속에 용서하지 못하는 마음이 나타나 평안과 기쁨을 다시 빼앗아간다. 어떤 사람을 용서하지 못하는 마음은 이렇게 사탄으로 하여금 우리 마음이 누려야 하는 생명을 빼앗아가게 하는 엄청난 힘의 도구를 맡기는 결과를 가져온다.

사랑은 결코 잘못된 일의 목록을 계속해서 보관하지 않는다. 옛 상처나 원한을 계속 잊지 못하고 용서하지 못하는 사람은 하나님의 나라의 시민이 될 자격이 없는 사람이다. 하늘 나라의 법을 반역하는 사람이다. 하늘 나라에서는 사랑은 선택이 아니다. 사랑은 필수적인 생활이다. 사랑은 끝없이 용서하고 관심을 주는 생활이다.

풍성한 영적인 삶은 순간 순간 경험하는 생명의 누림이다. 그러나 육적인 그리스도인은 신자의 삶을 실패의 삶에서 승리의 삶으로 나아가는 계단을 오르듯이 단계적인 것으로 잘못 생각한다. 그가 어떤 선한 행위를 한 가지 할 때마다 한 계단 오르게 된다고 생각한다. 어떤 잘못을 범하거나 실수하면 한 계단 내려갔다고 생각한다. 성경말씀 갈라디아서가 가르치는 진리는 그렇지 않다. 우리가 선택하여야 하는 것은 육체의 생각을 쫓느냐 영의 생각을 쫓느냐 하는 것이지 승리하는 삶으로 올라가야 하는 여러 층의 계단이 아니다. 각 순간마다 내가 육(flesh) 안에 있느냐, 성령(the Spirit) 안에 있느냐가 중요한 것이다. 순간의 현재 상태가 영원한 실패냐, 영원한 승리냐를 결정하기 때문이다.

어떤 사람들은 그리스도의 생명으로 들어가는 문이 떠오르는 순간의 생각과 마찬가지로 신속하게 닫힐 수 있다고만 생각하고 믿고 있다. 그러나 그 생명의 문이 그렇게 신속하게 열릴 수 있다고는 믿지 않고 있다. 이것이 문제이다. 풍성한 생명으로 들어가는 문을 여는 것은 겸손이다. 겸손은 "나는 가진 것이 없습니다", "나는 아무 것도 할 수 없습니다"라고 말하는 것이다. 이것이 하나님께서 정하신 구조이고 공식이다. 승리의 삶은 우리가 그리스도 안에 거하는 매 순간 순간에 따라 결정되는 것이다.

하나님께서 우리를 그분 가까이 이끌기 위해서 정하신 그런 법칙들을 이해하게 될 때 배우게 되는 두 가지 원리가 있다. 첫째, 하나님께서 우리가 주님 안에 거하지 않을 때 우리 안에 비참한 삶을 만들게 하는 옛 자아의 잔재물이 남아있게 하신 것은 본래 우리를 실패하게 하고 불행하게 하기 위한 것이 아니다. 궁극적으로 우리를 축복하시고 우리에게 풍성한 삶을 주기 위한 것이다. 그런 잘못된 자아의 잔재를 통하여 우리로 하여금 계속 실패하게 하고 비참하고 불행한 삶을 살게 함으로 우리를 완전한 파멸에 이르게 하려는 자는 원수 사탄일 뿐이다!

당신은 항상 왕이신 그분을 온전하게 섬기며 충만한

교제의 삶을 살기 원했지만 그것이 쉽지가 않을지 모른다. 당신 안에 옛 사람의 찌꺼기들을 하나님께서 깨끗이 제거해 주시기를 간절히 원했지만 원대로 이루어지지 않았을지도 모른다. 그러나 당신 안에 일어나는 이런 소원이 바로 하나님께서 주신 것이고 우리가 본래 하나님을 섬기고 그분과 계속해서 교제를 가지며 살도록 되어 있다는 것을 말해준다. 하나님을 찬양하라! 그의 인도하는 길은 사람의 길과 결코 같지 않다!

그래서 나는 동성애로 어려움을 겪으며 싸우고 있는 한 성도에게 동성애의 욕망에서 해방되고 계속해서 하나님의 축복 가운데 살기 위해서는 내가 싸워서 이기려고 애쓰기보다는 겸손한 마음으로 마음 문을 열고 그리스도 안에 거하게 될 때만 가능하다고 가르쳐 준다. 당신은 어떤가? 알 수 없는 몇 가지 이유로 인하여 다수의 그리스도인들이 주님이신 그리스도에게서 멀리 떠난 삶을 전혀 거리낌이 없이 만족하게 생각하고 살아가는 경우도 있다. 그러나 하나님은 그런 삶을 허용은 하시지만 결코 만족해 하시지는 않으신다. 자기의 사랑하는 자녀가 그분 자신 안의 풍성한 생명으로 들어오기까지 참으시며 기다리고 기다리신다. "육적인"(carnal) 삶의 세상 속에서 "영적인"(spiritual) 생명의 옷을 입고 새로운 승리의 삶을 살고자 하는 사람은 반드시 거쳐야 하는 통로가 있다. 그것은 "고뇌와 고통과 패배"의 통로이다. 주님께 돌아가도록 부름을 받은 그리스도의 사람들은 반드시 거쳐야 하는 길이 이것이다. 이 터널은 누구나 통과해야 한다!

두번째 원리는 하나님께서는 우리의 삶의 표면에 옛 자아의 잔재물이 나타날 때 그것을 알아볼 수 있기까지 많은 시간을 바쳐 인내하시며 가르치신다는 것이다. 우울증이나 불신감, 마약을 복용하고 싶은 마음과 같은 옛 자아의 유산들이 우리 안에 나타난다는 것은 우리의 문이 닫혀있음을 알려주는 신호이다. 여기에는 또 비밀이 있다.

당신이 옛 잔여물을 많이 가지고 있으면 있을수록 더 많은 경고신호를 받게 된다는 것이다. 곧 그것은 당신으로 하여금 그분 안에 거할 필요를 더욱 알게 하여 준다. 더 많이 거함과 임재의 필요를 느끼면 느낄수록 더 많이 생명의 문을 열게 되며 더 많이 그리스도의 생명이 당신을 통하여 나타나게 되는 것이다.

잘 갖춰진 몸과 좋은 천부적 재능과 지성을 갖춘 사람들은 그리스도에 대하여 필요한 갈증과 부족을 느끼지 못할 수도 있다. 자기 안에 생명의 문을 열고 주님의 능력을 나타내는데 시간이 더 걸릴 수도 있다. 자신의 육적인 힘과 능력을 의지하여 살려고 하기가 쉽다. 자기의 소유한 것으로만 만족하고 안주하려고 한다. 그러나 바울은 말한다.

"하나님의 미련한 것이 사람보다 지혜있고 하나님의 약한 것이 사람보다 강하니라 형제들아 너희를 부르심을 보라 육체를 따라 지혜있는 자가 많지 아니하며 능한 자가 많지 아니하며 문벌 좋은 자가 많지 아니하도다 그러나 하나님께서 세상의 미련한 것들을 택하사 지혜있는 자들을 부끄럽게 하려 하시고 세상의 약한 것들을 택하사 강한 것들을 부끄럽게 하려 하시며 하나님께서 세상의 천한 것들과 멸시받는 것들과 없는 것들을 택하사 있는 것들을 패하려 하시나니 이는 아무 육체라도 하나님 앞에서 자랑하지 못하게 하려 하심이라"(고전 1 : 25-29)

계속하여 바울은 말한다.

"…(나로) 너무 자고하지 않게 하시려고 내 육체에 가시 곧 사단의 사자를 주셨으니 이는 나를 쳐서 너무 자고하지 않게 하려 하심이니라 이것이 내게서 떠나기 위하여 내가 세 번 주께 간구하였더니 내게 이르기를 '내 은혜가 네게 족하도다 이는 내 능력이 약한 데서 온전하여 짐이라' 하신지라 이러므로 도리어 크게 기뻐함으로 나의 여러 약한 것들에 대하여 자랑하리니 이는 그리스도의 능력으로 내게 머물게 하려 함이라"(고후 12 : 7-9)

 바울은 자기가 아무 것도 할 수 없는 연약한 자임을 고백했다. 그것이 그리스도의 생명으로 들어가는 문을 열어 주었다. 그래서 그리스도의 능력(his power)이 그의 생명 안에 넘쳐 흘렀다. 우리가 연약할수록 하나님의 능력은 넘치는 것이다. 그래서 사도 바울은 자기의 연약한 것들을 자랑했다.

 사탄은 하나님의 자녀들을 파멸시키려고 온갖 계획들을 세운다. 그러나 그 모든 것들이 궁극적으로는 자녀인 당신의 유익을 위해 하나님께서 세우신 오묘한 계획인 것을 당신은 아는가? 사탄은 당신을 파멸시키려고 세세한 계획을 완벽하게 세워놓고 유혹할지 모른다. 그러나 하나님께서는 당신 곁에 늘 동행하며 함께 하신다. 그분의 손은 사탄이 준비해 놓고 기다리는 장례일을 축제의 날이 되게 하신다. 하나님은 결코 절대로 사탄의 계략을 용납지 않으신다. 그러므로 당신은 어떤 일이 있어도 지난 과거의 실패나 상처나 정체성을 붙잡고 한탄하지 말아야 한다. 지배받지 말아야 한다. 지나간 과거의 모든 당신의 실패와 상처와 신분은 주님이 지시고 십자가에 못박혀 죽으심으로 끝이 났다. 이제 지나간 모든 것들은 하나님의 변형된 능력이 되었다. 축복이 되었다.

갈라디아서 5장에서 바울은 성령의 열매에 대하여 말한다. 그것은 성령의 열매를 위해 갈라디아의 그리스도인들이 모방해서 열매를 만들라는 것이 아니다. 실제의 삶이나 가치가 없는 인공적인 열매를 생산하라는 것이 아니다. 바울이 말하고 있는 것은 그리스도의 생명으로 들어가는 문이 우리 안에 열릴 때 자연스럽게 나타나는 생명의 열매들을 거두게 될 것이라는 말씀을 가르쳐 주시는 것이다.

당신의 일은 이제 하루 하루의 삶에 사랑과 희락과 화평과 오래 참음과 자비와 양선과 같은 생명의 열매들을 자연스럽게 나타내면서 성경 안에서 순간 순간을 기쁨으로 살아가는 것이다. 이러한 삶이 자연스럽게 살아 나타나지 못한다면 우리 안에 생명의 문이 닫혀있다는 증거이다.

어떤 사람이 비행기를 운전하고 날으는 법을 한번 배우게 되면 그가 주시하는 것은 항상 그의 생명이 달려있는 여러 계기판(gauges)일 것이다. 계기판을 보면서 사고나 문제가 있는 상황인지 안전한 상황인지를 알게 된다. 마음판에 옛 사람의 자취나 잔여물이 나타나면 생명의 문이 닫혀 있다는 표시이다. 이런 때 우리는 즉시 하나님을 향하여 닫힌 문을 열어야 한다. 한 순간이라도 그리스도의 값진 생명을 놓치는 일이 없도록 민감하게 상황을 감지하고 항상 그의 생명으로 향하는 문을 열고 살아야 한다. 그의 생명 안에 늘 풍성한 삶을 살려면 순간 순간 그리스도 예수의 생명 안에 우리의 생명이 잠겨야 한다. 우리 안에 그의 생명이 흐르고 넘쳐야 한다.

순간 순간 십자가를

앞의 내용에서 우리는 배웠다. 우리가 그리스도 앞에 믿음으로 나와 그리스도를 영접할 때 우리는 그리스도와 함께 십자가에 죽고 그리스도의 새 생명을 받는다. 다시 태어난 새 피조물(new creations)이 된다. 이제 우리가 그리스도와 함께 십자가에 못박힌 바 되었다는 사실이 얼마나 놀라운 일인지 확인해 보고자 한다.

이것에 대하여 설명하기 전에 먼저 많은 내용이 19세기 말부터 20세기 초까지 살았던 남아프리카공화국의 위대한 사역자 안드류 머레이(Andrew Murray)에게서 배운 것임을 말하고 싶다. 그는 그리스도인의 풍성한 삶에 대하여 많은 책을 썼다. 그의 뒤를 이어 여러 훌륭한 분들이 십자가의 죽음에 대하여 많은 내용들을 썼고 원리들을 발전시켰다. 제시 펜루이스(Jessie Pen-Lewis), 워치만 니(Watchman Nee) 같은 분들과 최근의 F. J. 휴겔(Hwegel)이 그런 거룩한 사역자들이다. 이들에게서 나는 많은 것을 배웠다. 성령께서 로마서 6장을 통하여 새롭게 많은 가르침을 주었다.

한 때 나는 여러 해 동안 알콜중독으로 고통을 당하고 있던 부인을 가르치고 훈련한 적이 있다. 성령께서 그에게 십자가의 무한한 능력과 그리스도와 함께 그가 십자가에서 죽었다는 사실에 그가 눈을 뜨게 되었을 때, 그리고 그녀의 내적인 알콜중독의 생명이 이천년 전에 그리스도의 십자가에서 죽고 끝났음을 깨닫게 되었을 때 그는 극적으로 변화되는 것을 보았다. 알콜중독자의 생을 끝내고 그는 하나님의 새로운 자녀로 태어나게 되었다. 술에서 완전히 해방되고 그리스도의 생명 안에 있는 자유를 누리게 되는 것을 보았다.

몇주 후에 그는 다시 찾아왔다. 그리고 그녀는 너무 흥분되어 기쁜 소식을 전하고 싶어 어쩔줄을 몰라 하였다. 나는 그 때 알콜중독 치료센터에서 강의를 하러 가려는 참이었다. 그 치료센터에서 그 부인은 효과적인 치료를 받지 못한 사람이었다. 그녀는 자기가 치료받은 이야기를 치료센터에 하였더니 모든 직원(staff)들이 그 비법을 배우고 싶다고 부탁을 받았다는 것이다. 나는 그에게 내가 지금 바로 그 치료센터 직원들에게 강의하러 가려는 길이라고 전해 주었더니 놀랬다. 그 승리의 비결은 내가 이천년 전에 그리스도와 함께 십자가에서 죽었다는 사실을 깨닫는 것이다. 나는 그것을 가르칠 것이다. 그 부인은 나의 말을 듣고 "…… 그렇다면 그곳 직원들을 내가 만나는 일은 취소하겠습니다" 하였다.

그렇다. 내가 이렇게 하는 말이 좀 합리적인 말로 들리지 않을지도 모른다. 그러나 하나님의 미련한 것이 우리에게는 구원을 주시는 능력이 된다. 어리석은 것 같이 보인다 해도 우리는 하나님의 진리를 무시하지 말아야 한다. 그것을 값지게 생각하지 못하고 버리는 자는 하나님의 능력을 버리는 자이다. 성령께서 당신의 마음의 눈을 열어 깨닫게 해 달라고 기도하면 이해가 안가는 십자가의 어리석은 것이 귀중한 진리와 계시(revelation)가 되게 하신다. 계시의 말씀을 깨달을 때 당신의 믿음과 능력은 체험되고 배워질 것이다.

왜 한 사람이 죄인이 되었는가? 그 사람이 죄를 범하였기 때문인가? 또는 본래 그가 죄인으로 태어났으므로 죄를 짓는 인생이 되었는가? 워치만 니는 다음의 질문을 통하여 적절한 유추를 하였다.

"내가 니(Nee)씨로 태어났기 때문에 니인가 아니면

내가 니씨로 행동하기 때문에 니인가?('정상적인 그리스도인의 생활' 2장 참고)" 그 답은 명확하다. 그가 니(Nee)씨 자손이 된 것은 니씨로 태어났기 때문이다. 그의 니씨로서의 행동 때문이 아니다. 그리하여 로마서 5장 19절은 말한다. "한 사람의 순종치 아니함으로 많은 사람이 죄인된 것 같이 한 사람의 순종하심으로 많은 사람이 의인이 되리라." 워치만 니는 결론을 내려 말하기를 "내가 아담에게서 태어난 사람이므로 나는 죄인이 되었다. 나의 죄인됨은 나의 행위 때문이 아니라 나의 혈통 때문이고 부모님에게서 받은 유전 때문이다"라고 하였다.

그는 이어서 가장 논리적으로 핵심적인 설명을 하였다. 우리의 죄인된 것은 우리가 물려받은 것이고 죄인의 후손으로 태어났기 때문에 비롯된 것이다. 그 사실이 우리의 모든 문제의 근원이다. 당신이 이어받은 선조들의 혈통적이고 가계적인 생명을 생각하여 보라. 만약 당신의 고조할아버지가 태어난지 3년만에 죽었다면 당신은 오늘 어디에 있었겠는가? 아마 그런 사건이 있었더라면 당신은 오늘 여기 존재하지 않았을 것이다!

당신이 수하물 하나를 한 비행기에 실어 보냈는데 그 비행기가 추락하여 파괴되었다고 하자. 이 때 그 수하물의 짐은 비행기와 함께 추락하고 멸절되는 운명이 되었을 것이다. 그것은 무엇 때문인가? 그 수하물의 위치(position)가 그 비행기 안에 자리하고 있었기 때문이다. 우리의 운명도 이와 똑같다. 우리의 조상 아담이라는 비행기가 추락했을 때 우리도 모두 그 안에 있었다. 같이 죄를 범한 인간이 되었다!

성경은 지적한다. 우리는 영적으로 아담의 생명과 연결되어 있다. 그래서 아담의 죄와 그의 영적 죽음과 그의 에덴 동산에서 쫓겨남(banishment)과 그의 심판과 벌과 그의 천성이 모두 우리의 것이 되었다. 그가 태어날 때 우리는 모두 그 안에 있었기 때문이다. 우리는 바로 이런 아담의 속성(Adam-nature)을 가지고 태어났기 때문에 태어날 때 이미 우리는 피할 수 없는 죄인이었다. 그래서 현재의 우리가 되었다. 불행스럽게도 우리는 아담 안에서 아담에게 일어난 모든 사실들을 모두 우리 것으로 물려받게 되었다.

우리는 외적인 삶(outer life)을 바꾸기 위해 어떤 것을 실천할 수 있으면 내적인 생명(inner life)이 바뀌리라고 생각하며 수많은 방법들을 시도해 보았다. 그러나 그것의 마지막 결과는 좌절 뿐이었고 점점 더 하락하는 정체성의 추한 실상을 경험하였다. 애쓰고 노력하여 온전해지려 하지만 허사였다. 방법은 하나 밖에 없다. 어떻게 하든 확실한 길은 우리 존재의 선조를 바꾸고 가계적 혈통을 바꾸는 일이다! 그것만이 내적 생명을 유지하는 유일한 방법이다.

유일한 하나님의 해결책은 아담과 함께 있었고 아담과 함께 하나님에게서 끊어지고 아담과 함께 죄의 지배를 받고 있는 아담의 생명에서 떠나 새로운 생명 안으로 옮겨가게 하는 일이다. 하나님은 아담의 생명 대신 그리스도의 생명(Christ's life)을 주셨다! 제시 펜 루이스가 위대한 십자가 진리를 가르치며 그의 글에서 자주 지적했듯이 아담의 길에서 벗어나는 유일한 길은 죽음(by death)을 통해 다시 태어나는 것이다.

우리가 아담 안에 태어남을 통해서(by birth) 아담의 후손이 되었듯이 우리는 죽음을 통해서 아담에게서 구원받는다. 우리가 죄의 종이 된 것은 태어남에 의한 것이었다. 우리가 죄에서 구원받는 것은 죽음을 통해서이다. 아담 안에서 아담의 모든 것을 유전으로 받았듯이 그리스도 안에서 우리는 그리스도의 모든 것을 유업으로 받는다. 일단 한번 그리스도 생명의 후손으로 태어나면 우리는 영원히 그리스도 안에 거하는 생명이 된다. 그리스도의 생명은 영원하다. 마찬가지로 그가 십자가를 지셨을 때 우리도 그 십자가 안에 있었다. 그가 장사지낸바 되었을 때 우리도 그와 함께 장사되었다. 그리고 그가 부활하셨을 때 우리도 부활했다. 그가 승천하사 하나님 보좌에 앉으셨으므로 우리도 그와 함께 승천하여 하나님 보좌 우편에 앉아있는 자녀가 되었다(믿음의 눈으로 로마서 6장을 읽어 보기 바란다).

내가 바꾸고 변화시켜 보려고 그렇게도 애쓰고 노력해 보았지만 바꾸지 못했던 나의 옛 자아(the old me)가 그리스도와 함께 십자가에서 죽었고 종결되었다는 소식은 얼마나 큰 은혜이고 영광인가! 어떻게 하여 이런 일이 나에게 일어날 수 있단 말인가? "이는 아무 육체라도 하나님 앞에서 자랑하지 못하게 하려 하심이라. 너희는 그리스도로 인하여 하나님께로 나서 그리스도 예수 안에 있고 [들어와졌다] 예수는 하나님께로 나와서 우리에게 지혜와 의로움과 거룩함과 구속함이 되셨으니"(고전 1 : 29, 30). 그리스도는 너무나도 쉽게 새 역사를 이루어 주셨다! 그리고 내가 그리스도에게 나아오던 그날 그것이 나의 것이 되었다! (할렐루야!)

내가 처음 십자가 진리의 가르침을 배우기 시작했을 때 나는 너무나 큰 충격을 받고 어쩔줄을 몰랐다. 그리고 그리스도의 삶이 앞으로 언젠가는 나의 삶이 될 수 있는 날이 올 것이라고 기대했었다. 수년 전 나는 허드슨 테일

러의 '영적인 삶의 비밀'(Spiritual Secrets)이란 책을 읽으며 깊은 감명을 받았다. 그 책에서 중국 내지선교회의 설립자인 허드슨 테일러가 말하는 교환된 삶(생명)(exchanged life)이란 말을 처음 듣기 시작하였다.

나는 예수 그리스도를 나의 생명으로 경험하기를 구하였다. 그러나 내가 그리스도를 체험하기 위해 내 힘으로 노력을 하면 할수록 그것은 나에게서 점점 멀어지는 것 같았다. 하나님께서 소원하시는 한 가지가 있었다. 그것은 바로 믿음(faith)이었다! 하나님은 나의 관심을 받아주셨다. 하나님은 나의 모든 죄를 용서해 주셨다. 하나님은 나에게 긍휼과 자비를 베푸셨다. 그렇지만 하나님은 우리의 믿음을 먼저 요구하시는 분이시었다. 나의 믿음이 없이는 그는 아무 것도 하지 않으시는 분이었다. 하나님은 나에게서 올바른 믿음을 구하고 계셨다. 그러나 나는 그것을 알지 못하였다. 그래서 항상 혼자 생각하기를 "내가 그리스도를 나의 삶으로 체험할 수 있다면, 나의 옛 자아를 처리하는 십자가를 경험할 수 있다면, 나의 열등감(inferiority)을 모두 없앨 수 있다면" 하나님께서 말씀하신 믿음을 가질 수 있으리라고 생각했다.

나는 말하자면 신자라고 하지만 불신자였다. 마침내 하나님께서는 나에게 은혜를 주시고 바른 고백을 할 수 있게 해 주셨다. "주님, 내가 나의 평생동안 실패하는 삶을 살고 결코 나의 열등감과 패배감에서 벗어나지 못하는 생활을 한다 할지라도 저는 상관없이 주님을 믿겠습니다. 말씀을 따라 나의 옛 자아가 주님과 함께 죽었음을 단순히 믿겠습니다. 나는 그리스도를 영접함으로 주님 안에 새로운 생명이 되었습니다. 주님의 모든 것이 나의 것이 되었습니다. 이것을 저는 믿습니다." 이렇게 고백하고 나는 입으로 시인하였다. 이런 나의 고백과 믿음을 통하여 나에게는 체험이 뒤따라 오기 시작했다. 믿음이 곧 기쁨과 승리의 삶이 되기 시작했었다.

우리는 전능하신 창조주 하나님의 자녀이다. 우리가 그리스도 안에서 어떠한 존재인가를 알았다면 우리는 더 이상 엄청난 무엇이 되려고 싸우거나 노력할 필요가 없다. 내가 김(金)씨로 태어났는데 어느 날 잘못하여 김씨인 것을 잊어버렸다고 해도 그것이 나의 김씨로서의 신분을 바꿀 수는 없는 법이다. 결코 바뀔 수가 없다. 김씨인 내가 이(李)씨가 되어 보려고 온갖 노력을 다 한다고 해도 그것은 불가능한 일이다. 비참한 실패만을 경험할 뿐이다. 설령 나의 가계적 신분을 망각해서 그런 불가능한 노력을 했었다 해도 본 정신을 되찾게 된다면 나는 내가 김씨임을 당연하게 알게 될 것이다.

당신은 망각증(amnesia) 증세를 가지고 있지 않는가? 당신이 누구인지를 알고 있는가? 바른 정신을 회복하였는가? 그리스도의 십자가에서 이제 옛 사람은 죽고 하나님의 자녀로 새로 태어났음을 아는가? 내가 내 힘으로 새 사람이 되어 보려고 애쓰는 싸움은 이제 끝내야 한다. 무익한 투쟁은 끝내고 내가 먼저 누구인가를 자각하고 겸손한 믿음으로 나의 신분을 누리며 사는 일만이 중요한 일이다. 사탄의 계략을 아는가? 악한 사탄은 어찌하든지 이 영광스러운 진리를 보지 못하고 배우지 못하게 우리의 눈을 어둡게 만들려고 한다. 옛 사람을 바꾸는 노력을 계속하게 하고 당신이 당신의 자아만을 바라보게 함으로 비극적인 삶을 계속하여 살아가게 하려 한다. 이것이 사탄의 전략이고 음모이다. 놀랍다고 생각되지 않는가?

우리는 틀림없이 그리스도 안에 태어난 새로운 피조물이

다(롬 6 : 6 ; 엡 2 : 5, 6 ; 골 2 : 10). 다시 말하건대 그리스도의 생애는 우리의 삶이 되고 우리의 체험이 되어야 한다. 그의 모든 것은 우리 모두에게 주어진 영적 생명의 유산이다. 워치만 니가 간결하게 말했듯이 "하나님이 나를 그리스도 안에 들어오게 하시고 그에게 속한 모든 것이 나의 것이 되게 하셨다. 나는 영원히 그리스도 안에 거해야 한다." 그리스도인의 성장은 단순하게 처음 믿음으로 당신의 생애를 그리스도 주님께 맡기던 그날부터 소유하게 된 모든 것을 단순히 받아들이는 것이다.

그리스도 안에서 당신이 죽었다는 사실은 이미 이루어진 사실이다. 그러므로 언제까지 장사지낸 옛 사람의 시체인 자아를 당신 삶의 새 성전 안에 들여다 놓고 탄식하며 살겠는가? 옛 자아의 시체는 냄새가 나기 마련이다. 아무리 좋은 옷을 입혀 놓는다 해도 그것은 죽은 시체일 뿐이다. 어리석은 짓은 버려야 한다. 나의 옛 자아는 죽었고 이미 장사지낸 바 되었다.

세례(침례 ; baptism)식은 이 사실을 확인하는 증거로 행하는 의식이다. 하나님께서 나의 옛 사람의 죽음을 위하여 성취하신 것에 대한 나의 믿음을 표현하는 고백의식일 뿐이다(롬 10 : 10). 세례의 예식은 새로운 탄생, 새로운 삶을 시작하기 위한 것이다. 전에 소유하지 못한 생명 즉 그리스도의 생명과 삶이 새롭게 시작되었음을 증거하는 것이다. 이제 그의 생명과 삶이 당신의 생명과 삶이 되었다.

어떻게 그 사실을 말로 다 설명할 수 있겠는가! 그러나 분명한 사실은 우리가 그리스도 생명의 충만을 경험하기 위해서는 먼저 그의 죽음에 충만히 참여되어야 한다. 자연의 법칙도 새로운 생명은 옛 생명의 완전한 죽음에서 탄생

된다는 사실을 우리에게 가르쳐 준다. 예를 들어 보자. 한 그루 나무의 씨(seed)가 심어지면 새로운 생명의 싹이 나오기 위해 어떤 일이 일어나야 하는가? 먼저 묵은 씨가 죽어야 한다. 작은 씨가 죽어서 뿌리를 내릴 때만 생명의 싹은 땅 위로 올라오게 된다. 큰 나무로 자라기 위해서도 죽음의 흙속에 확고한 뿌리를 계속 내림으로써 나무는 계속 자랄 수 있게 된다. 그리스도인의 삶도 마찬가지이다. 그리스도의 자라는 생명을 체험하는 삶을 살기 위해서는 우리는 먼저 그리스도의 죽음에 항상 그 뿌리를 깊이 깊이 내리고 있어야 한다.

아담의 형상을 가진 우리의 내적 생명이 우리의 모든 문제의 근원(root)임을 발견했지만 또 하나의 문제가 우리에게 다시 대두된다. 즉 믿음으로 우리가 그리스도와 함께 십자가에 죽었음을 알고 내적으로 적용했지만 왜 다시 실패하는 삶을 때때로 맞이하게 되는 것일까 하는 것이다. 이것이 또 하나의 문제이다. 이런 실패를 다시 경험할 때 우리는 시험을 받게 된다. 왜 이럴 수가 있나, 십자가의 진리가 계속 역사하는 힘이 되지 못하는 것이 아닌가 하고 생각하기 쉽다. 그러나 이런 생각은 불가능한 것을 생각하는 것이다. 십자가의 역사하심은 우리가 행할 수 있는 어떤 것이 아니다. 그것은 하나님께서 행하시고 이루어 놓으신 역사이다. 십자가는 틀림없이 역사한다. 그것은 확실하게 역사하는 영원한 생명의 능력이 있다.

"너희는 죄에 대하여 죽은 자로 여길지니"라고 말한 분은 성령 하나님이시다. 말씀하시는 분은 하나님이시지 사람이 아니다. 하나님이 그렇게 말씀하셨으므로 우리가 그것을 체험하든 체험하지 못하든 우리는 그리스도와 함께 그의 십자가에서 죽은 것이다! 다시 말하자면 당신이 계속해서 그리스도의 부활과 승리의 삶을 살지 못하는 이유는 그리스도의 십자가를 한번의 축제행사로 바라보거나 여러 가지 방법 중의 하나로 단번에 모든 것을 치료하는 신기한 만병통치 약(a cure all)으로 생각하지 순간 순간 참여함(moment by moment participation)으로 누려지는 생명으로 생각하지 않기 때문이다. 하나님은 우리를 순간 순간, 매일 매일 그분 곁에 가까이 두시기를 원하신다.

하나님께서는 하나님이 친히 만드신 어떤 피조물에 지배받지 않으신다. 그러므로 하나님은 그가 원하시고 선택하시는 때에 어디에나 거하시는 분이시다. 언제 어디서나 계신 분이시다. 시공을 초월하여 존재하시는 분이시다. 바로 지금 이 순간 하나님은 창조된 만물과 함께 계시고 그리스도의 십자가에 못박혀 계시고 동시에 미래 세상의 멸망과 심판에도 함께 참여하여 계신다. 이런 시간 개념에서 볼 때 어떤 정해진 시점에 우리가 그리스도 안에 한번 들어오게 되면 우리는 영원 전부터 영원까지 하나님 안에 항상 존재하고 있는 결과가 되는 것이다.

"곧 창세 전에 그리스도 안에서 우리를 택하사"(엡 1:4) 영원한 존재가 되게 하셨다. 그리스도의 생명은 원(circle)을 그리는 선과 같이 시작과 끝이 없고 시작이 곧 끝이다. 성경이 말하듯이 그리스도는 알파와 오메가요(계 1:8), 처음과 나중이요(계 1:17), 태초이며 종말이 되시는 생명이시다.

당신 안에 그리스도의 생명을 가졌으므로 당신은 영생(eternal life)을 가졌다. 하나님이 당신에 대하여 싫증을 느낄 때가 있으리라고 생각할 필요는 전혀 없다. 당신은 그의 아들의 영원한 생명 안에 바로 들어와 그의 품 안에 늘 거하고 있다는 사실을 잊지 말아야 한다. 하나님에게 그의 아들 예수 그리스도는 영원한 생명이고 기쁨이기 때문이다.

그리스도의 생명을 영원한 직선을 이루는 원형으로 볼 때 모든 선상에 그리스도는 거하시는 것이다. 그 원의 한 가운데 하나님이 계셔서 선 위에서 일어나는 일들을 모두 보고 계신다고 생각해 보자. 당신이 당신의 삶을 그리스도에게 맡기던 날이 있었다. 그 때 당신은 이 영원의 시간이라는 원의 선 안에 옮겨와졌고 그리스도 안에 거하는 생명이 되었다. 이제 그리스도의 생명이 거하는 곳에 당신도 거하고 있다.

원형의 영원한 선 위에서 하나님이 그의 아들을 보실 때 다른 한 사람을 또 보시게 되는데 그가 누구이겠는가? 바로 당신이다. 당신을 동시에 보신다. 그것은 그의 달리신 십자가 위에 당신도 같이 못박혔기 때문이다.

영원한 삶이라는 선 속으로 들어간 것은 단 한번의 사건이었다. 그리스도에게 당신의 인생을 드리던 날 당신은 영원한 생명 속으로 들어왔다. 언젠가 당신이 그리스도 구세주로 영접하고 영생이라는 원 속의 선 안에 들어옴으로 그리스도와 함께 십자가에서 못박혀 죽었다고 하자. 그후 몇년의 세월이 지났다. 당신은 어디에 있는가? 변함없이 당신이 있는 곳은 영생의 시간이라는 선 안이다. 변함없이 그리스도가 계신 모든 곳에 당신이 존재하고 있다. 예수님의 고난과 십자가의 죽음과 장사지냄과 다시 살아나신 부활 속에 당신도 있었다. 십자가에 죽은 단 한번의 사건이 그렇게 모든 시공을 넘어서 기적을 이루었다. 영원한 생명의 시간 안으로 들어오는 것은 한 순간의 사건이다. 그러나 그리스도의 생명 안에 충만히 거하는 생활은 순간 순간 계속해서 이루어진다.

결혼을 예로 들어 보자. 내가 결혼한 것은 한 번의 결혼식을 통해서였다. 그날에 나는 결혼생활을 시작했다. 그러나 실제적인 결혼은 하루 하루, 매일 결혼하는 생활 속에 이루어진다. 즉 결혼식은 한번이지만 결혼은 하루 하루, 매일 계속되어야 한다. 결혼을 생활로 체험하지 못할 때 나는 어디로 찾아가는가? 물론 나의 아내에게 찾아간다. 아내가 왜 나를 받아들이는가? 우리가 결혼식을 했기 때문인가? 아마도 그것은 결혼식을 했기 때문에보다는 서로를 허락하는 사랑의 마음에서이지 않은가? 이것이 우리를 매일 결혼하게 하는 경험을 가지게 하는 것이다.

마찬가지이다. 내가 나의 옛 자아와 그것에서 나온 구습과 찌꺼기들을 버리고 참된 자유를 삶으로 체험하기 위해서는 어디로 찾아가야 하는가? 그곳은 십자가이다! 왜 십자가로 내가 가야만 하는가? 내가 자신을 십자가에 못박았기 때문이겠는가? 아니다. 하나님께서 나를 그리스도 안으로 인도하사 십자가에 이미 죽게 하셨기 때문이다. 그리스도인 자신은 스스로 자기를 못박으려고 해서는 안된다. 그것은 불가능하다. 다만 우리는 하나님께서 우리를 위하여 이루어주신 것을 믿음으로 받고 행할 뿐이다.

그러므로 그리스도와 함께 내가 못박혔다는 것은 이미 성취된 사실이다. 그런데 내가 그의 생명으로 들어가는 문을 닫아놓고 있으면 옛 구습의 자아에 순간 순간 십자가를 적용하는 체험이 사라지고 풍성한 생명을 경험하는 시간이 끝날 것이다. 승리하는 삶의 경험이 중단되고 말 것이다. 다시 말하면 하나님께서는 나의 삶이 순간 순간 그분과 함께 교제하며 살도록 모든 것을 정하시고 섭리하시고 계시다는 사실이다.

십자가의 실제적인 적용

예수님께서 그의 제자들에게 흥미있는 말씀을 해 주셨다. 누가복음 9장 23절의 말씀이다. "아무든지 나를 따라 오려거든 자기를 부인하고 날마다 제 십자가를 지고 나를 쫓을 것이니라." 제자들의 마음 속에 이 말이 무엇을 의미하는지는 의심의 여지가 없었다. 제자들은 어떤 사람이 십자가에 못박히기 위해서 자신의 십자가를 지고 가는 것을 당시에 자주 보아왔다. 어떤 사람이 십자가를 지고 가는 것은 모든 사람에게 사형선고(death sentence)가 내려졌다는 것을 보여주는 확실한 증거가 될 뿐 아니라 마땅히 죽어야 할 자임을 스스로 보여주는 확인서이다!

그러나 세상과 죄와 사탄은 그리스도인에게 소리친다. "자신을 고난에서 구원하라. 십자가를 지지마라!" 이런 소리를 따라 우리가 우리 자신의 자아 생명을 포기하려 하지 않을 때 그만큼 우리는 주위에 있는 사람들에게 사망(death)을 전염시키게 되는 것이다. 그러나 우리가 십자가를 지고, 우리 자신을 부인하고 십자가를 우리에게 적용하는 삶을 살아갈 때 그만큼 우리는 우리 주위의 사람들에게 생명(life)을 확산시키게 될 것이다.

내가 밤늦게 집에 도착했는데 아내가 나에게 "마루 바닥에 흙좀 떨어지지 않게 하세요. 지긋지긋해 죽겠어요"라고 하였다. 이 말에 나는 그녀의 그런 태도를 참지 못할 것이다. 나는 어떤 감정의 손해도 보지 않으려 할 것이다. 여자가 가장의 권위를 이렇게 무시한단 말인가? "아니 여보, 흙이 조금 묻은 것을 그리도 야단이요? 당신은 집에서 뭐하고 있었는데 집이 돼지우리(pigpen) 같소?" 이렇게 응수할 것이다. 이에 대하여 아내도 참지 못한다. 그녀의 자존심은 조금도 손해볼 수 없다. 마침내 싸움은 시작된다.

저녁 식탁에 앉았는데 아내는 던지듯이 밥상을 차려놓고 먹을려면 먹고 싫으면 말라는 태도이다. 한참을 노려보다가 간단히 조금 먹고 접시들을 싱크대에 던져 버린다. 화가 나서 찾는 것이 신문과 TV이다. 그렇게 해서라도 나는 나의 자존심을 찾으려고 한다. 나의 머리를 거스리는 어떤 기분 상하게 하는 말도 나는 용납할 수가 없다. 아내에게 분명하게 그것을 보여 주려고 한다. 이유를 막론하고 나는 그것을 참을 수가 없다. 이렇게 하여 나 자신의 체면을 세웠다고 하자. 그러나 그것은 나에게 다가온 십자가를 거부한 행위이다. 이기적인 근성 때문에 십자가를 부인한 것이다. 나는 자신을 구출하였다고 생각하였겠지만 여기서 나온 죽음의 그림자는 어린 세 아이에게 전달되고 아름다운 아내를 죽음의 지배 속으로 몰아넣는다.

그러나 아내가 나의 자존심을 자극하는 말을 했을 때 그 순간 내가 십자가 안에 거하고 있었다면 나의 반응과 태도는 전혀 달라졌을 것이다. 내 말은 달라졌을 것이다. "여보, 미안하오. 내가 닦아 놓을께." 열등감에 사로잡혀 살았던 옛날의 마이크(나)는 이미 죽었기 때문에 아내가 건드리는 말에 그리스도 안에 거하고 있는 나는 그렇게 예민한 반응을 하지 않는다. 옛 자아를 구원하고 세워보려고 하지 않는다. 실제적으로 옛 생명의 나는 그리스도와 함께 십자가에 못박혔고 죽었기 때문이다. 그리스도가 나의 새로운 본체이고 지배자이므로 어떤 비난이나 욕설에도 계속해서 사랑할 수 있는 마음이 준비된다. 아내의 가시돋힌 말도 넉넉히 받아드릴 수 있게 된다. 낮에 어떻게 집에서 보냈는지 물어보며 대화를 나눌 수 있는 여유를 가지며 모든 분위기를 새롭게 쇄신할 수가 있다. 이렇게 십자가를 기꺼이 질 수 있게 될 때 우리 부부는 다정하게 식탁에 앉아 화기애애한 식사를 하게 될 것이고 아이들은 밝은 모습으로 학교에서 있었던 일들을 이야기하며 즐거운 가정의 저녁시간이 시작될 것이다. 모두 만족한 마음으로 자기 일로 돌아갈 것이다.

이때 일어난 일을 다른 사람은 보지 못할지도 모른다. 그러나 나는 그것을 볼 수가 있다. 나는 내 자아의 생명을 버렸다. 나를 애써 구원하려 하지 않았다. 그러나 십자가에서 한번의 죽음을 적용할 때 어떤 일이 일어나는가를 나는 깊이 경험하게 될 것이다. 나는 높이 하늘의 보좌에 앉아 있는 삶을 누릴 수 있게 된 것이다. 주님이 주시는 사랑과 기쁨이 충만한 나를 통하여 깊고 높은 사랑과 기쁨은 가정의 모든 아이들과 아름다운 아내에게 전해져서 그리스도의 사랑과 생명은 조용히 확산되어 갈 것이다.

이 놀라운 진리를 확실하게 알게 되고 깨닫게 된 것은 내가 신학교에 다닐 때였다. 어느날 공부를 마치고 집에 돌아왔는데 아내가 부엌에서 일을 하고 있었다. 들어와 그의 곁을 지날 때 듣기에 좋지 않은 말을 나는 들었다. 나에게는 너무 무모한 말이라고 생각되었다. 기분이 몹시 상했다. 홱 돌아서 서재로 들어갔다. 시험이 급하기에 틀어박혀 공부를 하였다. 그 당시 나는 생각했다. 아내에게 보복하는 가장 좋은 방법은 말을 하지 않는 것이다. 이렇게 생각하고 일체 말을 하지 않았다.

그 때 내 마음에 기억되는 말씀이 있었다. 에베소서 5장이었다. 읽어 내려가는데 25절 말씀이 나왔다. "남편들아 너의 아내를 사랑하라." 나는 순간적으로 거부했다.

"안됩니다. 주님 그가 사과하기 전까지는 안됩니다."

그 순간 주님께서 말씀하셨다. "마이크야, 아내에게 먼저 찾아가라. 그리고 그를 포옹해라. 그리고 사랑한다고 말해라."

다시 나는 말했다. "주님, 안됩니다. 그가 사과하기 전까지는 안됩니다." 그러나 주님께서는 나로 하여금 공부에 전념할 수 없게 하셨다. 25절 말씀을 붙잡고 나는 이의를 제기했다. "주님 그녀는 책임을 져야 합니다. 내가 지금 사과하게 되면 계속해서 그가 그런 행동을 하게 만드는 결과를 가져옵니다."

그러나 주님은 다시 말씀하셨다. "어서 가서 네 아내를 포옹해 줘라. 그리고 그를 사랑한다고 말해라. 마이크, 네가 나에게 잘못을 범했을 때 나도 너에게 그렇게 해야 되겠니?"

"오! 주님, 알겠습니다. 내가 죄를 범했을 때는 주께서 오셔서 포옹해 주시며 나를 사랑하신다고 하시는 말을 듣고 싶습니다. 그러나 이 경우는 좀 다릅니다!"

한참을 씨름한 뒤에 마침내 나는 주님께 순복하기로 했다. 아내가 있는 부엌으로 긴 여행을 시작했다. 아내는 부엌일로 바빴다. 우리 집은 작은 집이었지만 부엌까지 가는데 걸리는 시간은 대저택인 것 같이 멀었다. 드디어 부엌에 도달했다. 아내는 아직도 부엌 싱크대 설거지통에 서서 닦고 있었다. 그의 등을 향해 조용히 다가갔다. 그의 어깨를 잡고 그의 몸을 당겼다. 그리고 포옹해 주었다. "여보, 미안해요. 사랑해!"

그러나 그녀의 반응은 믿을 수 없는 것이었다. "이제야 제 정신이 들었군요. 다행이예요." 이 말을 듣고 무슨 말을 하겠는가? 나의 가장 우려했던 일이 그대로 나타나지 않았는가? 내가 제일 증오하는 행동을 하도록 아내를 부추긴 셈이 아닌가?

주님은 그 때 다시 말씀하셨다. "그래도 아내를 다시 포옹해라. 다시 사랑한다고 말해라." 나는 다시 그를 포옹했다. 아내는 몸을 돌려 하던 일을 말없이 계속했다. 그녀에게서 특별한 반응은 보이지 않았다. 그러나 나의 마음은 전과 같지 않았다. 내가 느끼는 마음은 내 속 깊은 속에서 나뭇가지 하나가 부러지는 것 같은 아픔이었다. 나는 나 자신의 생명을 포기했다. 그 십자가는 죽음같은 고통이었지만 우리 가정 안에 솟아 오르는 생명의 빛은 내 생애 이전에는 느껴보지 못한 환희였다. 주어진 기쁨과 음성은 나의 아내를 위한 것이 아니라 나를 위한 놀라운 관현악이었다!

아내가 풍성한 생명을 얻기 위해서 나는 죽어야 했다. 내가 죽음으로 나의 아내는 살게 되었다. 아마 내가 하늘나라에 갈 때까지는 그 좁은 부엌 안에서 그날 우리 가족이 받게 된 풍성하고 넘치는 사랑의 생명은 결코 더 맛보지 못하고 알게 되지는 못하리라는 생각이 든다. 그날 이후 나는 알게 되었다. 내가 아내를 사랑하는 것은 쉬운 일이었다. 이제 나는 아내를 그녀가 나를 위해서 나에게 해준 것 때문에 사랑하는 것이 아니라 아내의 있는 그대로의 모습 때문에 더욱 나의 아내를 사랑할 수 있게 된 것이다. 아내는 나의 사랑을 받기 위해 어떤 일을 행하여야 할 필요가 없었다. 예수님께서는 이미 그녀를 위하여 주님의 모든 것을 값없이 사랑으로 그에게 주셨기 때문이다.

얼마나 많은 그리스도인들이 결혼생활에서 얇은 자기보호주의(self-protectionism) 때문에 고통을 받고 있는지 모른다. 죽기를 거부하고 남편이나 아내에게서 받은 손해를 하나도 잊지 않고 기억하면서 자기 자아를 방어하느라 사력을 다하며 고통스럽게 사는 부부들이 얼마나 많은지 모른다. 결국 모든 사람이 가지고 있는 모든 것과 모든 생각은 "나"(me) 뿐이다.

"나"의 뜻에 따르라. "나"에게 관심을 기울여라. "나"의 감정을 거스리지 않도록 하라. 항상 "나"를 최고의 대상으로 존경하고 기억해 달라. 모두 이런 태도들이다. 내가 실제로 가지고 있는 유일한 문제도 나의 이런 욕구를 제어할 수 없는 때가 너무 많이 있다는 것이다. 그렇다고 내가 나의 이런 자기 중심적인 욕구를 온갖 노력을 다하여 이뤘다고 할 때 내가 더 행복하였겠는가? 나의 주위에 있는 모든 가족들과의 관계에서 이런 식으로 살 때 어떤 특별한 만족이 찾아올 것이라고 생각하는가? 결코 그렇지 않다!

어느날 한 부인이 그의 비참한 결혼생활 때문에 나를 찾아왔다. 실제 그녀는 자기의 말을 들어 주고 자기에게 즐거움을 줄 수 있는 남자를 만난다면 현재의 그녀의 남편과 아이들을 기꺼이 버리고 떠나겠다고 결심하고 다른 남자를 찾고 있었다. 그 부인에게 나는 하나님께서 그의 가정생활을 회복하고 되찾을 수 있게 하기 위해 하실 수 있는 방안을 이야기해 주었다. 그러나 그는 자기 남편의 단점은 너무나 이해할 수 없는 것들이 많고 하나님도 남편을 위해서는 어쩔 수 없을 것이라고 말하는 것이었다.

한참동안 어려운 시간을 가진 뒤에 나는 다른 남자가 그에게 있음을 알았다. 정면의 질문을 하였다. "그 남자는 어떤 사람입니까?" 그 부인은 털어 놓았다. 그가 만난 남자는 너무 이상적인 남자이며 그와 깊은 사랑에 빠져 있다고 고백하였다. 나는 내가 자주 속임과 은폐(deception)에 대하여 설명할 때 사용하는 예화를 이야기해 주었다.

옛날풍의 공포영화에서 보면 거의 틀림없이 괴물(monster)이 어느 밀실에 숨어있는 장면이 나온다. 이것은 관객인 나와 그밖의 다른 모든 사람에게 잘 알려진 사실이다. 한 밀실에 괴물은 숨어있기 마련이다! 그런데도 영화에서 한 어린 소녀는 왜 그 문을 열고 싶어서 밀실을 향해서 움직여 다가가는가? 그 밀실 안에 괴물이 숨어있다는 사실은 명백한 사실인데도 그 소녀는 위험한 괴물의 방으로 가서 문을 열려고 한다.

관객인 나의 마음은 소리친다. "그 문을 열어서는 안돼! 괴물이 거기 기다리고 있단 말야!" 그러나 어린 소녀는 내가 보는 것을 보지 못한다. 마침내 문을 연다. 한 괴물이 그 안에서 달려든다. 자기가 실수를 범했음을 깨닫는다. 그러나 이미 때는 늦었다.

원수 사탄이 우리를 속이는 행위도 똑같다. 다른 사람들은 어떤 사람이 가고있는 길이 마침내 죽음과 파멸로 인도하는 길이라는 것을 안다. 그의 길의 끝이 비극과 비참과 고독과 고통이라는 것을 알고 있다. 그러나 사탄의 깊은 속임수 속에 빠져있는 사람에게 그의 이기적인 욕심을 이용하여 조금더 있으면 문은 열리고 모든 것을 해결할 수 있다고 말해 준다. 그것은 도움이 되지 못한다. 그러나 불행하게도 많은 사람들이 상담자라는 미명으로 사람만을 즐겁게 하는 이런 달콤한 말을 해 주는 경우가 많다. 그런 상담자들 중에는 소위 그리스도인이라는 이름을 가진 분들도 있다. 세속적인 상담자와 다름없이 수입을 위해 거짓된 희망을 주입해 주는 상담자가 되어서는 안된다. 그러나 많은 사람들이 그런 종류의 상담자들을 쫓아다니다 더욱 사태를 악화시키고 더 큰 불행을 맞이 하는 경우가 많다. 그들은 백성의 귀에 달콤한 말만으로 상담하지만 결국은 멸망으로 인도한다.

"너희가 말로 여호와를 괴로우시게 하고도 이르기를 우리가 어떻게 여호와를 괴로우시게 하였나 하는도다. 이는 너희가 말하기를 모든 행악하는 자는 여호와의 눈에 선히 보이며 그에게 기쁨이 된다 하며 또 말하기를 공의의 하나님이 어디 계시냐 함이니라"(말 2 : 17). 결국 그들은 마침내 문이 열렸을 때 그들이 속았다는 것을 깨닫지만 이미 돌이키기에는 너무 늦었다.

나를 찾아온 그 부인에게도 똑같은 일이 일어났다. 경고하기에는 때가 이미 늦은 상태였다. 그 부인은 남편과 이혼을 했고 간음죄를 범하는 생활을 이미 시작한 후였다. 그후 그의 자녀들은 모두 성장했지만 그들은 어머니를 배척했다. 더 이상 어머니로 부르지 않았다. 몇년이 지나지 않았지만 그 부인은 지금 참혹한 생활을 영위하고 있다. 황폐한 절망속에 비극적이고 고독한 생활을 살아가고 있다.

"그러므로 이제 나 만군의 여호와가 말하노니 너희는 자기의 소위를 살펴 볼지니라 너희가 많이 뿌릴지라도 수입이 적으며 먹을지라도 배부르지 못하며 마실지라도 흡족하지 못하며 입어도 따뜻하지 못하며 일군이 삯을 받아도 그것을 구멍 뚫어진 전대에 넣음이 되느니라 나 만군의 여호와가 말하노니 너희는 자기의 소위를 살펴 볼지니라"(학 1 : 15-7)

자아 중심의 삶이 늘 만족하다고 믿는 것은 속임수이다. 정말로 옛날의 자아 중심의 생활이 우리에게 만족을 주었던 기억이 있는가? 항상 불만족하여 더 구해야 하고 갈증을 느끼며 몸부림쳐야 했던 날들이 아니었던가?

당신의 옛 우상과 옛 잔재물과 속이는 옛 감정의 자산을 25퍼센트만 가지고 지키겠다고 당신이 결심을 했다면 당신의 25퍼센트를 주님은 결코 만나주실 수 없을 것이다. 5퍼센트의 옛 자아를 지키겠다고 고집한다면 당신이 만날 수 있는 5퍼센트의 주님을 당신은 잃게 될 것이다. 그리스도의 십자가는 모든 것의 위대한 제거자(subtracter)이다. 그의 십자가 앞에 나와서 그와 만나는 사람은 모두 많은 것들을 버려야 한다. 그러나 잃고 버리는 만큼 모든 면에 그리스도의 풍성한 임재를 누리는 축복을 우리는 받게 된다.

우리가 우리 안에 십자가를 적용하여 죽음을 허용하는만큼 성령께서는 우리 안에 생명을 허용하신다. 앞에서 인용했던 말씀의 빛 속에 사도 바울의 말을 들어 보라. "우리가 항상 예수 죽인 것을 몸에 짊어짐은 예수의 생명도 우리 몸에 나타나게 하려 함이라. 우리 산 자가 항상 예수를 위하여 죽음에 넘기움은 예수의 생명이 또한 우리 죽을 육체에 나타나게 하려 함이니라. 그런즉 사망은 우리 안에서 역사하고 생명은 너희 안에서 하느니라"(고후 4 : 10 －12).

여기에 바울의 풍성한 생명과 삶의 비결이 있다. 예수의 죽음 다음에 찾아오는 생명을 나타나게 하라고 사도 바울은 촉구한다. 우리가 정말로 살아있는 자이고 예수님께서 약속하신 "내가 온 것은 너희로 생명을 얻게 하고 더 풍성히 얻게 함이라"하신 것을 경험하려 한다면 우리를 계속해서 죽음의 십자가에 넘겨주어야 한다.

영국인 목사 한분이 이런 말을 한 적이 있다. 우리 그리스도인들은 세상의 퇴비더미가 되어야 한다. 사람들이

길에 버리는 쓰레기들을 거부하지 말고 모두 받아들여 두면 주님께서는 그것을 스물 네 시간 안에 가장 아름다운 생명으로 변하게 하시고 자라게 하신다. 이 말은 사실이다. 나는 그 진리를 사실로 발견했다. 주님께서 특별하게 나를 사용하셨을 때는 언제든지 주님은 먼저 나의 자아를 완전히 처리하기 위해서 계속적으로 죽음의 망치질을 행하셨다. 그리고 나서야 풍성한 거함의 문을 내 안에 넓게 열어 주셨다. 그리고 그의 능력 안으로 나를 옮겨 주시고 그의 초자연적인 뜻(His supernatural intent)을 이루게 하여 주셨다.

반복해서 다시 또 다시 나는 이 교훈을 가르침 받았지만 나는 늘 어리석었다. 일이 잘못돼 가고 주위에 있는 사람들이 내 앞에 그들의 온갖 쓰레기들을 버릴 때 나는 또 참지 못했다. 그러나 그 때가 바로 우리 주님께서 놀라운 기적(miracle)을 행하시려는 때이고 나로 하여금 그 기적의 현장에 참여하게 준비하고 계시는 때라는 것을 잊지 말아야 했다. 감격하고 흥분해야 할 사건이 가까이 다가오고 있음을 볼 수 있어야 했다. 때때로 주님의 이러한 죽음에 이르게 하는 망치질은 우리를 완전히 부숴 없애버릴까 봐 두려움을 느끼게 하기도 한다. 그러나 우리는 어떤 두려움도 버리고 기꺼이 그분께 맡겨져야 한다. 질그릇 속에 갇혀있는 고귀한 주님의 생명이 모든 제약을 벗어버리고 생기를 발휘하기 위해서는 나의 옛 껍질인 자아가 완전히 깨어지고 부서져야만 한다.

"항상 우리를 그리스도 안에서 이기게 하시고 우리로 말미암아 각처에서 그리스도를 아는 냄새를 나타내시는 하나님께 감사하노라 우리는 구원 얻은 자들에게나 망하는 자들에게나 하나님 앞에서 그리스도의 향기

니"(고후 2 : 14, 15)

그리스도께서 제자들에게 나타나셨을 때 부활하신 증거가 무엇이었는가? 어떻게 제자들은 주님께서 실제로 죽음을 이기시고 무덤에서 살아나셨음을 알았는가? 어떻게 그들은 부활하신 분이 바로 그리스도라고 알게 되었는가? "네 손가락을 이리 내밀어 내 손을 보고 네 손을 내밀어 내 옆구리에 넣어 보라. 그리하고 믿음없는 자가 되지 말고 믿는 자가 되라"(요 20 : 27).

부활의 생명은 항상 죽음의 표적에서 증명된다. 죽음의 증거에서 부활 생명은 즉시 나타나게 되어 있다. 예수의 생명을 나타내 보이고 그리스도의 향기를 발하는 사람은 누구나 그의 생명 안에 많은 죽음의 흔적을 가지고 있다. 다른 한편 자아 생명의 구습을 버리지 못하고 사는 사람은 자기의 능력과 재능과 프로그램과 지식과 재산과 가족과 끝없이 다른 어떤 것들을 나타내기 마련이다. 이것은 참 생명의 삶을 아직 알지 못했기 때문에 나타나는 현상이다.

여행을 하며 여러 모양의 그리스도인들을 세계의 도처에서 나는 만나보았다. 하나님께서 그의 자녀들에게 주시는 모든 기쁨과 풍성한 능력 속에서 은혜롭게 살아가는 그리스도인들이 많이 있었다. 여러 종류의 형제 자매들과 주님의 사랑 안에서 교제를 나누며 내가 발견한 사실은 그들이 두 가지의 공통사항을 가지고 있었다는 사실이었다. 하나는 그들이 모두 순간 순간 거하는(abiding) 삶이 필요하다는 것을 알고 있었다는 사실이고, 또 하나는 그들은 모두가 바른 믿음(faith)을 가지고 있었다는 사실이었다. 이것은 정확한 사실이었고 아울러 그들의 가장 큰 능력의 원천은 기도와 그리스도 안에 거하는 삶(prayer and abiding)

이라는 사실을 확인하게 되었다.

한번은 비행기를 타고 여행 중이었다. 나이가 많아 보이는 어떤 인도 여자가 혼자 앉아있었다. 같이 앉아도 되겠느냐고 물었다. 대화를 나누는 중에 그는 대통령 간디 여사의 가까운 친구 중의 한 사람이었다는 것을 알게 되었다. 그는 사람들이 좀더 인간적이 되어야 한다고 자기 생각을 피력하며 여러 가지 이야기를 시작하였다. 그리고 하나님에게 가는 길은 한 길만이 아니고 여러 길이 있다고 설명하였다. 그리고 그가 믿고 있던 근본 신념은 예수님 같은 위대한 성인들을 본받아 사는(imitate) 사람은 누구든지 하나님의 영접을 받게 되리라는 것이었다. 그는 바른 그리스도에 대한 믿음을 가지고 있지 못하였으나 그것을 바꾸려 하지 않았다.

아들이신 예수님을 본받아 살 수 있는 사람은 이 세상에 아무도 없다. 다만 그 분이 우리 안에 사셔야만 한다. 우리를 통하여 그분이 사셔야만 가능하다. 바울은 고린도 교회의 성도들에게 "내가 그리스도를 본받는 자 된 것 같이 너희는 나를 본받는 자 되라"(고전 11 : 1)고 가르쳤다. 그렇다. 우리는 그리스도를 본받는 자가 되어야 한다. 그러나 우리가 본받아야 할(emulete) 것이 무엇인가? 그것은 그의 하신 일이 아니다. 진실로 우리는 세상 모든 인류의 죄를 위하여 죽을 수가 없다. 다만 우리가 본받을 수 있는 것은 그가 사셨던 마음과 태도(attitude)일 뿐이다. 죽기까지 복종하신 낮고 겸손한 그의 생명이다.

"너희 안에 이 마음을 품으라 곧 그리스도 예수의 마음이니 그는 근본 하나님의 본체시나 하나님과 동등 됨을 취할 것으로 여기지 아니하시고 오히려 자기를 비어 종의 형체를 가져 사람들과 같이 되었고 사람의

모양으로 나타나셨으며 자기를 낮추시고 죽기까지 복종하셨으니 곧 십자가에 죽으심이라"(빌 2 : 5-8)

외적으로만 그리스도를 따르고 본받는 생활은 하나의 모방에 지나지 않으며 잘못된 신앙이다. 그런 식의 강조는 잘못된 가르침이다. 예수님께서는 이런 그릇된 가르침을 막기 위해서 새롭게 비유로 가르치셨다. 포도나무(vine)와 포도원 농부(vinedresser)와 가지(branch)의 비유이다. 그것은 간단한 예화이다.

우리는 최고의 선생이신 주님께서 자연물에서부터 예화와 유추를 사용하시는 것을 자주 볼 수 있다. 그런데 여기서 주님은 매우 강한 어법을 사용하신다. "내가 참 포도나무요"(I am the true vine). 여기서 주님은 그가 포도나무와 같다고 말씀하지 않으신다. 자기가 바로 "참 포도나무"라고 하신다! 다른 말로 하면 예수께서 계시지 않았다면 이 세상에 포도나무도 존재하지 않았을 것이라는 뜻이다. 모든 포도나무는 하나님의 아들, 예수 그리스도를 가르치고 선포하기 위해서 창조되었다고 말씀하시는 듯하다.

우리가 배울 수 있는 한 가지 중대한 사실은 "무릇 내게[안에] 있어 과실을 맺지 아니하는 가지는 아버지께서 이를 제해 버리시고 무릇 과실을 맺는 가지는 더 과실을 맺게 하려하여 이를 깨끗케 하신다"는 말씀이다.

이 말씀을 옛날에는 나의 생활에서 하나님을 기쁘시게 못하는 거룩하지 못한 것들을 하나님께서 제해 버리신다는 것을 가르친다고 나는 늘 생각하였다. 그것은 나의 잘못된 이해였다. 얼마 후 내가 알게 된 사실은 포도원 농부가 잘라내는 가지는 지난해 가장 많은 열매를 맺은 새로 나온 가지들(shoots)이라는 사실이었다. 그것은 내가 알고 있는 것과 정반대였다. 그것이 옳은 것이었다. 포도원 농부들은 실제로 묵은 해에 열매가 좋았던 가지들을 잘라낸다. 왜 그렇게 하는가? 이유는 매우 단순하다. 좋은 열매를 많이 맺었던 지난해의 가지들을 올해 그대로 놔두면 그것들은 더 많은 수액(sap)과 생명을 필요로 하게 되며 결과적으로 열매를 적게 맺게 되기 때문이다.

이 비유의 말씀은 하나님의 주권아래 꼭 필요한 프로그램들이 우리를 위해 실시되고 그 결과 그리스도의 몸된 교회를 위해 풍성한 열매들을 우리로 하여금 거두게 하신다는 사실을 말해준다. 그렇지만 때때로 우리 중에는 사역을 하면서 주어진 열매들에 너무 몰입하여 하나님께서 가지를 잘라내는 일을 거절하고 받아들이지 않으려는 사람들이 있다. 그들은 여러 가지 사역과 프로그램에 열정적으로 헌신하고 전념한다. 이런 사람들은 하나님을 신뢰하기보다는 일에 그들의 중심을 바친다. 20년 전에 하나님의 놀라운 축복 속에 시작한 사역들이지만 지금은 많은 사역자들이 포도원의 주인되시는 하나님의 뜻과 인도하심을 저버리고 따르지 않고 있기 때문에 황폐한 사역이 된 것이다. 그러므로 20배나 되는 힘과 헌신을 바치지만 거두는 열매는 20배로 줄어들게 된것이다.

우리가 자주 잊고 있다. 모든 사역 과정에서 잊지 말아야 하는 가장 중요한 요소는 좋은 열매는 주님 안에 거하는 생명에서 태어난다는 사실이다. 이 사실을 우리는 망각하기 쉽다. 좋은 사역의 역사를 이룩했던 많은 그리스도인들은 그들이 그리스도 안에 온전히 거하고 있을 때 하나님께서 사역할 수 있으셨고 그의 계획을 실행할 수 있으셨다. 그러나 대적 마귀는 주님 안에 거하는 삶이 아니라 다른 곳으로 우리의 눈을 돌리게 만든다. 사탄은 주어진 축복이 하나님이 소개해준 어떤 인위적인 과정이나 프로그램의 결과에서 왔다고 믿게 만든다. 많은 열매와 축복은 우리의 삶의 초점이 하나님께 맞춰져 있었기 때문이다. 지난해에 많은 열매를 맺었던 가지들을 잘라내는 일은 성도들로 하여금 하나님께만 초점을 맞출 수 있도록 해주며 하나님께서 새해에 필요한 열매들을 새롭게 주실 수 있도록 준비해 준다. 어제와 마찬가지로 오늘도 내일도 우리에게 필요한 것은 변함없이 참 포도나무이신 예수 그리스도이다. 하나님께서 인류에게 다가가시는 방법은 계속해서 새롭게 변한다. 그러나 성공적인 삶을 위해 필요한 모든 것은 순간 순간 그분 안에 거함(abiding)을 통해서만 찾아온다. 다른 길은 없다.

대적 사탄은 계속해서 우리의 눈이 잘못된 일들에 머물도록 유도한다. 우리의 눈이 거함(임재)의 결과에 초점을 두어서는 안된다. 다른 무엇에 우리의 눈과 중심이 가 있을 때 그리스도 안에 거하는 삶은 멈추어진다. 우리가 항상 각성해야 하는 것은 우리의 두 눈이 항상 하나님을 향하여 있어야 한다는 것이다. 우리 눈과 중심이 하나님을 향하여 있을 때 열매는 자연스럽게 맺히고 삶은 자연히 풍성해질 것이다.

요한복음 15 : 2이 우리에게 말씀하는 것이 무엇이라고 생각하는가? 매일 기도하지 않는 가지, 교회에 나가지 않는 가지, 성경을 읽지 않는 가지, 영적인 결혼생활을 하지 않는 가지, 순결한 생각을 하지 않는 가지, 특별한 감정적 체험이 없는 가지, 전업적인 사역을 하지 못하는 가지를 아버지께서 모두 제해 버리실 것이라는 말씀으로 생각하는가? 아니다! 결코 그렇지 않다. 우리의 삶에서 가장 중요한 목적은 열매를 맺는 일이다(to bear fruit).

우리가 주님을 위해 어떤 일을 많이 하는 것이 아니다.

　내가 호주에 갔을 때의 일이다. 집회가 끝난 뒤에 한 자매 성도가 나에게 찾아왔다. 그녀는 나의 강의 내용을 매우 은혜롭고 재미있게 들었다고 하였다. 그 전에도 나의 집회에 참석한 적이 있다고 하였다. 그가 하고 싶었던 말은 집회에 참여해서는 은혜를 받지만 그것이 생활의 문제 속에서는 효과있는 역사를 이루지 못한다(did not work)는 것이었다. 그런 말에 나는 항상 흥미를 가진다. 거하는 삶은 즉각적인 효능을 가져오고 역사가 나타나야 한다. 그러나 우리가 할 수 있는 일은 아무것도 없다. 모든 것을 이루고 만사를 성취하시는 분은 오직 하나님이시다.

　그 부인에게 하고 싶은 이야기를 계속 더 해 보도록 했다. 그는 과식(overeating)을 하지 않기 위해서 여러 가지 치료받은 이야기들을 하였다. 오랫동안 그 부인은 너무 많이 먹는 습성으로 괴로움을 당해오고 있었다. 과다한 체중에도 불구하고 그 부인은 스스로 식욕을 제어할 수가 없었다. 할 수 있는 모든 방법을 다 해 보았다. 책들을 통하여 여러 가지 치료법을 읽어 보았다. 그룹 치료도 받아보고, 최면술 치료도 해 보고, 입원 치료도 해 보고 치료 세미나에도 열심히 참석해 보았다. 그런데 소용이 없었다. 그는 "무슨 방법이 없겠느냐"고 나에게 물었다.

　나의 대답은 간단한 것이었다. "집에 가서 먹고 싶은 것을 드십시오!"라고 했다. 그는 나를 응시해 보았다. "농담하시는 것이지요?" "아닙니다. 집에 편히 가셔서 드시고 싶은 것을 드십시오." 나는 그녀에게 설명해 주었다. 그녀의 많이 먹는 습성에서 그녀가 자신을 구원할 수 있다면 벌써 그렇게 할 수 있었어야 했다고.

　내가 그녀를 과식의 문제에서 구해줄 수 있다면 그렇게

해 주고 싶었다. 그래서 나는 그녀에게 부탁했다. 아침에 일어날 때마다 이렇게 기도하십시오. "주님, 당신을 떠나서는 나는 아무 일도 성취할 수 없는 자입니다. 전능하신 당신께 나의 과식하는 습성을 맡깁니다. 주님, 감사드립니다. 어떤 방법으로든지 나의 문제를 주님께서 해결해 주시리라 믿습니다. 감사합니다." 이렇게 자신이 해결할 수 없는 문제를 주님께 아뢰고 "가서 먹으라"고 얘기해 주었다. 그 후 놀라운 일이 일어났다. 그녀는 이제 더 이상 많이 먹고 싶은 식욕을 느끼지 않게 되었다는 소식을 그녀에게서 듣게 되었다. 어떻게 해서 이런 변화가 일어났는가? 그의 눈이 이제는 먹는 음식에 머물러 있지 않고 모든 것을 이기게 하는 풍성한 생명을 부어주시는 하나님께 두게 되었기 때문이었다.

한번은 또 코카인 중독자 한 사람이 상담을 하기 위해 나를 찾아왔다. 그는 불신자였다. 어느날 마침내 그는 하나님께 자신의 생애를 의탁하게 되었다. 그리고 그는 물었다. "나의 이 마약의 문제를 어떻게 해야 합니까?" 먼저 그가 마약을 버리고 구원 받기를 원하는 확고한 마음이 있는지를 물어 보았다. 그는 그렇게 되고 싶다고 하였다. 그래서 그에게 말했다. "우리 같이 기도하며 마약 문제와 모든 것을 하나님께 맡깁시다. 주님께서 그것을 가져 가시도록 맡겨봅시다." 그는 그렇게 하기로 하였다.

우리는 함께 기도했다. 그는 질문했다. 만일 밤에 집에 있을 때 전과 같이 코카인을 하고 싶은 생각이 그를 사로잡으면 어떻게 하느냐는 것이었다. 그런 생각이 나면 코카인을 하라고 나는 말해 주었다. 그러나 아침마다 잠자리에서 일어나면 일어나자 마자 이렇게 기도하도록 부탁하였다. "주님, 주님을 떠나서 나는 아무 것도 할 수 없는

제 8 장 / 순간 순간 살아가는 삶   249

인생입니다. 오늘도 나의 코카인 문제를 당신께서 맡아 주십시오. 감사합니다. 주님께서 어떤 일이 있어도 나의 코카인 문제를 다 가져가시고 해결해 주셨음을 믿습니다."

누구든지 이런 사람에게 코카인을 복용하지 말라고 명령할 것이다. 그러나 문제는 그가 코카인을 복용하면 안된다는 사실을 알고 있지만 그것을 끊을 수 없었다는 사실이다. 그는 결코 백치가 아니었다. 우리가 필요로 하는 것은 하나님의 초능력적인 임재와 역사하심이다. 하나님의 역사하심은 우리의 눈과 관심을 문제 위에 두는 것이 아니다. 그리스도 안에서 하나님만을 바라보고 그만을 관심하는 것이다. 이때 하나님의 역사와 치료는 일어나는 것이다.

삼일이 지난 뒤에 그 사람은 나를 찾아왔다. 그리고 나를 만나 상담을 끝낸 뒤부터 자기의 생애에 어떤 일이 일어났는가를 이야기하였다. 첫날 아침 그는 일어나자마자 가르침을 받은대로 하나님께 기도했다. 그리고 생각나는 대로 코카인을 맞았다. 두번째 날 아침에도 기도했지만 똑같은 일을 행하였다. 그러나 셋째날 아침에 그가 하나님께 기도하고 코카인 주사를 맞으려 할 때 그는 그렇게 할 수가 없었다! 마약을 맞고 싶은 우울한 마음이 싹 사라져 버렸다는 것이다. 코카인을 맞지 않았지만 그의 마음에 힘과 기쁨이 솟아나고 있었다. 어떻게 해서 이런 변화가 일어났는가? 살아계신 하나님의 손이 그를 그의 문제에서 구원하여 주신 것이다! 주 하나님을 찬양하자!

나의 경험에서도 온갖 육신의 문제들에서 나를 구원하여 주신 것은 주님이었다. 그러나 나의 눈이 육신의 소욕과 그런 문제들에 초점을 맞출 때는 그렇지가 못하였다. 나도 한 때 특별한 한 가지 문제 때문에 그것을 제거해 보려고 여러 가지 노력을 해 보았다. 단호한 결심으로 성경도 많이 읽어보고 공부를 열심히 해 보기도 하였다. 아! 그런데 그런 모든 결심과 내 의지적인 실천에도 불구하고 더 심각한 실패가 곧 뒤따르게 되고 계속되는 것을 보았다. 다만 나의 삶이 온전한 구원에 이르게 된 것은 내가 온전히 그리스도의 영안에 거함으로 교제하는 순간 순간의 삶을 통해서였다. 그리고 나 자신도 모르게 시간이 지난 뒤에 모든 육의 문제들이 자연스럽게 어디론가 떠나간 것을 알게 되었다.

지금 이 시간도 당신이 당신의 문제에 관심을 집중시키고 있다면 당신은 하나님의 구원을 보지 못한다. 포도나무가 항상 먼저이고 중심이 되어야 한다. "나는 포도나무요 너희는 가지니 저가 내 안에 거하고 내가 저희 안에 거하면 이 사람은 과실을 많이 맺나니 나를 떠나서는 너희가 아무 것도 할 수 없느니라."

포도나무의 가지는 그 자신 안에는 생명을 가지고 있지 않다. 그리스도인들이란 다만 그리스도의 생명을 받아들이는 사람들이다. 우리가 부르심 받은 것은 그리스도의 생명을 모방하기 위함이 아니다. 다만 그의 생명 안에 참여(participate)하기 위함이다. 우리가 거하는 삶을 배우기 전에는 많은 갈등과 싸움 속에 성취할 수 있었던 일들을 이제 매우 자연스럽게 천성적으로 행하고 성취할 수 있게 됨을 발견하게 될 것이다. 이것은 우리가 참 포도나무이신 그리스도와 하나가 되어 그의 영과 생명과 체질을 소유하게 되었기 때문이다.

우리 어머님께서는 나의 어린 시절에 매우 아름답게 인공으로 만든 과일을 식탁 위에 놓아두셨다. 때때로 나는 그 과일이 먹지 못하는 것임을 알리기 위해서 한두 개를 몰래 빼내어서 감추기를 좋아했다. 우리가 이런 모조 과일을 만들어내는 공장을 방문한다면 기계들이 수없이 많은 소음을 내며 복잡하고 분주하게 돌아가고 있는 광경을 보게 될 것이다. 매우 고약한 냄새들이 여기 저기서 날 것이다. 다시 들어가고 싶은 생각이 사라질 것이다. 그런데 우리가 자연 속의 포도밭을 방문했다면 아름다운 포도나무 그늘에 자리를 펴고 싱그러운 향기를 맡으며 한잠 자고 싶은 마음이 들 것이다. 포도송이가 알알이 여물어가는 평화로운 포도원에 심취되어 시간가는 줄을 모를 것이다. 이것이 바로 다른 것이다. 모조품 생명을 생산해내기 위해 일하는 기계와 신선한 생명을 생산해내기 위해 일하는 포도나무는 너무나 다른 것이다.

우리가 모방하는 그리스도인과 거하는 생명의 그리스도인 사이의 차이점을 발견하기는 쉽다. 자기 힘으로 일하는 사람들은 소리가 크고 격렬하기 마련이다. 그들은 많은 노력에도 불구하고 하나님께는 달콤한 향기(aroma)로 상달되지 못한다. 그들의 열매는 첫눈에 겉으로 보기에는 매우 찬란하다. 그러나 시간이 지나면 모조품에 지나지 않음을 알게 된다. 그러나 그분 안에 거하는 삶의 비밀을 배운 성도는 조용하다. 그러나 신선하고 생명으로 가득하다. 이것이 그리스도의 풍성한 생명이다! 그리스도 안에 있으면 삶이 향기를 낸다. 열매를 맺는다. 자기를 위해서가 아니다. 주님과 이웃을 위해서 가장 좋은 열매를 맺는다. 그의 열매는 이웃 사람에게 늘 기쁨을 준다. 희망을 준다. 다른 사람을 새롭게 한다. 그들이 생명을 얻게 한다. 그의 삶은 자동적인 흐름이다. 절대로 어떤 일을 하는데(doing)에 초점을 두지 않는다. 거함(abiding)에 초점을 둔다. 그의 두 눈이 항상 바라보는 것은 값진 포도나무이다.

그는 좀체로 염려하지 않는다. 포도원 주인과 포도나무가 모든 문제를 돌보시기 때문이다. 그는 주인의 손에 만사를 맡긴다. 주인의 잘라내는 일에 아무 불평없이 순종하며 자신을 맡긴다. 그것이 하나님께 더 가까이 가는 길이고 더 풍성한 생명을 얻는 길이라고 알기 때문이다. 가지로서 그것은 은총이고 기쁨이 된다. "주님! 당신을 떠나서는 저는 아무 것도 할 수 없습니다." 이런 고백이 매일 드리는 고백이 된다.

"사랑의 주님이시여, 포도나무가 되셔서 우리에게 생명을 주신 당신께 찬양을 드립니다. 감사를 드립니다. 오늘 지금 이 순간, 당신 안에 거하기를 원합니다. 놀라운 아들의 생명으로 우리를 채우소서! 참 포도나무의 생명으로 나를 채우소서!" —주님의 이름으로 아멘—

순간 순간 역사하는 그의 보혈

구약성경에 보면 하나님에 대한 이스라엘 백성의 불평은 왜 하나님이 사람들의 형편을 이해하지 못하는가 이었다. 반면에 하나님의 불만은 왜 사람이 거룩하고 의로운 하나님을 알지 못하는가 이었다. 이 두 문제를 해결하는 길은 하나님이시며 사람(God / man)이신 예수 그리스도를 세상에 보내는 것이었다. 그래서 말씀이신 그리스도가 육신이 되어 여자에게서 태어났다.

예수님은 하나님을 사람에게 알게 하고 사람을 하나님께로 이끌어 가는 가장 크신 중보자(intercessor)이시다. 그분은 하나님을 아시고 인간을 아시는 분이시다. 하나님의 마음을 이해하고 인간의 마음을 이해하는 분이시다. 그는 중보자이시며 대제사장(high priest)이시며 왕이시다. 주님이시고 우리의 형제이시며 탄원자이시다. 그는 사람의 몸과 사람의 혼(마음)을 입으신 하나님이시었다. 사탄은 사람이신 예수를 시험하였다(유혹하였다).

그러나 그분 안에 계신 하나님의 성령이 모든 유혹을 물리치셨다. 사람의 몸 안에 계신 하나님의 영이 사탄의 역사들을 멸망시켰다. 예수님은 모든 세상의 일에서 유혹을 받으셨다고 어떤 이들은 말한다. 모든 것에 유혹의 시험을 받는데 얼마나 많은 시간들이 소요되었을까 알수는 없지만 다만 내가 믿는 것은 33년 반이 조금 넘는 생애를 통하여 이루어주신 것은 나를 모든 문제에서 안전하게 구원해 주셨다는 사실이다.

예수님께서 십자가에서 죽음을 맞이시던 순간 하나님의 영이 우리의 몸과 혼 안에 있는 모든 대적 사탄 마귀들을 멸하시고 정복하셨다. 그들의 근원을 모두 끊으셨다. 그러므로 우리가 그 놀라운 성령으로 나의 몸과 혼(정신) 안에 거하게 하면 나는 온전한 승리의 삶을 살 수가 있다! 승리가 나의 것이 된다.

진실로 이미 모든 인간의 원수 사탄들을 정복하신 하나님의 영이 우리 안에서 역사할 수 있게 우리를 비우기만 하면 예수님께서 요한복음에서 말씀하신 대로 주님은 그가 이루신 모든 것이 우리의 것이 되게 하신다.

"내가 진실로 진실로 너희에게 이르노니 나를 믿는 자는 나의 하는 일을 저도 할 것이요 또한 이보다 큰 것도 하리니 이는 내가 아버지께로 감이니라"(요 14:12)

비결은 그리스도의 피 안에 있다. 이것은 신약성경에 90회 이상 그의 피에 대하여 언급되는 사실에서도 찾아볼 수 있다. 예수의 피는 가장 고귀한 능력이다. 그러나 많은 경우 불행하게도 사람들은 죄의 용서와 사후에 지옥에서 구원받는 일을 위해서만 그의 피를 적용한다. 그의 피를 오직 지나간 과거와 앞으로의 미래의 세계에서만 가치있는 것으로 생각하기 쉽다. 그의 피를 지금 이 세상에서 활용할 수 있는 현재의 능력으로 생각지 않으려고 한다. 이것이 사탄의 전략이다. 예수의 피가 인간의 삶 속에서 날마다 만나게 되는 모든 문제와 대적들을 파하고 이기는 능력이 됨을 알지 못하게 하는 것은 사탄의 전략 중의 전략이다. 순간 순간의 우리의 생활 속에 적용될 수 있는 그리스도의 피는 모든 유혹과 속이는 감정과 두려움과 좌절과 모든 다른 대적들을 이미 정복한 승리의 생명이고 강력한 능력이다.

영생이란 시작도 없고 끝도 없는 생명을 말한다. 그것은 그리스도의 생명이다. 하나님은 시간에 제한을 받지 않으신다. 언제 어느 시점 어디로든지 지금 즉시 그의 생명은 옮겨지고 변형될 수가 있다. 그러므로 한번 이루신 영생은 또한 순간 순간 이루어진다. 영생이 이룬 것은 또한 순간 순간에 이뤄 성취된다. 하나님이 단번에 영원한 생명 속에 행하여 성취하신 역사는 동시에 계속해서 항상 행하여지고 성취되고 있는 역사이다. 이 보혈의 피는 파괴될 수 없는 능력이다. 모든 숨어있는 것들을 머리부터 발끝까지 부수어 버릴 수 있는 강력이다. 그 피는 하나님께 항상 복종하는 생명이다. 그리스도의 피가 머무는 곳에는 모든 값진 열매들이 가득하게 열린다. 그것은 결코 자기 만족에 잡힌 삶이 아니다. 바로 그것은 예수 그리스도의 품성이고 인격이다.

십자가와 피는 분리될 수가 없다. 십자가의 죽음과 피는 단번의 효력이지만 우리의 삶 속에는 순간 순간 적용되는 능력이고 또한 영원한 능력이다. 나는 내가 그리스도를 내 안에 영접한 그날 단번에 그와 함께 십자가에 못박혀 죽었다. 그러나 그의 영생 안에서 이제 나는 매일 매일, 순간 순간 나의 죽음을 위해 그의 십자가 위에 나 자신을 올려놓아야 한다. 내가 예수 그리스도를 구주(Savior)로 영접한 그날 나는 예수의 피로 속죄함을 받았고 새 사람으로 회복되었다. 이 사건은 그리스도의 영원한 생명 안에서 일어나는 1회적인 사건이다. 그러나 동시에 그리스도의 보혈로 우리는 순간 순간 구원받는다. 그리스도의 피는 자아를 드리는 희생제물(sacrifice)이 없이는 나에게 주어지지 않는다. 그리스도의 십자가에서 나 자신이 같이 죽지 않고는 그것은 받을 수가 없는 능력이다.

　이 사실은 이렇게 설명할 수 있다. 내가 매우 낡은 트럭 한대를 고쳐쓰기 위해 구입하였다고 해 보자. 돈이나 힘을 얼마 들이지 않아도 쉽게 고쳐 사용할 수 있으리라고 처음에 나는 생각하였다. 그러나 작업이 진행되어 가면서 고쳐야 할 곳이 점점 더 많아졌다. 점점 더 많은 돈이 들어갔다. 어느날 나는 고치는 것에 지치고 말았다. 너무 진력이 나서 더 고치고 싶은 마음이 싹 사라졌다. 그것을 쳐다보고 싶지도 않았다. 그래서 폐차 전문인을 불러서 모두 끌고가 버리도록 부탁하였다. 차고 안이 깨끗하게 비워졌다. 하지만 한 가지 남아있는 흔적(memento)이 있었다. 그것은 더러워진 나의 손이었다! 나의 소유였던 그 트럭에 대하여 모든 기억을 없애기 위해서는 나의 손을 깨끗이 닦아야만 했다!

　그 헌 트럭을 아담의 생명으로 생각할 수 있다. 그것을 고쳐서 써 보려고 온갖 노력을 다 해 보았다. 그러나 마침내 포기하고 낡은 트럭을 끌어가게 함으로 치워버렸다.

그리스도의 십자가에 아담의 생명을 맡겨버렸다. 못박아 깨끗이 죽게 하였다. 그렇지만 아담의 옛 생명의 흔적은 아직도 남아있다. 나의 마음 속에, 습관 속에, 욕구 속에 찌꺼기와 오염으로 남아있다. 당신이 이 모든 더럽고 낡은 자취를 깨끗이 닦아내기 위하여는 예수의 피가 필요하다. 거함(abiding)의 문을 열어 그 피가 당신 안에 흐르게 허용함으로 이 모든 과거의 찌꺼기들에 대한 기억까지도 사라지게 될 것이다. 예수님의 피는 죄로 인한 부정한 감정들을 깨끗하게 제거해 주는 생명의 능력이 있다.

"저가 빛 가운데 계신 것 같이 우리도 빛 가운데 행하면 우리가 서로 사귐이 있고 그 아들 예수의 피가 우리를 모든 죄에서 깨끗하게 하실 것이요"(요일 1 : 17). 예수의 피가 이루신 성결(cleansing)은 모든 거칠고 깨끗지 못한 것들을 제거해 주고 우리 안에 순전한 마음(pure heart)을 가지게 한다. 순전한 마음을 창조하여 준다.

성전에서 하나님이 임재하시는 지성소는 두꺼운 휘장(veil)으로 막혀져 있다. 그 뒤에 있는 지성소에는 대제사장만이 일년에 한번씩 피를 뿌리고 들어갔다. 그 휘장은 옛 아담의 생명을 나타낸다. 그 휘장이 가로 놓여 있는 한 하나님의 임재 안으로 당신은 들어갈 수가 없다. 아담의 생명이 나를 지배하는 한 하나님의 임재는 접촉될 수가 없다. 예수께서 십자가에 못박혀 죽으시던 날 성소의 휘장이 둘로 갈라졌다. 하나님의 임재가 우리 가까이로 다가온 것이다. 하나님의 임재가 당신에게 열려졌다. 예수 그리스도의 피로 우리는 하나님께 나아갈 수 있게 되었다. 예수님의 피는 무한한 가치와 영원한 능력이 있다. 당신은 하나님 앞에 다만 무릎을 꿇고 "담대하게"(with boldness) 그의 보혈을 의지하여 그의 지성소에 들어가야 한다.

우리는 반복해서 충분히 그의 피에 대하여 배웠다. 그의 피는 영원한 생명을 가지고 있고 결코 감소되지 않는 능력이다. 그의 피가 단번에 이루신 역사하심은 계속하여 역사하는 능력이 있다. 하나님의 택하신 그의 자녀들을 위하여 그의 피로 그가 단번에 다 이루시고 계속 이루어가시는 것은 무엇인가? 속죄(redemption)와 용서(forgiveness; 엡 1 : 7)—성화(sanctification; 히 13 : 12)—교제(fellowship; 엡 2 : 13)—전적 헌신(total commitment; 계 5 : 9)—확신(confidence)과 하나님의 임재(the presence of God; 히 10 : 19—21)—열린 천국(heaven held open; 히 9 : 12)—죽음의 이김과 부활(히 13 : 20)—의롭다 하심(justification; 롬 3 : 24, 25)—평안(peace; 골 1 : 20)—사탄의 정복(the overcoming of satan; 계 12 : 11) 이런 모든 것이 우리를 위해 이미 성취되었다.

당신은 그 분의 피가 이룬 아름다운 역사를 이해하고 있는가? 잠시 멈추어 그의 고귀한 피 안에 당신 자신이 거하도록 하라. 하늘에 계신 아버지의 품 안으로 바로 지금 이 순간 당신은 즉시 들어갈 수가 있다. 그의 피로, 그 공로 위에서 하나님께 가까이 나아갈 수가 있다. 당신은 담대히 구할 수가 있다. 당신이 이룬 것 위에서가 아니라 그의 피가 이루신 은총 아래 서서 아버지께 무엇이든 요청할 수가 있다. 독생자 예수의 피는 아버지 하나님께 너무 고귀한 표가 되어 그 피를 의지하는 당신을 결코 거절하지 않으신다. 영접하여 주신다. 진실로 하나님은 이렇게 값진 그리스도의 흘리신 피를 한 방울이라도 버림이 없이 가장 충만하고 유익하게 당신이 사용하기를 바라신다. 그의 고귀한 피가 최대의 활용을 가져오기를 원하신다.

이 말은 "은혜가 많으니 죄를 많이 범하라"는 말이 아니다. 그것은 너무 값지고 소중한 것이므로 아버지와 아들이신 하나님께서는 그리스도인이 그의 피에서 흘러나오는 모든 가능한 유익과 은혜를 체험하고 누리기를 원하신다는 것이다.

아내와 나는 콜로래도 산속에 조그만 통나무집 하나를 융자를 얻어 준비하였다. 매월 월부금을 내오고 있는데 때때로 매월 지불해야 하는 돈이 무거운 짐이 될 때가 있다. 그러면서도 그 집을 우리가 이용하는 시간은 그리 많지는 않다. 그러나 많은 그리스도인 형제와 자매들이 자유롭게 활용할 수 있다는데 우리에게는 즐거움이고 기쁨이 된다. 아름다운 자연 속에서 안식의 시간을 가지며 하나님의 창조하신 아름다움들을 음미하면서 주님의 사랑을 나누는 그리스도의 형제와 자매들과 가족들을 보면서 우리는 특별한 기쁨과 만족감을 맛본다. 대신 받는 간접적 기쁨이지만 우리의 기쁨은 말할 수 없는 감사와 기쁨이 된다. 직접적으로 우리에게는 큰 이익을 주지만은 못하는 작은 집이지만 다른 사람들에게 매우 큰 즐거움을 제공하는 것을 볼 때 그것이 우리가 매월 내야 하는 월부금도 즐거움이 되게 하여준다.

그리스도의 보혈도 마찬가지이다. 그 보혈에 지불된 희생은 너무나 큰 것이었다. 그렇지만 하나님은 우리가 그것을 잘 활용하여 기쁨과 승리의 삶을 살기를 원하신다. 그것을 하나님께서는 가장 큰 기쁨으로 여기신다. 아버지이신 하나님께 어떤 것을 구하는 일을 어렵다고 생각하는가? 그렇다면 그것은 당신의 구하는 것이 당신 자신의 공로 위에서 구하려 하기 때문이다. 예수의 피의 공로를 의지하여 구하는 것은 결코 어려운 일이 아니다. 두려워

할 일이 아니다. 기쁨이고 감사일 뿐이다.

　당신이 하나님 앞에 승리하는 생활을 할 때는 담대하게 그에게 무엇을 구한다. 그런데 죄를 범하고 실패하는 생활을 할 때 당신은 그분께 간구하는 일에 담대한가? 그렇지 못하다면 당신의 생각과 본질이 주님의 보혈에 기초를 두고 있지 못하고 당신 자신의 성취와 의(righteousness)에 그 기초를 두고 있다는 것을 말해준다. 당신이 실패했을 때일수록 당신은 아버지 앞에 담대히 나아가라! 실패할수록 그 앞에 더 나가야 한다. 그의 피를 의지하여 주님 앞에 담대히 나아가는 사람은 그리스도의 피가 얼마나 값진 능력인지를 발견하게 될 것이다. 당신이 어느 것과도 비교할 수 없는 그리스도의 피를 한번 이해하게 되었다면 항상 흔들림이 없이 어떤 상황에서도 자신을 주님 앞에서 은총 속에 볼 수 있어야 한다.

　어느 날 아침 나는 고향에 계신 할아버지께서 병원에 입원하게 되었다는 전화를 동생에게서 받았다. 나는 할아버지를 사랑했으므로 걱정이 되었다. 대적 마귀는 기회를 놓치지 않고 내 귓가에 속삭였다. "네가 좀더 하나님과 가까이 했더라면, 네가 좀더 많이 기도생활을 해왔더라면 네가 성경을 읽는 시간을 좀더 많이 가졌었다면 필요한 때 하나님의 임재 안에 들어갈 수 있고 하나님의 응답을 받을 수 있을 터인데 너는 안돼. 너는 그렇지가 못해. 기도해 봐도 소용없는 일이야."

　잠시 동안 나는 그런 생각에 자신을 빼앗겼다. 그러나 그 때 나는 그런 생각들이 예수 그리스도의 피를 의지하고 믿지 않는 태도임을 깨달았다. 하나님께 나아가는 의가 나의 행위로 말미암은 것이라면 그리스도께서 세상에 오셔서 십자가를 지실 필요가 없었다. 우리는 그리스도를 믿음으로 그의 피를 힘 입어 확신과 기쁨으로 하나님께 나아간다. 그의 피의 공로로 우리는 하늘 나라에 들어간다. "우리가 그 안에서 그를 믿음으로 말미암아 담대함과 하나님께 당당히 나아감을 얻느니라"(엡 3 : 12). "그러므로 형제들아 우리가 예수의 피를 힘입어 성소에 들어갈 담력을 얻었나니"(히 10 : 19) 믿음을 가진 그리스도인은 행한 것에 따라 용납하는(performance-based acceptance) 세속적인 관습에 따라 행동하지 않고 그리스도를 따라 용납하는 수용(Christ-based acceptance)과 사랑 위에서 행동하여야 한다.

거하는 삶을 살아가는 법

어린 물고기가 어른 물고기에게 말했던 동화 속의 이야기가 생각난다. 앞으로 "언젠가 나는 넓은 바다에 가보고 싶어요." 앞으로 이 말에 어른 물고기는 놀란 표정을 지으면서 말했다. "얘야, 너는 지금 넓은 바다에 살고 있단다." 어린 물고기는 놀란듯이 "뭐라고요? 넓은 바다를 나는 볼 수 없는 걸요." 어린 물고기는 넓은 바다에 살면서도 그것을 인식하지 못하고 살았다. 잘못된 자신의 선입개념(preconceived notion) 때문에 어린 물고기는 가련하게도 넓은 대양 속에 살고 있으면서도 항상 불만 속에 멋진 바다를 동경하며 찾고 있었다.

그리스도 안에 거하는 삶도 마찬가지이다. 풍성한 그리스도의 생명 안에 거하고 있으면서도 많은 그리스도인들이 그것에 대한 올바른 믿음이 없어 불안감과 두려움을 버리지 못하고 다른 무엇을 만나거나 느껴보려고 찾아 헤매고 있다. 그리스도의 은총과 가장 큰 축복의 세계 속에 오랫동안 거주하고 살아왔지만 그것을 인식하지 못하기때문에 누리지 못하고 가난하고 비극적인 생활을 해 오고 있다.

　인도에 있는 한 그리스도인 형제가 어떻게 한 힌두교의 지도자를 통하여 그리스도 앞에 나아와 그 안에 거하는 풍성한 삶을 알게 되었나를 간증하는 것을 들었다. 그는 자라서 의사가 되겠다는 꿈을 안고 열심히 공부하였다. 마침내 한 의과대학에 입학하게 되었다. 그러나 입학 등록 날짜 하루 전날 갑자기 병이 났다. 등록마감 다음날 등록하러 갔으나 의과대학은 인원이 다 찼고 식물학과는 입학이 가능하다고 하였다. 그는 매우 실망이 되었다. 하는 수 없이 식물학과에 등록을 마치고 열심히 공부하여 박사학위까지 마치고 교수가 되었다. 이 때까지 그는 불신자였다.

　어느날 정글에 야외 현장학습을 위하여 나갔을 때 매우 나이 많은 힌두교도 노인 한 분이 작은 사원에서 나오는 것을 보았다. 그는 다리를 절룩거리며 물살이 빠른 시냇물로 걸어 들어갔다. 그리고 한 가운데서 목욕을 하고 되돌아 나왔다. 이 광경이 나의 친구에게 매우 호기심을 불러 일으켰다. 그가 가르치는 학생들은 젊은이들이지만 그들도 건널 수 없는 시내를 그 노인은 유연하게 건너갔다 돌아온다는 것이었다.

　그는 신기하여 그 노인에게 다가가서 어떻게 그렇게 헤엄을 잘 칠 수 있는지에 대하여 물어 보았다. 이야기를 하는 동안 더 놀란 것은 그 노인은 눈이 먼 장님이라는 사실이었다. 그 노인의 대답은 이러했다. "나는 나를 인도하는 지팡이를 하나 가지고 있습니다. 나는 내 앞에 지팡이를 먼저 내밀어 봅니다. 바닥에서 딱딱한 것이 느껴지면 발을 내밀어 짚어 봅니다. 안전하다고 확인되면 한 발자국을 내디딥니다. 이렇게 해서 계속 앞으로 갈 수가 있습니다. 지팡이가 인도하는 대로 나는 따라갑니다. 나의 지팡이는 거의 실수가 없습니다. 안전합니다. 물에 들어갈 때도 마찬가지입니다. 지팡이를 앞세워 따라 가면서 헤엄치고 목욕도 합니다. 모든 것을 마치면 그렇게 다시 안전하게 나올 수 있습니다."

나의 친구는 그 노인에게 감사하다는 말을 하고 되돌아 오려고 하는데 그 노인이 소리쳐 불렀다. 그리고 하는 말이 "나는 아직 할 이야기가 있소. 당신같은 젊은 세대들의 문제는 그들이 지팡이를 가지고 있지 못하다는 것이오." 그 말이 나의 친구의 폐부를 찔렀다. 맞는 말이었다. 그는 지팡이가 없이 한 생을 살고 있었다. 그는 그를 안내하여 줄 삶의 지팡이가 없었다. 그의 발을 어디로 내디뎌야 할지 지시해 줄 지팡이가 전혀 없었다. 안전하게 앞을 이끌어 줄 지팡이를 전혀 가지고 있지 못했다.

그후 며칠이 지난 뒤 그는 그의 책꽂이 선반 위에서 성경책 하나를 우연히 발견하게 되었다. 무엇인가 찾고 싶은 마음에서 성경의 먼지를 털고 펴 보았다. 그 때 이 불신앙의 식물학자 친구에게 성경의 어떤 말씀이 펴졌는지 아는가? 자기 인생을 안내하고 이끌어 줄 지팡이를 찾아야 겠다고 고뇌하고 있던 그에게 펼쳐진 말씀은 요한복음 15장 1절부터 5절까지의 말씀이었다.

"내가 참 포도나무요 내 아버지는 그 농부라 무릇 내게 있어 과실을 맺지 아니하는 가지는 아버지께서 이를 제해 버리시고 무릇 과실을 맺는 가지는 더 과실을 맺게 하려 하여 이를 깨끗케 하시느니라 너희는 내가 일러 준 말로 이미 깨끗하였으니 내 안에 거하라 나도 너희 안에 거하리라 가지가 포도나무에

> 붙어 있지 아니하면 절로 과실을 맺을 수 없음 같이 너희도 내 안에 있지 아니하면 그러하리라 나는 포도나무요 너희는 가지니 저가 내 안에 내가 저 안에 있으면 이 사람은 과실을 많이 맺나니 나를 떠나서는 너희가 아무 것도 할 수 없음이라"

이 성경구절이 지팡이를 찾고 있던 식물전공자인 나의 친구에게 얼마나 큰 충격이 되었는지 상상이 가는가? 그는 포도나무와 그 가지는 한 몸이며, 포도나무의 섬유질(fiber)이 바로 포도나무 가지의 섬유질이었다. 그가 잘 알고 있는 식물의 가지는 그 자체로서는 아무 것도 할 수 없다는 것을 잘 알고 있었다. 하나님께 찬양과 영광을 돌린다! 나의 친구는 그의 안내자가 될 지팡이를 찾았던 것이다. 그는 이제 자기를 안내하여 주고 그의 발을 어디로 한걸음 한걸음 내디뎌야 할지를 알려줄 어떤 위대하신 분을 만난 것 같았다. 그는 이제 안정감을 느꼈다. 그가 의사가 되지 않고 식물학자가 되게 하신 분은 하나님이셨다. 똑같이 잃어버린 인생인 한 힌두교도 노인을 통하여 자신의 잃어버린 상태를 알게 된 친구의 이야기는 거하는 삶, 풍성한 삶은 노력이나 투쟁에 의한 삶이 아니라 하나님에 의하여 주어지는 선물이고 단순한 믿음으로 주어지는 삶이라는 것을 잘 가르쳐 주었다.

그리스도 안에 거하는 삶은 어떤 일을 행함으로 되는 것이 아니다. 마음에 계속하여 유지하는 태도와 함께 시작된다. 우리가 거하는 삶을 산다 함은 그리스도가 우리의 생명이심을 계속해서 깊이 인지하는 것이다. 만약 포도나무이신 그리스도 밖에 우리가 거하고 있다면 우리는 먼저 우리의 상황을 바르게 인식해야 한다. 오늘날 많은 경우, 사람들이 자신의 실제적인 상황을 바르게 알지 못하고 있다는데 비극이 있다. 자신의 영적인 상태를 바르게 인지하지 못하고 잘못된 확신을 가지고 사는 사람들이 너무도 많다는 사실이다.

처음에는 베드로도 자신이 어떤 사람인가를 바르게 알지 못했던 사람들 중에 전형적인 사람이었다. "주님, 다른 사람이 다 버려도, 나는 당신을 절대로 부인하지 않겠나이다." 확신에 차서 그는 고백하였지만 그는 세 번씩이나 주님을 모른다고 부인하였다. 베드로는 자신을 정직하게 알지 못했다. 주님 안에 거하고 있지 못했기 때문이었다. 자신을 알지 못하는데 모든 문제가 있었다.

여기 십대의 고등학생 하나가 있다. 그는 당신에게 자신만만하게 말한다. 혼성 파티에 갈 수 있게 해 주면 마약복용이나 술을 마시지 않고 친구들의 어떤 압력에도 굴복하지 않겠습니다 라고 단호하게 말한다. 어느 십대 여학생이 남자 친구와 만나게 해 주면 성적인 관계는 절대 가지지 않을 것이라고 자신있게 말한다. 그런 그들의 말은 곧 자신이 어떤 사람인가를 바르게 이해하고 있지 못하다는 증거이다. 이런 십대들이 자기들의 말대로 약속이 지켜진 경우는 별로 없었기 때문이다.

사람이 자신을 진실하게 이해할 수 있고 자신의 육체 안에 선한 것이 조금도 거하지 않는다고 받아들일 수 있게 되는 것은 쉬운 일이 아니다. 때때로 이 일은 많은 고통을 동반한다. 그러나 일단 그것을 배우게 되면 사도 바울이 고백한 다음과 같은 명령을 이해하고 기쁨으로 받아들이게 된다.

"너희 안에 이 마음을 품으라 곧 그리스도 예수의 마음이니 그는 근본 하나님의 본체이나 하나님과 동등됨을 취할 것으로 여기지 아니하고 자기 자신을 비워

종의 형체를 입었느니라"(빌 5 : 5-7)
 거하는 삶을 누리기 위해서 우리가 해야 하는 첫번째는 우리가 자신을 바르게 이해하고 절대적으로 주님을 의지하는 것이다. 하루종일 이 자세를 마음 속에 지키는 것이다.
 두번째는 믿음을 가진 자로서 믿음 안에 자기 본래의 자리를 찾는 것이다. 우리의 믿음이란 많은 사람이 생각하듯이 어떤 일들을 많이 하는 것이 결코 아니다. 많은 사람이 믿고 있듯이 활동을 많이 하는 것이 아니다. 많은 사람들이 생각하듯이 인내를 가지고 오래 기다리다가 얻게 되는 어떤 성공의 열매가 아니다. 믿음(faith)이란 하나님을 바라보는 것이다. 하나님께서 사람의 모든 필요를 채워 주시고 공급하여 주시는 분임을 조용한 확신 속에(in quiet confidence) 믿고 기대하는 것이다. 신자라는 이름을 지닌 사람이라면 이런 인격과 마음 자세를 배워야 한다.
 믿음이란 즐거운 기다림이며 편안한 쉼(rest)이고 안식이다. 어떻게 기다림이 즐거움이 되며 쉼이 평안과 안식이 될 수 있는가 라고 어떤 사람은 묻게 될지 모른다. 그러나 모든 만물을 창조하신 하나님은 그의 자녀들에게 필요한 모든 것을 틀림없이 준비하여 주시는 분이시다. 한 포도나무의 가지가 자기에게 필요한 것을 공급받을지 어떨지를 심히 걱정하여 위장병이 생겼다는 말을 들어봤는가? 절대 그런 일은 없다. 포도나무 가지는 포도나무 줄기에 편안히 붙어 있기만 하면 된다. 줄기가 모든 필요한 것을 공급하여 줄 것을 믿기 때문이다. 어떤 것을 더 받으려고 결코 노력하지 않는다 !
 믿음 안에 서 있는 성도는 다만 하나의 피조물로서 창조주의 품안에 가만히 거주해 있으면 충분하다. 우리는 창조주가 아니라 창조주 하나님의 피조물이기 때문이다. 우리의 태도는 다만 믿음을 가지고 살아가는 것이다. 또한 거하는 삶이 우리 자신에게 의존한다면 그것은 불가능한 일이다. 그러나 우리의 거하는 삶을 주신 분도 하나님이시고 지키시는 분도 하나님이시다. 우리는 힘을 내야 한다. 안심해야 한다.

세번째는 거하는 삶이란 감정(feeling)이 아니라 인식하고 깨닫는 것(awareness)이다. 그리스도인의 삶에서 중요한 비밀 중의 하나는 어떤 사람이 성령의 충만을 받을 때 대체로 느낌이 없다는 것이 일반적인 사실이다. 늘 충만한 그리스도인에게 그것은 특별한 느낌이 아니라 극히 자연스럽고 정상적인 매일의 생활이기 때문이다. 포도나무에 붙어 있는 가지는 정상적으로 물과 영양을 받아들이고 있을 때 특별한 감정을 느끼지 못한다. 거함의 생명을 사는 성도는 든든한 확신 속에 자기의 위치를 조용히 인지하고 있을 뿐 무엇을 얻으려고 사력을 다해 노력하는 것이 아니다. 하나님의 행하심에 자신을 조용히 맡기고 지켜주심을 아는 것이다. 거함의 삶은 우리가 자신을 지킬 수 없을 때라도 하나님은 우리를 지키시는 분임을 아는 것이다.

네번째로, 우리는 우리의 자리를 찾아야 한다. 우리는 피조물로서 우리의 위치를 알고 창조주의 위치에서 창조주 같은 역할을 해 보려는 잘못된 열망과 태도를 포기해야 한다. 우리는 모두 하나님의 지음을 받은 피조물이다. 그러므로 온전히 하나님을 신뢰하고 그가 우리를 지켜주시고 보호하여 주실 것을 믿고 기대해야 한다. 거하는 삶, 풍성한 삶은 우리를 부르신 그분이 은혜로 인도하시고 우리의 삶을 지키시기 때문에 가능한 것이다. 우리는 그것을 속히 배우고 알아야 된다. 우리는 자신의 노력으로 거함의 삶을 살아보려고 애쓰고 분투하며 수많은 실패와 절망을 맛본 뒤에 이것을 배우게 될 것이다.

우리가 피조물이라는 바른 위치를 발견하였다면 다음으로 우리는 순간 순간, 한 번에 한 순간만을(only one moment at a time) 살겠다는 다짐을 해야 한다. 물론 이것은 매우 어려운 일이다. 우리는 항상 어제를 생각하고 또 내일을 계획하며 사는 생활에 익숙하게 길들어져 있기 때문이다. 그러나 우리의 어제는 지나갔고 다가올 내일은 하나님의 장중에 놓여 있음을 알아야 한다. 내일 우리는 무슨 일이 일어날른지 알수 없고, 내일을 위해 그 무엇도 할 수가 없다는 사실을 알아야 한다. 미래는 조종할 수 있는 우리의 것이 아니며, 현재의 지금 이 순간만이 우리가 확실하게 가지고 있는 전부이지 않는가?

내일을 미리 예견하는 것은 결코 좋은 일만은 아니다. 컴퓨터 조립하는 법에 대한 책을 한 권 받고 만들기를 시작하였다고 상상하여 보자. 이 때 정말로 재미없는 일은 마지막 페이지의 완성품에 대한 내용을 들춰보는 일이다. 각 단계의 조립과정을 거치지 않고 완성될 컴퓨터가 어떤 형태가 될지 알게 되면 계속 만들고 싶은 의욕이 곧 사라질 것이다. 왜 그런가? 뻔한 결과 때문에 만들어 보고 싶은 의욕이 없어지는 것이다.

여기에 당신의 전 생애가 어떻게 될지 써 놓은 책이 있다고 상상해 보라. 그 책의 중간쯤에 당신의 아들이 죽게 되는 내용을 읽었다면 당신의 마음이 어떻겠는가? 아들이 죽을 것이라는 미래의 정해진 사실을 알았을 때 하루 하루의 생활이 정상적이 될 수 있겠는가? 도저히 자녀들과 가정이나 어디에서나 즐거운 마음으로 지낼 수 없을 것이다. 미래에 예상되는 불행이 즐거워야 할 모든 생활의 순간들을 앗아가게 될 것이다.

그렇지만 미래에 되어질 모든 내용들을 전능하신 그분께 맡기기로 하고 하루 하루 한 페이지씩, 순간 순간을 하나님의 면전에서 살아간다면, 그런 재난의 때를 만난다 해도 모든 것을 은혜로 맞을 수가 있게 될 것이다. 피조물인 우리 사람들은 한 날의 삶 이상의 것들을 생각하고 고민하느라고 얼마나 더 많은 불행을 쌓으며 살고 있는지 모른다.

> "그러므로 내일 일을 염려하지 말라 내일 일은 내일 염려할 것이요 한 날의 괴로움은 그 날에 족하니라"
> (마 6 : 34)

삶이란 한 번에 한 순간만을 살기로 되어 있다. 하루매 순간 순간 주님의 생명을 신실하게 경험하면서 살게 되면 그런 순간 순간들을 통하여 하나님은 그의 생명으로 충만한 거함의 삶을 허락해 주신다. 이런 순간들이 모아져 풍성하고 충만한 하루 하루를 낳고 마침내 우리의 삶은 풍성한 생애가 된다. 인생의 주인되시는 그분의 임재 속에 기쁨과 축복의 생애가 주어지는 것이다. 우리의 미래는 하나님의 것이고 그가 책임지신다! 오늘 하루를 위해 필요한 은총만을 구하면 된다. 순종하지 않는 자녀를 가르치고, 직장에서 마음에 들지 않는 일을 해야 하고, 부부간의 가정생활에 축복이 있게 하고, 어려운 이웃의 고통을 나누어야 하는 일 등을 위해 우리는 오늘 하루를 위한 은총이 필요하다. 주님 안에 거하는 삶에도 하루분의 은혜가 필요하다. 내일 것은 내일에 맡겨야 한다. 오늘 받은 것으로 만족할 수 있어야 한다.

이런 마음과 자세로 살아갈 때 주님 안에 거하는 삶을

우리는 충만하게 경험한다. 우리가 이런 마음의 자세를 가지게 되면 우리의 거하는 삶이 우리의 힘이나 성장이나 느낌이나 성공이나 실패에 좌우되지 않고 우리로 하여금 포도나무 안에 거하게 하시는 하나님의 능력에 달려 있음을 생생하게 체험하게 된다. 아침마다 우리는 다음과 같이 간단한 기도로 하루를 시작할 수가 있다.

"주님, 오늘도 내가 주님 안에 있고 주님께서 내 안에 함께 하심으로 하루를 시작하게 하시니 감사합니다. 나의 감정이나 느낌에 관계없이 주님께서 내 안에 계시오니 감사합니다. 이것 또한 내가 노력해서 받은 것이 아니라 주님의 은혜 안에 주신 것으로 알고 감사드립니다. 지금 이 순간을 만족하고 감사합니다. 온전히 주님 안에 거하는 나를 기쁨으로 받아들입니다."—주님의 이름으로… 아멘—

9
실패할 수 있는 자유
Freedom to Fail

실패를 이기는 길은 오직 믿음 뿐이다. 자기 연민이나 죄책감에서 헤어나지 못하는 태도는 믿음이 아니다. 우리는 연약하여 실패하지만 그 실패로 인하여 우리는 하나님을 더욱 의지하게 된다. 온전히 하나님을 의지하게 될 때 그리스도가 우리 안에서 우리를 통하여 그의 생명을 사실 수 있게 되고, 우리는 가장 생산적인 삶을 살 수 있게 된다. 후회만 하고 주저앉아 있는 태도는 믿음으로 사는 성도의 태도가 아니다. 그리스도의 의(義) 안에 사는 그리스도인들은 실패를 후회하고만 있어서는 안된다. 우리가 잘못하여 실패하였을지라도 그것을 통하여 선을 이루게 하시는 하나님의 뜻을 보아야 한다. 하나님의 마음을 이해하고 그를 섬기는 모든 사람이 알아야 하는 비밀이 있는데 그것은 하나님께서 간직하신 깊은 마음은 긍휼히 여기시는 사랑(compassion)이라는 사실이다. 아무리 무서운 죄를 범했을지라도 회개하고 참회하는 자녀를 결코 저버리지 않으시는 분이 우리 하나님이시다. 통회하는 자녀에게는 언제나 귀를 기울이시고 긍휼을 베푸시는 분이 우리의 하나님이심을 우리는 늘 잊지 말아야 한다. 우리는 우리를 포기하고 버렸어도 하나님은 우리를 포기하지 않으시고 버리지 않으신다. 하나님은 끝까지 우리를 참으시며 기다리신다.

그의 백성 이스라엘을 인도하실 때도 그들이 하나님을 버리고 우상을 섬기면 멸망받게 된다고 하나님은 먼저 수없이 경고를 하셨다. 그러나 그들은 우상을 섬기고 죄를 범한다. 예고한 대로 그들은 심판을 받고 고통 속에 빠지지만 그들이 다시 하나님을 구하고 하나님을 찾으면 그들의 부르짖는 소리를 하나님은 외면하지 않고 들으셨다. 그리고 다시 궁휼을 베푸시고 구원해 주셨다. 구약의 역사에서 우리가 수없이 계속해서 볼 수 있는 하나님의 마음이 이런 하나님의 마음이 아닌가! "네 하나님 여호와는 자비하신 하나님이심이라. 그가 너를 버리지 아니하시며 너를 멸하지 아니하시며 네 열조에게 약속하신 언약을 잊지 아니하시리라"(신 4 : 31).

호세아서에서 하나님은 자기 백성 이스라엘의 죄악을 무섭게 지적하시고 질책하신다. 그들은 진실하지 못하고 회개하는 마음이 없고 사악하고 반역하며 우상을 섬기고 속이고 음행하였다. 그리하여 그들은 하나님의 진노 아래 심판을 면할 수 없었고 멸망을 받아야 하고 압제를 받아야 하고 교제가 끊어진채 살아야 하고 자녀가 없고 종의 멍에를 메고 땅이 황폐하고 배척을 당해야 했다.

그러나 하나님은 다시 말씀하신다. "에브라임아 내가 어찌 너를 놓겠느냐. 이스라엘이여 내가 어찌 너를 버리겠느냐. 내가 어찌 너를 아드마 같이 놓겠느냐. 어찌 너를 스보임 같이 두겠느냐. 내 마음이 내 속에서 돌아서 나의 궁휼이 온전히 불붙듯 하는구나. 내가 나의 맹렬한 진노를 발하지 아니하며 내가 다시는 에브라임을 멸하지 아니하리니 이는 내가 사람이 아니요 하나님이라. 나는 네 가운데 거하는 거룩한 자니 진노함으로 네게 임하지 아니하리라" (호 11 : 8, 9). 우리는 모두 셀 수 없이 실패한다. 그러나 하나님은 한없이 긍휼을 베푸시는 분이시다. 구약성경에서 우리는 이런 하나님의 모습을 60회 이상을 찾아 볼 수가 있다.

선지자 요나(Jonah)를 놀라게 하고 분노하게 한 것이 바로 이 하나님의 자비하심이었다. 니느웨 사람들이 회개하게 되면 하나님은 니느웨성을 멸망시키지 않으리라는 것을 요나는 알고 있었다. 그러나 요나는 그들이 회개를 한다 해도 완전히 멸망당해야 마땅하다고 생각하고 있었다. 니느웨 사람들의 죄악은 반드시 심판받아야 한다고 요나는 굳게 믿고 있었다. "오! 여호와여 내가 고국에 있을 때에 이러하겠다고 말씀하지 아니하였나이까? 그러므로 내가 빨리 다시스로 도망하였사오니 주께서는 은혜로우시며 자비로우시며 노하기를 더디하시며 인애가 크시사 뜻을 돌이켜 재앙을 내리지 아니하시는 하나님이신 줄을 내가 알았음이니이다"(욘 4 : 2). 우리의 하나님은 통회하는 심령을 못본체 하지 않으시는 분이시다. 아무리 사악한 죄를 범했을지라도 회개하는 자들을 긍휼히 여기시고 영접하여 주시는 아버지 하나님이시다.

우리는 미리 포기하지 말아야 한다. 바라보며 결코 잊지 말아야 할 한 가지 사실은 "하나님이 행하시는 긍휼의 순환"(God's compassion cycle) 공식이다. 즉 우리가 죄를 범할 때 우리는 하나님께 심판을 받는다. 그 때마다 또한 우리의 고통받는 모습은 그의 연민과 긍휼을 일으킨다. 그래서 하나님은 우리로 그에게 다시 돌아오게 하신다. "이는 주께서 영원토록 버리지 않으실 것임이며 저가 비록 근심케 하시나 그 풍부한 자비대로 긍휼히 여기실 것임이라"(애 3 : 31, 32).

당신은 범죄하거나 잘못을 범했을 때 계속해서 자기

연민과 죄책감에 사로잡혀 자신을 정죄하고 괴롭히기가 쉽다. 그러나 죄와 잘못은 그렇게 해서 변명될 수가 없는 것이다. 당신이 죄를 범한 다음 자신을 정죄하고 책벌하며 자기 위안을 삼는 행위는 조금도 유익이나 목적이 되지 못한다. 그것은 다만 불신앙에서 나온 태도이다. 하나님은 한없는 긍휼과 자비의 하나님이시다. 당신이 그것을 믿든지 아니 믿든지 하나님은 그런 분이시다. 그의 마음은 우리가 믿거나 느끼는 것에 의존하지 않으신다. 그가 말씀하신 것에 의존하신다. 다윗왕은 자신이 받아야 하는 죄의 대가에 대하여 심판하는 이를 사람과 하나님 중에서 선택하여야 할 때 그는 하나님을 택하였다. 다윗은 하나님이 어떤 분이신가를 잘 알고 있었다. 긍휼과 자비의 하나님을 믿고 신뢰해야 하는 신앙을 배웠는가, 아니면 속이는 당신의 감정의 소리를 믿고 신뢰하는 신앙을 배웠는가? 속이는 말에는 귀를 기울이고 하나님에게는 귀를 막고 듣지않는 분이시고 자비를 베풀지 않는 분이라고 생각하고 있지는 않는가?

 하나님은 자기 백성 곧 이스라엘이 계속 실패하고 죄를 범하며 하나님과 맺은 약속을 계속 지키지 못할 백성이라는 것을 알았지만 변함없이 그들을 용서하시고 찾아주시고 자비를 베푸셨다. 우리 모두를 지금 여기까지 인도하신 것도 하나님의 자비이고 하나님의 은혜가 아닌가? 하나님 앞에 다시 실패한 뒤 마음으로 다시는 실패하지 않고 잘 해 보겠다고 다짐하였지만 어리석게도 다시 또 실패하기를 반복한 일이 몇 번인가? 마침내 우리는 우리의 다짐하는 말을 우리 자신이 신뢰할 수 없게 되었다. 그가 우리를 그의 임재 앞으로 옮겨오기 전까지는 우리는 개선되기 어려운 인생들이다. 하나님은 우리 하나 하나가 위장된 자신감을 가지고 나오기보다는 연약하고 겸손하고 비천한 마음으로 두 손을 들고 정직하게 그분 앞에 나아오기를 원하신다.

하나님의 자비와 긍휼을 만나고 체험한 사람들은 이 말의 의미하는 바를 알 것이다. 그들은 다음과 같은 골로새서의 말씀에 아멘으로 감격하고 응답할 것이다. "그러므로 너희는 하나님의 택하신 거룩하고 사랑하신 자처럼 긍휼과 자비와 겸손과 온유와 오래 참음을 옷 입고 누가 뉘게 혐의가 있거든 서로 용납하며 피차 용서하되 주께서 너희를 용서하신 것과 같이 너희도 그리하라"(골 3 : 12, 13). 하나님의 긍휼과 자비를 아는 사람은 다른 사람에게 똑같이 그의 사랑과 자비를 보여주어야 한다. 어떤 사람이 아무리 실패하고 넘어진다 해도 우리는 그를 긍휼히 여겨야 한다. 그 사람의 연약한 인격과 나약한 형편을 한 마음으로 이해해야 한다. 우리도 그런 상황에 있었다면 그 사람보다 나을 것이 조금도 없는 사람이기 때문이다.

주님의 긍휼과 사랑을 가슴에 지니고 사는 사람은 모든 사람을 늘 용서하고 용납할 수 있어야 한다. 실패 속에 방황하고 고통받고 있는 이웃을 구원하는데 사랑과 자비보다 더 큰 힘은 없다. 이런 사랑을 지니고 사는 사람들을 위해서 성경에는 위대한 약속들이 주어졌다. "무엇보다도 열심으로 사랑할지니 사랑은 허다한 죄를 덮느니라"(벧전 4 : 8). "… 죄인을 미혹한 길에서 돌아서게 하는 자가 그 영혼을 사망에서 구원하며 허다한 죄를 덮을 것이니라"(약 5 : 20). 주님의 긍휼과 사랑을 가슴 속에 간직하고 사는 사람은 실패를 염려하지 않는다. 그러나 우리의 나타내는 사랑은 허다한 이웃의 죄를 덮어주고 우리의 허물을 가려준다. 우리의 용서와 사랑이 어두운 이 세상을 밝게 하고 이웃과 인류를 심판에서 구원할 수 있다면 무엇을 주저하겠는가? 하나님께서는 우리가 생명을 얻게 하고 우리가 더 풍성한 삶을 살게 하기 위하여 할 수 있는 모든 일들을 오직 사랑으로 행하여 주셨다.

10
원수 사탄의 더 깊은 유혹
The Deeper Work of the Enemy

　우리가 그리스도의 생명 안에서 살기 시작하고 그분 안에 더 깊은 생명의 삶을 경험하기 시작할 때 대적 사탄의 역사는 더 강하게 일어난다. 이제 사탄은 우리를 그리스도에게서 벗어나게 하려고 명백하게 드러나는 전략(정욕, 험담, 비방 여러 세속적인 욕망 등)을 사용하지 않는다. 사탄은 그리스도의 가지인 우리가 많은 열매를 맺는 일을 방해하기 위해서 교활한 새 공격의 방법을 사용하게 되는데 그것은 바로 그럴듯하게 꾸며진 거짓말이다. 99%까지 옳은 말일지라도 그것은 속임수이며 풍성한 열매의 삶을 우리가 살지 못하도록 방해하기 위해 사용하는 악한 술수이다.

　이런 갈등 속에 싸우고 있는 그리스도인들에게 우리는 잘 가르쳐 주어야 한다. 우리가 실패하는 생활에 대하여 올바른 답을 찾아서 풍성한 새 삶을 시작하려고 할 때 대적자 사탄은 거의 틀림없이 그뒤 몇 주간동안은 풍성한 삶 속에서 우리를 다시 끌어내려고 갖은 계략을 다 사용하며 공격해 온다. 많은 경우 악한 사탄은 모든 방법을 다 동원하여 새 삶을 시작한 형제나 자매들이 진리 안에서 풍성한 삶을 살지 못하도록 방해하는 것을 볼 수 있다. 자아 중심적인 태도의 강화로 십자가를 거부하고 바른 믿음을 버리게 함으로 옛날의 생활로 다시 돌아가게 하려고 온갖 수단을 다하는 것을 볼 수 있다. 어떤 일이 있어도 이 때 우리는 새로운 변화로 금방 좋아지는 일이 없어 보이고 상황이 더 악화되는 경우가 있더라도 우리가 올바른 목표를 향하여 올바른 방향으로 움직여가고 있다는 사실을 확신하고 뒤로 물러나지 말아야 한다.

사탄은 계속해서 구원으로 인도되지 못하는 위장되고 거짓된 길로 따라가도록 여러 가지 방법으로 부추기고 고무할 것이다. 많은 일을 더 해야 한다. 많은 것을 더 이루어야 한다. 그래야 하나님의 인정을 받을 수 있고 용납받고 수용받을 수가 있다고 말할지 모른다. 그러나 그리스도를 믿는 믿음으로 새 삶을 살려고 하는 사람이라면 많은 장애물 앞에 움추리거나 결코 두려워하지 말아야 한다.

우리가 이런 여러 가지 사탄의 방해를 받고 어려움을 만났을 때 잊지 말고 명심해야 할 것은 무슨 일이 있다 해도 우리는 이미 그리스도 안에서 승리하였다는 사실이다. 승리 안에서 우리가 사탄과 싸워 이기는 것은 하나님의 정하여진 뜻이다. 이때 사탄의 전략은 두 가지이다. 하나는 우리가 그의 존재를 전혀 무시한채 그의 공격에 전혀 주의를 기울이지 못하게 만드는 것이고 또 하나는 우리 힘으로 사탄을 대항하여 싸우게 하여 온갖 모든 것을 다 소진하고 낭비하게 만드는 것이다. 사탄에 대하여 그런 태도로 대처하는 것은 하나님의 정하신 뜻을 우리가 바르게 이해하지 못하고 있기 때문이다. 치우쳐서 그의 높은 뜻을 보지 못하거나 그의 뜻을 넘어서 속단하기 때문이다. 우리는 바로 알아야 한다. 사탄은 살아서 활동하는 대적자이다. 우리는 그의 정체를 바르게 알고 대적하여 싸워야 한다. "근신하라 깨어라 너희 대적 마귀가 우는 사자 같이 두루 다니며 삼킬 자를 찾나니 너희는 마음을 굳게 하여 저를 대적하라"(벧전 5 : 8, 9).

그는 많은 계략으로 우리를 공격한다(엡 6 : 11). 많은 올무로 우리를 사로 잡으려 한다(딤후 2 : 26). 그러므로 우리는 사탄의 덫에 걸리거나 넘어지지 않도록 항상 주의해야 한다(고전 10 : 12). 사탄은 또한 엄청난 거짓 증거자이다. 거짓말장이요 거짓의 아비이다(요 8 : 44). 다음에서 우리는 사탄의 가장 주의하여야 할 거짓말들이 무엇인지를 살펴보고자 한다. 이런 사탄의 거짓말들은 가장 교활하고 가장 위험한 것들이다.

사탄은 완전히 정복되지 않았는가?

많은 사람들이 속고 있는 하나는 예수께서 사탄의 힘을 아직 완전히 정복하지 못하였다고 믿는 것이다. "예수께서 이르시되 사단이 하늘로서 번개 같이 떨어지는 것을 내가 보았노라"(눅 10 : 18). 우리가 믿음으로 그리스도를 우리의 생명안에 영접하게 되면 우리를 향하여 사탄은 대적하고 공격하기 시작한다. 그러나 사탄은 그리스도 안에 있는 우리보다 더 큰 힘을 가지고 있지 못하다. 그리스도의 몸인 우리는 사탄의 거짓말에 속지 말아야 한다. 그가 대적하여 공격해 올 때마다 이미 사탄의 머리를 부수고 이기시고 새 생명으로 우리 안에 계신 그리스도를 우리 안에 열어야 한다.

이런 속임수에 의하여 많은 사람들이 그들의 삶 속에 어떤 문제가 발생하면 사탄을 이길 수 없으므로 도저히 그것들을 극복할 수 없다고 생각한다. 자기 안에 악한 마귀가 들어와 자기의 모든 것을 붙잡고 있으므로 하나님을 찾아가야 한다고 생각한다. 그러나 그것은 사탄의 생각이다. 바른 믿음을 가진 성도들 속에 마귀가 거주한다는 말은 성경 어디에도 언급된 곳이 없다. 그런데도 어떤 것을 보았거나 어떤 사람에게서 들었던 이야기로 인해서 이런 생각을 집요하게 가지고 사는 신자들이 의외로 많다. 우리는 바른 분별력이 있어야 한다. 그리스도에 대한 깊은 헌신과 그를 기쁘게 하려는 높은 열망에도 불구하고 때때로 잘못된 것을 사실처럼 가르치는 목회자들이나 교사들이 많이 있다. 그들의 가르치고 있는 것이 성경에 없음에도 불구하고 가르치는 자들은 그것을 전혀 의식하지 못한채 계속해서 익숙하고 확신있게 가르친다.

다시 말하거니와 우리에게 중요한 과제는 승리하는 그리스도인의 삶에 필요한 것이 무엇이며 실제로 역사하는 생명이 무엇인가를 찾는 일이다. 나는 여러 가지 이름과 근원을 가지고 활동하는 악령(devil)에 들렸다가 악령을 내쫓고 구원받았다는 신자들을 상담하고 가르친 적이 있다. 그러나 이런 식의 인위적인 해방감이나 자유는 일시적인 감정인 경우가 많았다. 어떤 일시적으로 느끼는 감정으로 악령이 들어오거나 나갔다는 생각을 하기가 쉬운 것이다. 이런 자아 감정 중심의 악령 제거 행사를 마치고 난 뒤 대부분의 경우 우울증과 어두움에 지배받는 생활은 더 증가한다. 마침내 상태가 더 악화된다. 이럴 때 그들은 악령이 다시 들어오지 못하게 충분하고 강력하게 대처하지 못하고 싸우지 못하였기 때문에 그렇게 되었다는 말을 듣는다. 그러나 이것은 실제로 역사할 수 있는 과정을 처음부터 따르지 않았고 근원적인 문제가 다루어지지 않았고 해결되지 않았기 때문이다.

그러나 사탄과의 싸움에서 힘과 열성(많은 경우 이것을

믿음이라고 생각한다)이 부족해서 사탄을 내쫓지 못했다고 말한다. 그러나 그것은 근본적인 문제의 근원을 바르게 진단하지 못했고 바른 치료를 받지 못한 결과였다. 이런 말이나 가르침은 위험하다. 하나님의 밝은 빛에서 성도들의 마음이 떠나게 하고 오히려 사탄의 세계로 눈을 돌리게 하기가 쉽다. 어느 그리스도인이 자기가 사탄에 사로잡힐 수 있다고 한번 설득을 당하면(불신자라도 그의 영혼과 몸에 사탄이 늘 거주하고 있다는 말을 성경에는 찾아볼 수 없다) 그는 온갖 사탄의 속임수와 활동에 자신의 생각과 감정과 의지의 문을 활짝 열어놓고 내맡기는 결과를 가져온다. 사탄이 전심으로 찾는 것이 이런 기회이다. 이런 종류의 의심과 혼란과 빈 자리를 늘 찾고 있는 자가 사탄이다.

어떤 사람들의 말과 같이 그렇게도 쉽게 사탄이 그리스도인들을 지배할 수 있다면 우리가 보통 생각하고 있는 것보다 훨씬 더 쉽게 더 큰 혼란과 재난들을 그가 이 세상에서 일으킬 수 있어야 하지 않겠는가? 비행기 조종사들을 지배하여 매일 충돌사고를 일으켜야 하고, 핵무기를 관리하는 사람들로 핵폭탄을 터뜨려 대량학살을 일으켜야 하지 않겠는가? 그러나 그렇지가 않다. 이유가 무엇인가? 그것은 사탄과 마귀는 근본적으로 그런 능력이 없기 때문이다! 대답은 간단하다. 다만 그는 거짓말로 사람들을 속이고 그리스도인들을 속여서 넘어뜨릴 수 있을 뿐이다. 이미 머리가 없고 그 뿌리가 뽑힌 귀신이나 마귀를 쫓아내야 한다며 야단을 피우고 헛되이 시간과 에너지를 낭비하는 일은 어리석은 일이다. 하나님 나라의 일을 성취하기 위하여 하늘의 능력으로 사탄 마귀 앞에 우리는 의연히 서 있을 수 있어야 한다. 우리는 잘못된 싸움을 싸워서도 안되고 잘못된 싸움을 가르쳐서도 안된다.

구약성경에도 하나님의 영이 내주하여 거하는 사람에게는 결코 악한 영이 들어갈 수 없었다는 사실을 잘 가르쳐 준다. 악한 영이 하나님의 허용에 의하여 사람 속에 들어가는 경우에도 항상 먼저 여호와 하나님의 영이 그에게서 떠나는 일이 선행되었다(삼상 16 : 14).

욥기에서도 하나님의 허락없이는 악마가 절대로 선택된 백성을 건드릴 수 없었다고 가르치고 있다. 예수님의 기도의 사역과 치료의 사역 속에서도 하나님의 정하신 뜻과 능력이 어떻게 나타났는가를 우리는 알 수 있다. 우리는 사탄의 세력에서 어떤 경우에도 궁극적으로 보호받고 승리하게 된다는 것을 보증받은 성도이다. 그것은 우리의 사는 생명 때문이 아니라 그리스도 우리 주님께서 그의 생명으로 우리 안에 살아계시기 때문이다.

"…저희는 세상에 있사옵고 나는 아버지께로 가옵나니 거룩하신 아버지여 내게 주신 아버지의 이름으로 저희를 보전하사 우리와 같이 저희도 하나게 되게 하옵소서… 내가 비옵는 것은 저희를 세상에서 데려 가시기를 위함이 아니요 오직 악에 빠지지 않게 보전하시기를 위함이니이다"(요 17 : 11, 15)

"너희 안에 계신 이는 세상에 있는 이보다 크시도다." 교회 역사에서 볼 때도 그리스도인의 생활에서 귀신을 쫓아내는 일이 그리스도인이 실패를 이기고 풍성한 생활을 할 수 있는 길이었다는 증거가 별로 없다. 그렇지만 많은 경우 사탄이 교회 안에서 신비주의적인 유혹을 통하여 임시방편의 방법들(one time solutions)을 의존하게 함으로 신자들의 눈을 예수 그리스도에게 집중하지 못하게 하고 잘못된 신비체험에 집념하게 함으로 감정적 신비신앙에 노예가 되어 비극적인 삶을 살게 하였다. 때로는 교회를 혼란시키고 분란시키며 본질을 잃은 교회를 만들어 버리는 예들이 많이 있었다.

사탄 또는 마귀가 그렇게 중요한 문제의 대상이라면 신약성경에서 바울을 비롯한 여러 사도들이 더 많은 부분을 그것들과 싸우는 일에 할애하였을 것이다. 그러나 그렇지 않았다. 그런데도 오늘날 많은 그리스도인들이 어떤 신비한 감정적 체험에 너무 집착한다. 모든 현상을 귀신들의 조작으로 생각한다. 영적이라는 이름으로 잘못된 악령의 신앙들을 가지고 있다. 어떤 사람들은 그런 사탄(마귀)에 대한 지식들을 사탄에게서 배웠다고 말하기도 한다. 성경에 기초하지 않은 너무도 신뢰할 수 없는 것들과 비성서적인 것들을 영적인 신앙이라고 받아들이고 있다(딤전 4 : 1). 애석한 일이다 !

이 말은 그리스도인들은 어떤 어려움도 만날 수 없다는 말이 아니다. 그리스도인들도 똑같이 어려운 일들을 만난다. 우리는 자주 괴로움도 당하고 스트레스도 받는다. 그러나 대적 사탄이 사람을 파멸시키는데 가장 큰 전략은 사람이 육체(flesh)가 되게 하는 것이다. 육적인 자아가 주인이 되어 모든 삶에 나타나게 함으로 하나님의 안식과 풍요를 앗아가는 것이다. 그러므로 사탄을 이기는 길은 이제까지 말하였듯이 우리가 매일 매일, 순간 순간 십자가를 지는 일이다. 십자가에서 우리가 매일 죽을 때 모든 문제에서 온전히 해방을 받고 사탄의 공격에서 안전한 승리의 삶을 누릴 수가 있게 된다. 우리가 십자가 아래 거할 때 대적 마귀는 곧 설 자리를 잃어버리게 된다. 주님의 품안과 힘의 영향아래 거하고 있을 때 진실로 우리는 안전하고 자유롭게 된다.

우리의 많은 문제들이 사탄 마귀를 단번에 쫓아냄으로서 해결될 수 있다면 풍성한 삶을 우리가 살아가는데 이것보다 좋은 방법이 없을 것이다. 그러나 마귀를 내쫓아서 어떤 문제를 완전히 해결받았다는 사람은 보지 못했다. 그런 감정의 잔치가 끝나면 많은 사람들이 또 다시 실패하고 어둠에 빠지는 생활을 하게 되는 것을 나는 자주 볼 수 있었다. 이런 실패의 삶은 마귀나 귀신을 잘 쫓아내는 특별능력이 있다고 하는 사람들과 그렇게 가르치고 있는 목회자나 지도자들에게도 마찬가지인 경우가 많이 있다.

당신 안에 그리스도가 계실 때 사탄은 자연스럽게 당신 안에 머물 수가 없게 되는 것이다. 우리 안에 내주하시는 그리스도의 영이 사탄을 떠나게 한다. 빛과 생명의 영은 어둠과 죽음의 영을 몰아낸다. 결코 어떤 사람이나 신비한 주술이나 고조된 의식이 악령인 사탄을 떠나게 하는 것이 아니다. 그리스도의 능력이 아니라면 그 무엇도 우리를 사탄에게서 지킬 수는 없다. 승리는 대적 마귀를 제압하는 어떤 특별한 힘을 가진 특별한 사람에게서 나오는 것이 아니라 그리스도의 부활의 생명과 능력을 받은 그리스도인에게 당연히 주어지는 은혜이고 선물이다(다음 성경을 찾아보고 좋은 신앙을 세우기를 바란다; 히 3:14, 요일 5:18, 롬 12:1, 8:14, 6:6, 13, 8:23, 벧전 1:5, 딤후 4:18, 골 1:13, 29, 고전 3:6, 6:11, 19, 20, 7:34, 10:20, 21, 갈 6:8, 행 26:18).

하나님께서 말씀하신 내가 되어야 한다

브라질의 한 형제가 하였던 말이 생각난다. 뱀을 통해 아담과 하와가 하나님과 같아지고 싶은 유혹을 받았을 때 그들은 그때 이미 하나님의 형상을 따라 지은바 된 사람들이었다. 이와 똑같이 예수님께서도 금식 후 광야에서 사탄의 시험(유혹)을 받으셨다. 사탄의 시험은 그가 정말 하나님인지 보이라는 것이었다. 그러나 그때 이미 예수님은 하나님이셨다.

  오늘날 사탄은 우리들에게도 똑같은 시험을 하고 있다. 사탄은 계속해서 우리가 이미 되어 있는 것을 그것이 되기 위해서 더 노력하고 일해야 한다고 촉구하고 유혹한다. 이런 시험에 한번 넘어지게 되면 우리는 우리의 믿음을 버리고 다른 길을 가기 시작한다. 그리고는 신자라는 이름을 가졌지만 불신앙의 사람이 된다.

  사탄의 속임수 중의 또 하나는 이 세상에서 사는 한 "육적인 삶(carnal life)을 피할 수 없지 않은가. 어쩔 수 없지 않은가. 우리의 삶은 육신이 주인인데" 이렇게 말하는 것이다. 그러나 우리는 명심해야 된다. 사탄의 목소리는 항상 그리스도인 자신의 목소리와 똑같이 들린다. 사탄은 또 줄기찬 대적이다. 그리스도인의 머리를 세뇌하여 바꾸기 위해서 끊임없이 모든 수단과 방법을 다 동원한다. 그는 좀체로 포기하지 않는다. 그의 최상의 전략은 우리가 그리스도 안에서 누구인지를 깨닫지 못하게 하는 일이다. 왜냐하면 우리가 그것을 알게 되면 그를 대적하여 능히 이길 수 있는 강한 군사가 되어 그의 지배아래 살고 있는 많은 사람들을 빼앗아 갈 수 있게 되기 때문이다. 많은 사람들을 멸망에 이르게 하고 많은 성도들을 실패의 삶을 살게 하려는 그의 계획이 무너지기 때문이다.

  중요한 사실은 신자인 성도들은 절대로 육적인 생명을 자기 안에 허용하지 말아야 한다. 그런 삶을 살지 말아야 한다. 우리의 의지를 사탄의 지배아래 맡기지 말아야 한다. 우리는 현명하게 그리스도의 생명을 선택해야 한다. 그러면 우리는 그리스도 안에 거하는 삶을 살 수 있게 된다.

소유하려면 경험해야 한다

많은 사람들은 하나님과 하나가 되려고 열심히 노력한다. 결혼생활에서 한몸을 이루는 부부가 되려고 열심히 노력한다. 그러나 본래 하나가 된다는 것은 주어지는 어떤 것이지 되려고 노력하여 얻어지는 것이 아니다. 노력은 오래 가지 못한다. 경험하는 삶은 믿음에서 나와야 한다. 그것은 "보지 못하는 것들의 증거"가 믿음이기 때문이다. 우리가 어떤 것들을 다 경험하지 못하였지만 그것 때문에 우리가 모든 것을 다 소유하지 못한 것은 아니다. 체험은 전혀 못했지만 우리는 하나님께서 말씀하신 것들은 믿을 수가 있다. 이 때 대적 사탄은 어떤 체험이 꼭 있어야 한다고 주입하며 그가 말하는 감정적인 체험이 없으면 하나님이 우리에게 아무 것도 주지 않은 것이며 우리가 영적인 것을 조금도 알지 못하고 또 가지고 있지 못하다고 믿게 만든다.

예를 들면 한 사람이 천국에 들어갈 수 있을 것인지 없을 것인지 설명하는 일은 쉽지가 않다. 많은 신자들이 이 문제에 대하여 여러 가지로 이야기가 많다. 천국에 가면 어떤 확신을 주는 감정이 있어야 된다든지 어떤 환상을 보아야 된다든지 어떤 약속을 받아야 한다든지 신자에 따라 각양 각색의 생각을 가지고 있다. 이런 복잡한 이야기들과 자기가 느끼고 있는 감정에 따라 자기가 천국에 들어가기는 매우 어렵고 험난한 길이라고 생각한다. 그러나 이런 생각들은 사탄이 주입하는 것들이다. 우리는 명심하고 잊지 말아야 한다. 우리의 확신은 하나님의 말씀 위에 서 있어야 하는 것이지 아침 저녁으로 변할 수 있는 감정 위에 서 있어서는 안되는 것이다. 하나님의 말씀과 약속 외에 다른 어떤 것에도 우리의 확신이 영향을 받아서는 안된다. 어제나 오늘이나 영원토록 변함없는 하나님의 말씀만이 우리 믿음의 참된 반석이고 생명이다. 그러므로 하나님의 말씀은 항상 단순하고 명료하다.

요한복음 3장 16절의 말씀은 "누구든지 저를 믿는 자"는 멸망하지 않고 영생을 얻으리라고 하였다. 다른 어떤 말이 더 첨가되어 있지 않다. 그러나 대적자 사탄은 에덴 동산에서 하와(Eve)에게 하였듯이 하나님이 하신 단순하고 명료한 말씀에 다른 어떤 말을 항상 덧 붙인다.

어떤 신자들은 항상 자기가 느끼는 감정에 의하여 지배받으며 살고 있다. 하나님께서 자기에 대하여 가장 좋지 않은 일은 감정적인 느낌을 통해서 보여주신다고 믿고 있다. 그렇게 믿고 있으므로 하나님은 느끼는 감정에 의하여 계속해서 인도하고 힘을 줄지도 모른다. 그러나 이런 신자들을 위해서는 감정적인 체험이 없이도 믿음으로 살아가는 법을 가르쳐 주어야 한다. 이것은 매우 중요하다. 하나님께서는 각 사람에게 필요한 체험을 적절하게 주시는 분이시다. 그러나 우리의 믿음은 느낌에 전적으로 의존되는 것이 아니다. 하나님이 말씀하신 영원한 사실과 진리에 의존되는 것이다.

우리의 감정적인 체험들은 자연스럽게 흘러나와야 한다. 감정의 체험이 어떤 인위적인 강요나 열정이 되어서는 안된다. 주의해야 한다. 사탄은 이런 신자들을 찾아와서 믿음을 어떤 신비하고 특별한 감정 내지는 체험이라고 믿게 만든다. 그것은 잘못된 믿음이다. 진지하게 우리가 확인해야 하고 확신하고 있어야 하는 것은 내가 진실로 거듭났는가에 대한 진지한 물음이다. 믿음으로 그리스도를 구세주와 주님으로 영접했다면 새로운 자녀로 태어난 것이다.

우리를 바르게 판단하실 이는 하나님 뿐이시다. 그리스도 안에서 우리가 어떤 신분의 사람인가는 다만 하나님만이 확실하게 정의하실 수가 있다. 어떤 잘못된 사람이나 사탄이 무엇을 덧붙이고 가미하는 말에 우리는 현혹받지 말아야 한다. 우리는 또한 사탄이 말하는 세속적으로 성공적인 그리스도인이 되려고 욕심으로 집념하고 정신을 빼앗기지 말아야 한다. 하나님을 위하여 어떤 위대한 일을 크게 성취해야 된다는 미명아래 사탄은 얼마든지 그리스도인들로 하여금 하나님 없는 인간의 욕망을 위한 목적을 장엄하게 쌓아 올리는 예가 너무 많기 때문이다. 이런 사람들의 특징적인 논리는 "내가 하나님을 위하여 어떤 큰 일을 이룰 수 있게 되면 하나님이 기뻐할 것이다. 그러면 나는 그의 총애를 받고 인정을 받을 것이다. 많은 사람들의 갈채를 받고 영광스런 주인공이 될 것이다" 하는 것이다.

이런 생각이어서는 안될 것이다. 그런 생각의 뿌리는 지옥에서 나왔다. 그런 생각은 그리스도의 공로를 의지하고 믿음으로 하나님 앞에 나아간다는 사실을 부인하는 태도이다. 그것은 자신을 부인하는 것이 아니라 자신의 공로를 그리스도의 공로보다 더 신뢰하고 높이 평가하고 있다는 증거이다. 성경 어디에도 위대하고 큰 일을 내가 성취해야 된다고 명령한 곳은 없다. 성경은 가장 작은 일까지도 온전히 하나님을 의지하라고 명령한다. 어린아이가 부모를 의지하듯이, 아내가 남편을 존경하듯이, 남편이 아내를 사랑하듯이 그렇게 하나님을 향한 자연스러운 의지와 존경과 사랑이 믿음이다. 그런 믿음이 삶이 되어야 한다.

성공적인 그리스도인, 승리하는 그리스도인은 늘 용서한다. 사랑할 수 없는 사람, 가까이 할 수 없는 사람을 사랑한다. 땅 위에 재물을 쌓아놓기 위해 살기보다는 필요한 이웃에게 모든 것을 나누어 주기 위해 산다. 어떤 경우에도 항상 그리스도의 품 안에 그의 자리가 있다. 그의 전체가 그리스도의 생명 안에 거하는 일이 삶의 초점이 된다.

우리는 항상 하나님이 가르치고 말씀하신 그리스도인의 신앙에 귀를 기울여야 한다. 항상 주님이 가르치시고 말씀하시도록 자신을 열어놓고 허용해야 한다. 우리의 몸이 주님이 말씀하신 성전이 되고 교회가 되도록 주님이 말씀하신 그리스도인으로 자신을 허용하고 내어 놓아야 한다. 그때 우리는 우리가 가지고 있는 생각이 주님의 가르치신 말씀과 다른 부분이 무엇인지 발견하게 되고 바른 신앙을 가진 바른 그리스도인이 될 것이다. 풍성한 믿음을 통하여 하나님의 교회와 올바른 기독교를 위대하게 세워가는 증인이 될 것이다.

올바른 싸움은 어디에서

때때로 대적 마귀 사탄은 우리가 나가서 싸워야 하는 정확한 전쟁터와 전선이 어디인지를 분간하지 못하게 한다. 그는 항상 중요하고 실제적인 문제가 결코 되지 못하는 일에 우리의 마음과 정신을 빼앗기게 한다. 많은 가정에서 부부들은 배우자의 부정적인 말에 조금도 참지 못하고 곧 반응을 보인다. 어떤 논리나 이상적인 원리나 교훈이 이기게 한다고 생각하고 믿기 때문에 계속 싸운다. 그들의 현재의 문제는 상대방의 몰이해와 그릇된 생각 때문이라고 믿고 있다. 이성에 호소할 수 있게 되고 바람직하고 논리적인 논쟁을 할 수 있으면 서로의 의견에 일치를 볼 수 있고 조화로운 해결을 볼 수 있으리라고 생각한다.

이렇게 믿고 생각하기 때문에 논쟁하고 싸우지만 해결점은 주어지지 않는다. 그것은 서로가 자기가 주인이고 중심이고 기준이기 때문이다. 늘 상대방에게 문제가 있다고 생각한다. 또는 상대방에게 문제가 더 있다고 생각한다. 아내는 남편이 남편은 아내가 비이성적이고 치우쳤다고 판단한다. 상대방이 그것을 시인하고 고쳐야 문제가 해결된다고 생각한다. 그러나 싸워야 하고 큰 소리로 비난받아야 할 범인은 남편이나 아내가 아니다. 그것은 부부 사이의 머리 속에서 잘못된 생각이 계속 흘러나오도록 부추기고 주입시키는 대적자 사탄이다.

당신이 지금 격렬한 전쟁터에 있다고 가정해 보자. 당신은 지금 엄호(굴) 속에 갇혀 있다. 위쪽으로는 눈을 들어 볼 수가 없다. 당신이 할 수 있는 유일한 행동은 수류탄을 벗겨 굴 밖으로 내어 던지는 일이다. 그러나 수류탄이 어딘가에 있을 적군을 폭파시킬 것을 기대하면서 던지지만 그것은 미지수이다. 만약 이때 치열한 전투가 갑자기 멈추고 잠시 모든 군인들이 얼음으로 변하여 움직일 수 없게 되고 하늘에서 뜨거운 비행선이 하나 내려와서 당신을 태우고 위로 높이 올라가서 적들이 있는 위치를 명확하게 보여준 뒤 다시 엄호(굴) 속으로 도로 넣어 주었다고 하자. 그리고 전투가 재개되었다. 당신은 얼마나 좋겠는가?

영적인 전쟁에서도 마찬가지이다. 우리는 하나님과 함께 높은 망대 위에서 싸워야 할 전쟁터를 한번 내려다보는 시간이 필요하다. 그리스도와 함께 높은 하늘 보좌에 앉아 있는 당신의 신분과 위치를 생각하도록 하라. 그리고 하나님께서 당신에게 적들이 모여있는 위치와 정확한 전선이 어디에 있는지를 보여주시도록 하라. 적들의 위치를 당신이 바로 보게 된다면 당신의 싸움은 쉽고 시간과 힘은 훨씬 절약되고 자원은 더 이상 낭비되지 않고 승리는 당신의 것이 될 것이다.

올바른 전선을 알지 못한채 싸울 때 일어나는 또 하나의 문제가 있다. 정확한 전선을 보지 못할 때 우리는 알지 못하는 사이에 대적 사탄의 역사를 도와주고 그로 인하여 다른 그리스도인들을 파멸시키는 결과를 가져오게 만든다. 어떤 사람이 하나님이 기뻐하지 않는 일을 행할 때 우리는 그것들을 지적하고 비난하기 쉽다. 그때 우리가 그 사람의 문제 해결을 위해 공헌할 것이라고 생각하는가? 다만 그것은 문제를 해결하기보다는 사탄으로 하여금 바른 해결이 아닌 다른 그 무엇에 그 사람의 관심을 돌리게 하고 문제를 더 심각하게 만드는 결과를 가져올 것이다. 우리가 정말로 사랑스런 남편을 원하고 사랑스런 아내를 원하고 순종하는 자녀를 원하고 정직한 종업원을 원하고 존경스런 상사(고용주)를 원하고 진실한 친구를 원하고 영적인 목회자를 원한다면 우리가 해야 할 일은 비난하고 지적하는 일이 아니다. 다만 우리가 할 수 있는 가장 좋은 공헌은 그들의 눈이 구세주이신 주님을 향하여 볼 수 있게 기도하고 사랑하고 돕는 일이다. 다시 또 주님께 간구하는 것이다. 그들의 바르지 못한 삶과 행위에서 그들을 구원하여 주실 수 있는 분은 오직 주님 밖에는 없기 때문이다.

우리가 올바른 전선을 알고 싸울 수 있는 눈을 가지게 되었다면 우리 삶에서 여러 가지 많은 문제들이 그리스도 안에 거하지 않는 삶에서 나온다는 사실을 보게 될 것이다 (바로 지금 현재, 이 순간 그분 안에 내가 거하고 있지 못하기 때문일 것이다). 그리고 우리는 우리의 주위를 돌아보며 그리스도 안에 거하는 삶을 누리고 있는 사람들에게 더 관심을 가지게 되고 그런 삶에 마음을 열고 기쁨으로 같이 참여하는 성도가 되어갈 것이다. 이렇게 될 때 모든 문제들은 사라져가고 우리는 승리하는 삶을 누리는 신앙인이 될 것이다.

전인적인 헌신은 고통과 손해를 가져올까?

전인적으로 헌신하고 맡기는 신앙이 고통과 손해를 가져온다고 생각합니까? 전혀 그 반대이다. 전체를 바치고 맡기는 헌신이 없기 때문에 고통과 손해가 찾아온다! 대적 마귀는 바로 이런 거짓말을 성도들의 생각 속에 불어넣기 위해 엄청난 에너지를 투자한다. 하나님을 아름답게 섬기며 성장하고 있는 성도들에게 끊임없이 속삭이는 속임의 말이 모든 것을 다 바치면 고통을 받고 손해를 보게 된다는 말이다. 어떤 신자에게는 모든 것을 다 포기하였지만 마지막 한 가지 남몰래 남겨놓은 것이 있을 것이다. 그것은 보기에 탐스럽고 은밀한 즐거움을 주고 독립적인 자주성을 허락해 주는 것 같아 보일지 모른다. 그러나 그것은 중대한 실수를 범하는 생각이며 그리스도인의 삶에 중요한 부분을 사탄이 침입할 수 있는 발판으로 허용하는 결과를 맞이하게 될 것이다.

아직 내가 포기하고 바치지 못한 한 가지가 무엇인가

? 그것은 각 사람의 처지에 따라 다를 것이다. 그것은 일반적으로 우리가 가지고 있어야 하고 꼭 지켜야 된다고 믿고 있는 어떤 권리 또는 어떤 권리(right)와 관련되어 있는 것들이다. 지배권이나 용서하지 못하는 어떤 것, 유일하게 지키고 싶은 어떤 우상 또는 세속적인 어떤 재산이나 쾌락같은 것이 될 것이다. 어떤 사람에게는 하나님을 섬기고 그를 기쁘게 하기 위해서 다른 무엇이 더 필요하다고 믿고 있는 것이 있다. 그것은 우리 삶의 전면에 나타나지 않기를 바라는 것이다. 보이지 않고 깊이 숨겨져 있기를 바라는 것이다. 다른 사람에게 그것이 별로 생각되지 않기를 바라는 것이다. 그러면서도 그것은 끝까지 내가 꼭 가지고 있어야 되겠다고 느껴지는 한 가지가 있다.

이제까지의 만족이 그것에서 나왔기 때문에 그것은 계속해서 보호되어야 한다고 생각하여 왔다. 물론 그것은 모순(paradox)이다. 그 한 가지 때문에 계속해서 우리의 삶에 비극(misery)이 들어왔기 때문이다. 대적 사탄 마귀는 이것을 발판으로 그리스도인 신자들의 생명을 계속해서 침략할 수 있었고 그들의 삶 속에 움직일 수 없는 소유권을 설정하여 등기해 놓음으로 계속 그들의 삶에서 그리스도 안에 허락된 풍성한 것들을 누리지 못하게 하고 불행하고 불만족한 삶을 살게 만들었다. 물론 이런 경우 우리가 그 밖에 다른 모든 것들은 다 포기하고 버렸으므로 대적 마귀가 요새가 될 거점(stronghold)을 잘 확보하는 일은 쉽지가 않을 것이다. 그러나 남아있는 이 한 가지를 이용하여 사탄은 신자로 하여금 하나님과 동행하는 삶을 점점 어둡게 만들어 갈 것이다. 넘치는 흐름과 기쁨을 경험하지 못하게 할 것이다.

그것은 나에게 이런 비유를 생각나게 한다. 너무 아름답고 평화로운 산마루 언덕 넓은 초원 위에 그림같은 산장이 하나 있다. 그 초원 잔디 위에 누워 내가 아름다움과 평화로움을 만끽하고 있었다. 그때 조그마한 날파리 한 마리가 날아와 앵앵거리기 시작했다. 귓가에 앉았다. 손으로 잡으려 했으나 날아갔다. 그러나 다시 와서 계속 괴롭히기 시작했다. 이렇게 하여 나의 모든 안식과 평화는 사라졌다. 조그만 날파리 한 마리가 더할 수 없는 행복과 기쁨을 느끼게 하던 산과 하늘의 모든 아름다움을 나에게서 모두 앗아가 버렸다.

 우리 그리스도인의 삶에서도 마찬가지이다. 남겨둔 작은 한 마리의 날파리가 하나님이 허락하신 모든 좋은 것들과 풍성한 것들을 누리지 못하게 방해하고 모두 빼앗아갈 수가 있다. 우리의 가정생활에서도 이런 현상은 매일 나타난다. 대적 마귀는 이렇게 속삭일 것이다. "네가 지금 남편에게 잡히면 계속 잡히게 된다." "네가 지금 아내를 사랑으로 용납해 놓으면 그의 잘못된 행동을 계속 조장하는 결과를 가져온다." 이런 대적의 속임수에 많은 부부들이 매일 넘어간다. 부부 사이이면서 조그만 자존심 하나 때문에 모든 귀중한 것들을 사장해 버리고 싸움으로 끝을 낸다. 먼저 "미안하오", "용서하오"라는 말을 하지 못한다. 잠자리에서도 먼저 사랑한다고 말하지 못한다. 사랑을 표현하는 말과 대화를 먼저 시작하지 못한다. 이렇게 어리석고 작은 자아의 이기심으로 풍성한 부부생활의 행복을 돼지 앞에 던지고 어두움과 죽음에 지배받는 시간을 살아간다. 이것은 부부가 가정에서 자기를 전체적으로 포기하지 못하고 생명이고 사랑이신 주님 안에 온전히 거하기를 거부하기 때문이다. 그래서 고통과 손해를 스스로 만들어내고 불행해지는 것이다.

십자가를 내가 지려하고 남아있는 자아의 찌꺼기를 버리려고 할 때 다음과 같은 속임의 말소리가 들릴 것이다. "다른 사람의 자아가 먼저 죽고 그리스도 안에 들어가기 전에는 너는 더 기다려야 한다." "네가 너의 자아를 먼저 버리면 자존심에 수치를 느끼게 되고 손해를 볼 것이다." "네가 먼저 자신을 부인하게 되면 그것을 다른 사람들이 이용하여 너를 무시하게 될 것이다" "아내[남편]가 먼저 자기를 죽이면 나도 그렇게 할 것이다." 이런 생각들이 모두 고차원으로 사탄이 속이는 말들이다. 그것은 바로 우리가 자아를 부인하고 버리게 되면 우리가 하나님의 풍성한 삶을 누리게 된다는 것을 사탄은 잘 알기 때문이다. 하나님은 자녀된 우리 모두가 매일 풍성하고 값진 삶을 살기를 진실로 원하신다. 하나님은 더 좋은 보화를 위하여 우리가 쥐고 있는 자아를 온전히 모두 버리기를 원하신다.

당신은 그리스도 안에 온전히 거하는 삶이 무엇인가를 여러 가지 면으로 잘 배워왔다. 이제 당신의 생애에서 당신이 할 수 있는 최고의 일은 무엇이라고 생각하는가? 지체하지 말고 지금 당신의 자아를 용기있게 버리는 일이다. 먼저 하나님의 영광을 체험할 수 있는 단순한 믿음의 사람 나를 온전히 드리는 것이다.

이런 종류의 속이는 말에 대하여 바울은 어떻게 대처하였는가? 바울은 노예 오네시모의 과거의 행위를 보아서는 빌레몬에게 그를 용서하고 석방해 주라고 도저히 부탁할 수 없었다. 그래서 바울은 빌레몬에게 그가 그를 위하여 행하였던 일을 생각하고 또 주님께 그가 어떻게 용서받고 은혜를 입었는가를 잊지 말고 생각하여 오네시모를 용서해 달라는 것이었다.

하나님이 우리에게 요구하시는 이런 용서와 사랑과 순종과 존경은 상대방의 행위를 보아서는 절대 불가능한 일이다. 그래서 하나님은 그분 자신이 우리를 위해 어떻게 해주셨는가를 생각하고 사람이 우리에게 어떻게 하였는가는 생각하지 말라고 하신다. 우리는 하나님이 우리를 사랑하신 그 넓고 깊은 사랑 때문에 항상 상대방을 사랑하고 용납해야만 한다. 어떤 사람의 행위를 심판하고 정죄하며 도저히 용서받고 사랑받을 수 없는 사람이라고 생각하는 태도는 지옥에서 나온 생각이고 악마에게서 나온 태도이다. 그런 생각을 믿고 남을 심판하는 사람들은 하나님 나라의 뜻을 거역하는 사람들이다.

하나님이 우리를 사랑하셨듯이 우리는 다른 사람을 사랑할 수 있어야 한다. 주님이 우리를 위하여 자기 생명을 버리셨듯이 우리는 우리의 생명을 버릴 수 있어야 한다. 우리를 위하여 주님이 모든 것을 포기하시고 모든 것을 주셨듯이 주님을 위하여 우리는 모든 것을 포기하고 줄 수 있어야 한다. 그리스도 우리 주님은 십자가 위에서 하나님 앞에 모든 것을 버리시고 우리를 위해 전체를 주셨다. 그러나 주님이 모든 것을 다 포기하셨을 때 인류에게는 소망이 주어졌고 주님에게는 말할 수 없는 영광과 기쁨이 주어졌다.

"믿음의 주요 또 온전케 하시는 이인 예수를 바라보자 저는 그 앞에 있는 즐거움을 위하여 십자가를 참으사 부끄러움을 개의치 아니하시더니 하나님 보좌 우편에 앉으셨느니라"(히 12 : 2)

모두를 버리는 일은 쉽지 않겠지만 포기하고 버리게 되면 말할 수 없이 풍성한 기쁨과 축복이 우리 안에 찾아온다. 포기는 결코 고통과 손실이 아니다. 전체를 포기하지 못하므로 말미암아 우리의 삶에 고통과 손실이 사라지지 않는 것이다. 악한 사탄이 당신 머리 속에 어떤 교두보를 만들도록 허용해서는 안된다. 바로 지금 당신의 깊은 곳에 숨어 있고 버리지 못한 한 가지가 있다면 그것을 이제 포기하고 버린다고 외치라! 그 남아있는 한 가지로 인하여 당신이 당연히 누려야하는 큰 하늘의 기쁨과 평안의 좋은 소식을 빼앗기지 않도록 기도하라. 우리는 기억해야 한다. 온전한 포기는 모든 것이 포기된 어떤 시점에 있지 않다. 다만 이미 이루어진 사건을 기억하고 인식하는데 있다. 당신은 하나님의 포도나무에 이미 접붙여 구별된 가지이다. 구원받은 당신은 포도나무 가지로 이미 그 안에 거하고 있다. 당신이 그리스도를 영접했던 그 날 당신의 모든 것은 이미 포기되었다. 당신은 이제 모든 것이 온전히 포기된 하나님만 의존하는 자녀임을 확인한 것이다!

우리는 마침내 영적인 정착지를 찾았다

이제까지 강조하고 강조해 온 것과 같이 우리는 우리의 삶을 한 순간 한 순간 살기로 되어 있다. 그러므로 그리스도인들의 영성(spirituality)이란 이런 의미에서 현재 내가 그리스도 안에 거하는 생명을 어떻게 소유하고 있는가에 달려있다. 영성이란 그리스도 안에 살아있고 소유되어 있는 생명의 상태이기 때문이다. 대적 마귀는 그럴듯한 거짓말로 또 속인다. 영성이 새로운 진리인양 최고의 가치인양 위장하게 부추긴다. 그런 말이 어떤 해방감을 줄지도 모른다. 그러나 그것은 바른 영성이 아니다. 우리로 하여금 그리스도인의 성숙의 절정에 마침내 도달하였다고 생각하게 만들고 이제 영성의 최고 절정에 도달했으므로 거하는 삶은 계속될 것이고 또 계속해서 확장되어 가리라고 생각하게 만든다. 그러나 이것은 위험한 생각이다. 그것은 속임이다. 확장은 결코 일어나지 않으며 다만 우리로 지치고 무기력하게 만드는 교묘한 덫일 뿐이다.

　이런 식으로 믿음의 진리를 가르치고 어떤 체험되었던 한 때의 절정만을 붙잡고 고수하고 있는 교사들과 지도자들은 시간이 지나면서 육적인 스리스도인의 삶 속에서 벗어나지 못하고 있는 자신들을 발견하게 될 것이다. 왜 이런 일이 얼어나는가? 그에 대한 설명은 간단하다. 지나간 과거에 우리가 가졌던 어떤 경험을 오늘 현재의 삶을 대신하여 채우려 하기 때문이다. 대적 마귀는 계속해서 그런 신자에게 지나간 과거에 경험했던 모든 일들을 생각나게 상기시킬 것이다. 그러나 그것이 바로 어제의 일이라도 과거는 오늘의 생명이 아니다. 그것이 그대로 오늘의 삶이 될 수 없다. 지나간 추억의 사건은 아무리 좋은 것일지라도 진정한 현재의 영적인 믿음과는 관계가 없는 것이다. 현재의 영성은 지금 이 순간 경험되고 체험되는 것이어야만 한다.

　대적자가 우리를 끊임없이 설득하여 문제를 일으키는 또 하나는 우리가 마침내 영적 믿음의 어떤 대 진리에 도달하였다는 생각이다. '이것이야말로 새로운 것이고 목표하고 찾고 있던 유일한 진리의 가르침이다.' 이런 생각과 믿음으로 굳어질 때 우리는 대개의 경우 다른 사람이나 지도자를 통해서 주는 가르침이나 메시지는 어느 것도 귀를 막고 받아들이려 하지 않는 경향이 있다. 이것은 잘못된 것이다. 우리는 여러 위대한 분들을 통하여 공급하시는 그리스도의 선물들을 때를 따라 계속해서 배우고 받아들여야 한다. 계속 배울 수 없는 마음의 신자는 육적인 그리스도인임에 틀림없다.

어떤 한 사람의 한 가지 교리에 우리의 마음이 고착되고 마음의 문이 닫힐 때 우리는 예수님 당시의 바리새인이나 제사장들과 다름없게 될 것이다. 생명의 흐름이 정지되고 죽은 신자가 되고 말 것이다. 새로운 것을 날마다 배우고 받아들일줄 모르는 성도는 육적인 신자의 삶을 벗어나지 못할 것이고 매일의 삶 속에 늘푸른 생명의 흐름이 끊어지고 넉넉하고 아름다운 열매가 고갈될 것이다.

한 영국 출신 목사님의 말이 생각난다. "좁은 문으로 들어가라. 멸망으로 인도하는 문은 크고 그 길이 넓어 그리로 들어가는 자가 많고 생명으로 인도하는 문은 좁고 길이 협착하여 찾는 이가 적음이니라"(마 7 : 13, 14). 이 말씀을 설명하면서 그는 생명으로 인도하는 길은 좁지만 양쪽에 두개의 벽이 있다는 것이다. 하나는 알미니안주의(Arminianism ; 자유의지)라는 벽이고 다른 하나는 칼빈주의(Calvinism ; 예정선택)라는 벽이다.

이 두 양쪽의 벽은 모두 필요하다는 것이다. 양쪽의 튼튼한 두 벽은 우리가 가는 길에서 우리를 안전하게 길의 방향을 인도해 주고 사탄의 공격에서 안전하게 보호해 준다는 것이다. 이것은 정말로 사실이다. 우리는 두 개의 벽이 꼭 필요하다. 한 쪽의 벽이 되는 인간의 자유의지(free will)의 진리를 우리는 이해해야 한다. 또 다른 한편 전능하신 하나님의 주권(sovereignty)에 기초한 예정선택의 진리를 우리는 이해해야 한다. 하나님의 거스릴 수 없는 은혜로 우리가 구원받았다는 확실한 믿음을 가지고 있어야 하지만 또한 우리가 나태하여지지 않도록 자기 의지로 늘 경성함을 받아야 한다. 그러나 계속하여 앞에서 언급하였듯이 진정한 신앙의 삶을 찾는 사람은 이제 더 이상 살아계신 하나님을 어떤 조직화된 지식이나 학문으로 묶어서 생명없는 종교의 죽은 하나님이 되게 하지는 않을 것이다.

어떤 사람에게 그리스도를 믿음으로 소유하게 되는 구원의 확신에 대하여 가르칠 때 나는 그로 하여금 히브리서 6장 4-6절과 요한복음 15장 2절과 갈라디아서 5장 4절의 말씀들을 먼저 읽게 한다.

"한번 비췸을 얻고 하늘의 은사를 맛보고 성령에 참예한 바 되고 하나님의 선한 말씀과 내세의 능력을 맛보고 타락한 자들은 다시 새롭게 하여 회개케 할 수 없나니 이는 자기가 하나님의 아들을 다시 십자가에 못박아 현저히 욕을 보임이라"(히 6 : 4-6)

"무릇 내게 있어 과실을 맺지 아니하는 가지는 아버지께서 이를 제해 버리시고 무릇 과실을 맺는 가지는 더 과실을 맺게 하려하여 이를 깨끗케 하시느니라" (요 15 : 2)

"율법 안에서 의롭다함을 얻으려 하는 너희는 그리스도에게서 끊어지고 은혜에서 떨어진 자로다"(갈 5 : 4)

"그러므로 그리스도인이라도 버림받을 수가 있습니다. 우리는 늘 깨어있어야 합니다." 나의 말에 그 사람은 무슨 의미인지 더 설명해 주도록 요구한다. 나의 설명은 간단하다. "나는 히 6 : 4-6과 요 15 : 2과 갈 5 : 4의 말씀을 그대로 믿습니다. 나는 그 말씀들을 이해하지 못할지도 모릅니다. 그러나 그것을 말씀하신 그대로 믿습니다."

어떤 때 어떤 사람은 우리가 결코 버림받지 않는다고 주장하며 히브리서 13장 5절, 요한1서 2장 19절, 요한복음

10장 28절 등의 말씀을 인용한다.

"……그가 친히 말씀하시기를 내가 과연 너희를 버리지 아니하고 과연 너를 떠나지 아니하리라 하였느니라"(히 13 : 5)

"너희가 우리에게서 나갔으나 우리에게 (본래) 속하지 아니하였나니 만일 우리에게 속하였더라면 우리와 함께 거하였으려니와 저희가 나간 것은 다 우리에게 속하지 아니함을 나타내려 함이니라"(요일 2 : 19)

"내가 저희에게 영생을 주노니 영원히 멸망치 아니할 터이요 또 저희를 내 손에서 빼앗을 자가 없느니라"(요 10 : 28)

이런 내용의 말씀들이 있는데도 우리가 버림받을 수 있느냐고 묻는다. 그런 사람들의 질문에도 나의 대답은 동일하다. "예, 나는 성경이 가르치고 있는대로 그 말씀들을 믿습니다."

나는 신학자들이 그들 자신들의 신학체계를 정당화하고 변호하기 위하여 성경구절을 사용하고 성경에 있는 대로의 본뜻을 바꾸고 다시 짜맞추는 일을 좋아하지 않는다. 나는 영특한 교사나 신학자가 되어 복잡한 지적 활동과 회전을 통하여 성경을 보기를 원치 않는다. 내가 말하고 싶은 것은 우리가 성경을 읽을 때 모든 내용을 다 이해하지 못할 수도 있다는 것이다. 우리는 하나님의 마음을 다 알고 이해할 수 있는 존재가 아니다.

나는 무한하신 하나님을 다 알고 가르칠 수 있는 선생이 아니다. 하나님을 다 알고 있고 가르치실 수 있는 분은 오직 그리스도 한 분 뿐이시다. 다만 나는 그가 말씀하시는 것을 믿을 뿐이다. 비록 내가 그것을 어떤 신학자들 같이 신학적으로 조직화하고 체계화하지는 못한다 할지라도 그리스도인으로 우리의 가장 중요한 일은 하나님께서 성경을 통하여 주신 말씀들을 그대로 믿는 일이라고 생각한다. 나는 먼저 말씀 그대로를 있는 그대로의 사실로 믿는 신앙(信仰)의 사람이 되고 싶을뿐, 학문의 대상으로 삼는 신학(神學)의 사람이 되고 싶지는 않다.

여러 세대에 걸쳐 대적 사탄은 좋은 지성과 재능과 영성을 가진 많은 신자들을 정복하여 어떤 신학의 한쪽 면만을 택하게 하고 다른 쪽은 적대시 하고 증오하게 만들어 왔다. 계속하여 파벌을 지어 나뉘게 하였다. 그러면서 그들의 생각이나 신앙은 정체되고 부패되고 비참한 고통의 심연에서 헤어나오지 못하는 불행한 그리스도인의 삶을 살게 하였다. 그러나 우리가 원하는 것은 순간 순간 성령께서 우리의 생명을 위하여 필요로 하는 것들을 보여주고 공급하심을 경험하는 삶이어야 한다. 많은 학문이나 이론은 우리의 풍성한 생명을 위하여 그렇게 많이 필요로 하는 것이 아니다. 우리가 진실로 필요로 하는 것은 지식이 아니라 생명이고 사랑이다. 이런 올바른 자세를 가지고 살면 필요한 때를 따라 우리가 알고자 하는 것을 주님은 알게 해 주실 것이다. 필요한 지식과 함께 우리는 생명과 능력을 풍성한 선물로 틀림없이 누리게 해 주실 것이다.

거짓된 감정의 속임수

거하는 삶을 계속해서 체험해 가면서 우리의 감정은 성령의 날개 아래 알맞게 자리를 잡아 가게 될 것이다. 우리의 감정들은 깊은 내면에서부터 그리스도의 생명을 표현해 가기 시작할 것이다. 더 이상 외부로부터 영향을 받지 않게 되고 우리 자신과 하나님에 대하여 기대하는 상이 바뀌어 갈 것이다. 하루 하루, 순간 순간을 중심하여 생명있는 삶을 살아가게 될 때 이런 그리스도인의 삶을 대적 사탄은 결코 즐거워하지 않을 것이다. 실패하는 삶을 사는 신자들을 다시 만들고자 감정이란 무기를 사용하여 하나님과 교제하는 삶(fellowship with God)을 떠나 느끼는 감정에 지배받는 사람이 되게 하려 할 것이다. 이런 거짓된 감정은 시간이 지남에 따라 마침내 실제적인 하나님과의 내적 교제에서 나오는 풍성한 생명이 아닌 피상적인 자기 기분에 좌우되는 삶으로 되돌아가게 하려할 것이다. 이런 시험에 우리는 넘어가지 말아야 한다.

대적 사탄은 우리의 마음보다 감정 속에 거짓을 심는 일이 훨씬 더 쉽다는 것을 알고 있다. 그래서 사탄은 올바른 믿음 안에 감정이 성령의 지배를 받으며 살아가는 그리스도인을 다시 자기 손 안에 지배하여 보려고 은밀하고 눈에 띄지 않는 수많은 방법들을 동원할 것이다. 이 전략의 하나가 "시간 추월"이라고 부르는 전술이다. 즉 언젠가 감정에 심한 상처나 동요를 일으켰던 과거의 어떤 사건을 가지고 있을 때 그곳으로 우리 마음이 되돌아 가게 만드는 것이다. 이 때 우리 마음 속에 당시 느꼈던 감정의 동요가 되살아 난다. 그리고 우리는 그때의 감정을 그대로 현재의 자기에게 적용시키는 것이다.

예를 들면 한 사람이 자동차를 타고 가는데 과거에 엄청난 고통이나 당황이나 손해를 야기시켰던 한 사건이 그의 마음에 맴돌기 시작했다. 그 사건을 그는 너무 생생하게 기억하고 있었기 때문에 그 사건과 함께 연결되어 있던 감정적 동요가 다시 되살아 나고 곧 수년 전에 있었던 그 사건에 의하여 일어났던 감정과 느낌이 지금 똑같이 그를 사로잡게 된다. 그래서 갑자기 그는 우울해질 것이다. 그 자신은 그 이유가 무엇인지 인지하지 못한다. 왜냐하면 그의 마음은 거기까지 계속 움직여 가다 다른 어떤 생각으로 넘어갔기 때문이다. 그러나 그의 격앙된 우울한 감정은 계속 남아있게 될 것이다.

과거에 정서적으로 깊은 상처를 받았던 사람들은 많이 이런 식으로 들어오는 사탄의 공격을 허용하기가 매우 쉬운 것이다. 그러므로 우리가 어떤 때 경험하게 되는 느낌이나 감정이 우리가 알 수 있는 구체적인 원인이 없을 때는 그런 감정을 허용해서는 절대 안된다는 사실을 꼭 명심해야 한다.

그것은 역사하지 않는다

믿음으로 그리스도 안에 거하며 살아가는 일은 우리 삶의 모든 분야에 조화를 가져다 줄 것이다. 그것은 사실이다. 거하는 삶은 우리의 내면에 엄청난 평안을 가져다 준다. 그렇지만 잊지 말아야 하는 사실 또한 성령을 거스려 싸우는 육체가 아직도 존재하고 있다는 사실이다. 순간 순간 십자가를 우리 삶에 적용하며 살아갈 때 우리 안에서의 싸움과 전쟁은 끝나겠지만 그렇다고 우리의 밖에서의 싸움과 전쟁이 끝나는 것은 아니다. 우리가 성령이신 그리스도의 영을 쫓아 살기로 결심하였을 때 우리의 생활에서 가장 자주 대하는 배우자나 자녀나 가까운 친구나 교회에서 동역하는 형제자매나 직장에서의 동료들은 육을 따라 사는 사람들일 수가 있는 것이다. 그렇기 때문에 그들과의 생활과 관계에서 충돌과 갈등은 피할 수 없는 상황이 된다 (특별히 부부 사이에서 이런 경우가 매우 흔히 발생할 것이다).

이런 상황을 대적 마귀는 놓치지 않고 이용하여 영적인 사람의 삶을 좌절시키고 영을 따라 살아보려는 노력을 헛수고이고 불가능하다고 느끼게 만들고 마침내 포기하게 만들려고 한다. 이런 경험을 하면 또한 거하는 삶은 역사하는 힘이 없다는 생각이 들지도 모른다. 그러나 이것이 바로 실제로 역사하는 힘이 있다는 증거이다. 그것으로 인하여 우리의 육체와 거룩한 영 사이에 싸움이 일어난다는 것이다. 그것이 바로 확실한 증거가 된다고 볼 수 있다. 갈등과 싸움이 일어나고 있다는 사실은 그런 과정을 통하여 성도의 삶에 바람직한 창조가 이루어지고 있다는 사실을 보여주는 것이다.

당신이 성령 안에서 성령을 따라 살아가게 될 때 그것은 당신 주위에 육을 따라 사는 사람들에게 어떤 힘과 압력을 가하는 일이 된다. 그것은 마치 드러난 상처에 소금을 가져다 바르는 것과 같다. 그러므로 어떤 갈등과 전쟁이 있다고 해서 절대로 포기하는 일이 있어서는 안될 것이다. 그것은 사탄에게 항복하는 자세이다. 대적자에게 절대로 굴복하지 말라! 하늘과 땅의 모든 권세를 가지신 주님께서 당신과 함께 계시고 언제 어디서나 강한 능력으로 당신을 섭리하고 계시다는 사실을 명심하라. 당신의 믿음과 생명이 당신의 주위에 있는 많은 사람들에게 누룩처럼 계속 번져 나가도록 자신을 열고 허용하라. 당신 안에 있는 풍성한 승리의 생명은 끊임없이 세상을 변화시키고 정복하여 나갈 것이다. 세상의 국경과 문화와 권력과 인종과 역사 어떤 것도 넘어서 그 생명은 번져가고 있다는 것이 수천년의 역사에서 증명되었다.

그렇다고 우리 주위에서 육을 따라 사는 사람들을 볼 때 그들을 판단하고 백안시하고 미워하라는 말은 아니다.

그런 일이 있어서는 안될 것이다. 그런 이웃들을 볼 때마다 우리가 늘 잊지 말아야 할 것은 우리가 어떤 과정을 통하여 하나님의 은혜를 값없이 받았으며 과거에는 우리도 그들 못지않게 어리석었고 얼마나 고집 속에 비참한 실패의 삶을 살던 사람이었나를 생각하는 일이다.

대적 사탄은 또 우리를 인내하지 못하게 하고 하나님께서 우리에게 값없이 주신 말할 수 없이 귀중한 것들을 다른 사람들과 나누고 전해주는 일을 계속 막으려 할 것이다. 그러나 우리는 우리에게 베푸신 말로 다 할 수 없는 하나님의 은혜를 생각하며 이런 모든 유혹들을 물리칠 수 있어야 한다. 우리는 혼자서 실망하지 말고 인내를 보여줄 수 있어야 한다. 그들도 속히 믿음으로 자라나고 그리스도 안에 승리하는 삶을 누리는 날이 찾아오기를 기도하며 주님의 마음으로 보살펴 주어야 한다.

"…너희가 거저 받았으니 거저 주어라"(마 10 : 8)

우리가 일할 필요가 없다

과거에 우리는 승리와 성공의 삶을 얻기 위해서 매우 열심히 노력하고 땀흘리고 일했었다. 대적 마귀는 이제 우리가 단순한 믿음만 가지고 있으면 되는 것이지 어떤사역이나 활동이 불필요하다고 설득하여 아무 활동도 못하도록 방해하려 할 것이다. 믿음은 결코 무기력한 것이 아니다. 믿음의 삶이란 역동적인 활동의 삶이다. 그렇지만 우리는 이제 믿음에서 나온 표현에서 행하는 일과 믿음을 만들어내기 위해서 힘겹게 행하는 일과는 말할 수 없이 큰 차이가 있다는 것을 알아야 한다. 우리 안에 있는 그리스도의 생명은 항상 새롭고 역동적인 능력이다. "내 아버지께서 이제까지 일하시니 나도 일한다"(요 5 : 17).

살아있는 그리스도의 새로운 생명이 날마다 순간마다 우리 안에서 흘러 넘치게 될 때 우리는 당연히 매우 역동적인 사람, 창조적인 사람, 빛의 사람 역사를 만들어내는 사람이 된다. 늘 피동적이고 그리스도의 생명이 그들의 생활을 통하여 표현되지 못하는 사람은 그리스도 안에 바른 거함의 삶을 살지 못하는 사람이다.

맨 눈으로 볼 때는 한 나무가 역동적으로 활동하고 있다는 사실을 금방 볼 수 없을 수도 있다. 그러나 살아있는 나무는 그 속에서 역동적인 생명의 활동이 계속 일어나고 있었다는 사실이 그 나무가 맺는 열매에서 마침내 증명되는 것이다. 그런 생명의 표현이 밖으로 전혀 나타나지 않는 나무라면 그것은 아무리 크고 무성하다 해도 틀림없이 죽었다는 결론을 우리는 내리지 않을 수 없을 것이다.

그리스도의 생명을 품은 그리스도인도 마찬가지이다. 겉으로는 어떤 역동적인 움직임이 오랫동안 보이지 않을지도 모른다. 그러나 진정 생명 안에 거하는 그리스도인이라면 가장 깊은 존재의 내면 속에서는 매일 새로운 생명의 역사와 역동적인 활동이 계속 진행되고 있으며 점점 튼튼하게 자라며 마침내 정해진 때가 되면 주위에 있는 모든 사람들이 볼 수 있는 풍성하고 좋은 열매를 보여줄 수 있게 될 것이다.

또 아울러 우리가 잊지 말아야 할 사항은 하나님은 빠른 응답을 통하여 육에서 나오는 모든 좋지않은 것들을 금방 제하여 주시지 않을 수도 있다는 사실이다. 예를 들어 설명한다면 당신은 독버섯이 되기를 원하는가 참나무가 되기를 원하는가, 물론 참나무가 되기를 원한다고 대답할 것이다! 땅에서 처음 나왔을 때는 독버섯이 훨씬 더 보기가 좋다. 아침 일찍 몇 시간 동안은 훨씬 더 좋아 보인다. 하지만 그것은 오래 가지 못한다. 많은 사람이 빠른 시간에 빠른 해답을 받아보고 싶어 한다. 그러나 우리는 하나님께서 우리를 튼튼하고 강한 참나무로 만들어 주기 위해 필요하다고 생각하는 시간 동안 잘 기다릴 수 있어야 한다. 그렇다고 전혀 생명의 외적인 나타남을 볼 수 없는 수동적인 신자가 되라는 말이 아니다. 그런 모습이 되어서는 안된다. 그러나 아무리 영적인 사람처럼 영적인 말을 한다고 해도 그런 사람이 반드시 그리스도 안에 거하는 신자는 아닐 것이다. 진정한 믿음은 믿음의 역사가 나타나지 않을 수 없고 어떤 열매를 맺지 않을 수가 없다. 참된 믿음은 하나님에게서 나오고 하나님에게서 나온 믿음의 능력은 어떤 모양으로든지 반드시 열매를 맺기 때문이다.

한 나무에서 살아있는 나무의 생명은 금방은 보이지 않는다. 그렇지만 엄청난 힘을 가지고 있다는 사실은 둘레에 놓인 단단한 표석들을 가르고 나오는 것을 보면 확실하게 알 수 있다. 우리 안에 감추인 믿음의 능력도 마찬가지이다. 눈으로는 안보이고 손으로는 느껴지지 않을지 모르지만 그 생명은 변치않는 강력이 되어 우리를 둘러싼 모든 방해물과 장애물을 부수고 이기고야 말 것이다. 이 생명은 당신에게서 나오는 것이 아니다. 그것은 그리스도 우리 주님에게서 나오는 것이다.

당신이 그리스도 안에 바른 믿음을 가지고 있다면 반드시 그 영광은 나타나게 될 것이다. 그 무엇도 우리의 믿음을 속이지 못하게 하라 ! 단순한 믿음으로 매일 승리하고 풍성한 생애가 되시기를 기도한다.

"…하늘과 땅의 모든 권세를 내게 주셨으니 그러므로 너희는 가서 모든 족속으로 제자를 삼아 아버지와 아들과 성령의 이름으로 세례를 주고 내가 너희에게 분부한 모든 것을 가르쳐 지키게 하라 볼지어다 내가 세상 끝날까지 너희와 항상 함께 있으리라……"(마 28 : 18-20)

번역자가 드리는 글

　30여년 전 어머님의 절망적인 병고를 통하여 저의 가정은 하나님의 부르심을 받았습니다. 이렇게 교회에 첫 발을 내디딘 후 믿음으로 거듭나게 하셨고 불가능한 환경 속에서지만 대학원과 신학원 과정까지 마칠 수 있는 은혜를 주셨습니다. 1971년 부터는 C.C.C. 전도훈련을 받으며 민족복음화와 세계선교의 소명을 주셨습니다.
　20여년간 긴 방황과 아픔을 몸소 경험하고 가정을 이루게 하신 뒤 미혼젊은이들과 청소년들을 위한 상담자 가정 사역에 남다른 애정을 주셔서 C.C.C. "형제들" 가정상담실을 설립하고 오병이어를 바치게 하셨습니다. 지금은 아름다운 가정사역의 센터 "사랑의 집"(주수일 장로)이 탄생되어 명실공히 가정과 상담 종합선교 사역이 시작되었습니다.
　이제 내 나이 마흔 여섯. 남은 생애가 얼마일지 모르지만 일할 수 있는 날들은 많아야 20년 내외라고 생각됩니다.
　그동안 한없는 사랑과 은혜를 저의 생애 속에 주시고 아름다운 가정을 주신 주님께 감사를 드리며 남은 생애를 위한 주님의 놀라우신 뜻과 사랑을 생각하며 '93년에는 중국 선교사의 길을 가고자 합니다. 준비하면서 마이클 형제의 「영적 자기 진단과 치료」를 번역하게 되었습니다. 모든 것이 은혜요 사랑의 섭리임을 느낍니다. 부족한 가정을 위해 기도로 동역자가 되어 주시고 새생활 가정 세미나와 Abiding Life Ministries, Int'l 상담과 치료 사역에 참여하여 같이 기도와 사랑을 모으시기 원하는 분들은 다음으로 연락주시기 바랍니다.

신청하시는 가정에는 정기적으로 발행되는 Abiding Life News Letter와 "사랑의 집" 소식을 보내드리고 기독교 21세기 운동 가정선교분과위 활동에 참여하실 수 있습니다.

계유년 새해 金 淳 基 드림

영적 자기진단과 치료

1993년 2월 20일 초판 발행
2003년 11월 10일 1판 3쇄

지은이 마이클 웰즈
옮긴이 김 순 기
펴낸이 임 만 호
펴낸곳 도서출판 크리스챤서적

등 록 제10-22호(1979.9.13)
주 소 135-092 서울 강남구 삼성2동 38-13
전 화 02)544-3468~9
FAX 02)511-3920
ⓒ 도서출판 크리스챤서적, 2003

http://www.holybooks.co.kr
e-mail : holybooks@Korea.com

Printed in Korea
ISBN 89-478-0025-2 03230

정 가 10,000원